JN060630

「省察」を問い直す

―教員養成の理論と実践の検討―

山﨑準二・高野和子・浜田博文 編

学文社

はじめに

　「省察（reflection）」は，現在，教師の専門性の中核を成す理念として受け入れられ，教師教育に関する研究，養成教育や現職研修等の教師教育に関する実践などに広範に組み込まれている。そうした現状の下，「省察」は，研究及び実践の営みにおいて，次第に，一定の「権威性」を帯びた自明な「前提的枠組み」として，あるいは所与の問題解決に向けて「自分のよくなかった点を認めて，改めようと考えること」（『大辞泉』小学館）という意味側面のみが強調される「『反省』行動」として用いられがちになってきてしまっている。そういう傾向状況の中で，教師教育領域においては「言説」化（discourse：本来の語源の意である「あちこち走り回ること」や「談話・討論・論証すること」が消失してしまった教義化された状態）されている。こうした「省察」の非省察性の強まりという皮肉な状態は，教師教育をめぐる問題の所在をも不可視化してしまっている。したがって，「省察」それ自体が問い直されぬまま教師の専門性の中核を成す絶対的理念と化す傾向にある今日，大学における教員養成の「省察」言説を相対化し，不可視化された問題状況を明らかにする研究が必要となってきているのである。

　過去，大学における教員養成課程に関しては，理論的な学習を大学で行い，それを実際の仕事に従事しながら活用・応用する実践的な学習を学校現場で行う，といった積み上げ型分業方式の考え方や，あるいは理論を扱う科目と実践を扱う科目とを用意しつつも，両者には学習上のなにがしかの相互関連性や系統性はみられない，といった棲み分け型分業方式の考え方が，意識的にも無意識的にも支配的であった。そして，そこにある断絶に多くの教員養成関係者は気づいていたものの，その断絶の克服方途（近年の流行言葉を用いるならば「理論と実践の融合・往還」）は学習者である学生一人ひとりの側に委ねられていた。さらには，学校教員の専門性如何に関する度重なる議論はありつつも，

「学芸の教師」と「方法の教師」，あるいは「アカデミシャンズ（学問が十分にできることが優れた教員の第一条件と考える人達）」と「エデュケーショニスト（教員としての特別な知識・技能を備えることこそが優れた教員の第一条件と考える人達）」などといった構図を用いて，両者の一面をことさら強調した対立図式が描かれ語られるのがしばしばであった。

　こうした断絶と対立図式を超えて行く先を照らす一条の光として衆目を集めたのが「省察（reflection）」という概念であった。2008年度から設立された教職大学院において，「省察」は新たな高度専門職業人養成＝教師教育を説明し構築するための重宝な道具とされていった。同時期，学部段階の養成教育において「実践的指導力の育成」を迫られていた教員養成系大学・学部でも新たなカリキュラムを提起し普及するために同様な方途が採られていった。さらには，現在では学部・教職大学院ばかりでなく，現職教育段階における教師教育の取り組みにおいても，「省察」は「振り返り」と言い換えられ，子どもの学習活動領域にもともと根強くあった「（自分のよくなかった点を認めて，改めようと考える）反省文化」と結びつき，実践現場で広がりを見せている。

　「省察」は，単に実践的指導力をもたらす一手段ではなく，国の政策上の「学び続ける教員」像実現にも不可欠なものとして，教師の専門性の中核に位置づけられ，大学における教員養成の研究と教育において，また実践現場における教育活動の研究と実践においても，重要な理念と見なされるまでに至っている。このような「省察」隆盛の現状を鑑みれば，言葉そのものが聖性をもち，教育の認識・判断の枠組みとして機能する言説として，「省察」は理念的にも実践的にも，大学のみならず，学校，教育委員会，教育行政や研究者コミュニティの認識をも覆っていると考えられる。それらの場において「省察」が次第に聖性を帯び，それ自体が省察の対象となりえなくなってきている（「省察」の非省察性の強まり）と考えられる。そして，そのような状況の強まりは，たとえ「省察」を実体化した教師教育の実践に歪みがあったとしても，それを不問に付しがちな傾向を，同時にステレオタイプ化した「省察」が展開されることで，学習者の主体的な学びを阻害し，「育成」される人材の画一化傾向を

も生み出しかねない。「省察」興隆という現状は，元来意図された学びとは異なる学びを生み出し，その問題を不可視化する恐れを孕んでいるのである。

　「省察」は，教職大学院の拡大と結びつきながら教員養成改革に必須の要件として認知され，現在ではあらゆる教員養成カリキュラムに組み込まれている。もはや，それ自体の意味を深く問い直す必要がないかのように受容されているといってもよいだろう。しかし，こうした「省察」の自明視は，「省察」に依拠した教員養成が孕む問題を不可視化する。それを防ぐためには，「省察」を分析の対象として相対化する研究が必要なのである。

　本書研究同人一同は，「省察」ブームの陰に隠れて進行する，そうした「省察」をめぐる様相の今だからこそ，いったん立ち止まって，「省察」に関わる現状をさまざまな視点からラディカル（根源的・徹底的）かつクリティカル（批判的＝「権威性」「前提的枠組み」までも問い質す）に省察する必要があるのではないかとの問題意識を共有している。この共有の問題意識を踏まえ，共同研究（末尾記載科研）に取り組んできた。本書は，その研究成果報告書である。

　本書刊行に至る研究活動の経緯についても若干言及しておきたい。本研究は，本書執筆者たちの多くが参加した日本教師教育学会（第10期：2017年9月〜2020年9月）の課題研究Ⅰ（「教師教育研究の成果と課題の検討」）部会において，学会創立25周年を記念して刊行された同学会編『教師教育研究ハンドブック』（学文社，2017年）を共通文献とし，これまでの教師教育研究の最新動向や課題状況，教師教育に関わる基本概念を検討する過程で着想に至ったものである。その過程では，教職の専門職化をめぐる動向，教師の実践的知識，教員文化と同僚関係など，教師教育研究における多様な論点，最新動向，課題状況が浮き彫りとなり，近年，教育行政・学校経営に多様なアクターが参画する仕組みが構築される中で，教職の専門性をいかに定位するかが重要な研究的課題となっていることを再認識するに至った。しかし同時に，教師の専門性の中核に「省察」を位置づけることが自明の理念とされ，研究的にも実践的にも強固な位置を占めるに至っている現状にも目を注ぐことになり，そのような現状の中で，ステレオタイプ化した「省察」が無批判のうちに広がってしまうと，画一

化された教師を養成する危険性が極めて大きくなっていくのではないかという危惧の念を抱くようにもなった。以上の経緯から，「省察」の神格化ともいえる事態によって覆い隠されている日本の教員養成の問題状況を明らかにする研究は，今後の教師教育研究の発展ならびに教員養成改革にとって不可欠な課題であるとの認識を改めて共有するに至り，科研・共同研究へと発展的に継承していったのである。（なお，上記課題研究Ⅰの成果は第10期研究部報告集（https://jsste.jp/publication/report/）に掲載されている。）

　4年間にわたる共同研究（2020-2023年度）においては，三つのグループ（第一：教師教育における「省察」分析のための基礎的理論的研究グループ，第二：日本国内の教員養成教育における「省察」の生成と展開の実態調査研究グループ，第三：海外（特に英米）の教師教育における「省察」に関わる動向の実態調査研究グループ）を組織した。全体会合にて研究活動方針を討議するとともに，そこで合意・確認された全体方針に基づいて各グループが具体的な研究作業を推進し，それを日本教育学会や日本教師教育学会等で報告し会員諸氏からの批評・助言を得て，再び全体会合を開催し，各グループの研究成果の共有化を図るとともに共同検討・討議を重ねるということを繰り返してきた。本書の三部構成と全体まとめの論述はそれら一連の研究活動とその成果を反映させたものである。

　各部の内容構成については，それぞれの部の序文にて詳しく記されているので，ここでは3部構成の主旨のみにとどめ，以下紹介しておくことにする。

　第Ⅰ部では，「省察」概念の展開過程を検討するために，その「省察」概念をめぐる理論的分析（第1，2章），「省察」概念が流布していった背景としての制度的分析（第3章），そして教科教育の領域における「省察」概念に関連した研究動向の実態的分析（第4章）を，それぞれ行っている。それらを踏まえて第Ⅱ部では，教師教育という営みの当事者である大学教員（とりわけ教職大学院担当教員）における「省察」に関わる認識と実践の実態を主にインタビュー調査による質的事例的分析（第5，6，7章）を行うとともに，学ぶ側である教職大学院院生における「省察」に関わる認識の実態について質問紙調査による量的統計的分析（第8章）を試みている。さらに第Ⅲ部では，日本の

現状を相対化して捉えるために,「省察」をめぐる英国・米国での展開動向を把握する現地訪問調査を実施し,海外比較分析（第9,10,11章）を行っている。最後の「おわりに」では,それら三つの研究グループによる複合的な研究諸成果を踏まえての全体総括を行っている。

第Ⅰ部第3章においても言及されているが,今日,「省察」をめぐる状況は,また新たな展開を見せ始めようとしている。それは,中教審答申（2022）「『令和の日本型学校教育』を担う教師の養成・採用・研修等の在り方について」において,今後の改革の方向性の重点課題として,教員免許更新制廃止後の新たな研修システム（教育委員会における教師の研修履歴の記録の作成と当該履歴を活用した資質向上に関する指導助言等の仕組みの構築など）による現職段階における「新たな教師の学びの姿」の実現とともに,養成段階における新たな手法（大学・教育委員会・学校現場が緊密に連携・協働しての学校現場体験活動や教育実習のいっそうの強化,大学入学前の早期から教職志望を高めるために高校生に対する教職講座の展開など）による「新たな教師（教職志望者）の学びの姿」の実現が提起されたことによっていっそうの拍車がかけられている。すなわち,「『理論と実践の往還』は,教職大学院において同制度導入以来の中核的な理念であるが,学部段階での養成も含め,理論と実践を往還させて省察力による学びを実現する必要がある」,「単に学んだ理論を学校現場で実践するのみならず,自らの実践を理論に基づき省察することが必要になってくる」などが打ち出されているのである。

さらに,こうした「教師養成に係わる理論と実践の往還を重視した人材育成の好循環」と称される状況の実現のために,学部段階での教職課程を担う大学教員に関しても,教職経験を有する実務家教員の「おおむね2割程度以上」の登用,研究者教員については「一定期間,学校現場における指導経験を積めるようにする等」,教職課程の組織体制の「改革」方向までも打ち出されている。

こうした,「理論と実践を往還させた省察力による学びの実現」と称された「省察」をめぐる新たな展開の状況は,大学における教員養成教育とそれを担うスタッフを含む組織体制の在り方の新たな方向転換を意味している。「省

察」をめぐる議論は，そのような教員養成課程の組織体制問題も含みつつ，ますます喫緊かつ重要な課題となってきている。

　本書をもとに，広く議論が行われ，教師教育領域における現在の「省察」ブームが，「boom：ブーム」の今日的な語意としての「にわか景気」に終始することなく，その本来的な語意である「とどろく，うなり声」となって教師教育改革を推し進め，「省察」概念がより本質的で豊かに認識され，それに基づく実践がより多元的で多様に生成・展開されていき，教師教育の理論と実践の質的向上がもたらされることを本研究同人一同熱望している。

【研究同人・執筆者一覧】

＊山﨑　準二　（学習院大学，はじめに及びおわりに，第Ⅰ部序）

　三品　陽平　（愛知県立芸術大学，第 1 章及び第 2 章）

　長谷川 哲也　（岐阜大学，第 3 章）

　村井　大介　（静岡大学，第 4 章）

＊浜田　博文　（筑波大学，はじめに及びおわりに，第Ⅱ部序）

　髙谷　哲也　（鹿児島大学，第Ⅱ部序，第 7 章）

　山内　絵美理（東海大学，第 5 章）

　田中　里佳　（三重大学，第 6 章及び第11章第 3 節）

　菊地原　守　（名古屋大学大学院，第 8 章）

＊高野　和子　（明治大学，はじめに及びおわりに，第Ⅲ部序，第11章はじめに，
　　　　　　　　第 1 ，2 節，おわりに）

　朝倉　雅史　（筑波大学，第 9 章）

　髙野　貴大　（茨城大学，第10章）

　栗原　　峻　（学習院大学，第11章 4 節）

（執筆順，＊印は編者，所属は執筆時）

※なお，本書の研究は，JSPS 科研費（2020-23年度採択，基盤研究（B）（一般），
　20H01633，代表：山﨑準二）による研究成果の一部である。

目　次

第 I 部

「省察」をめぐる理論的・制度的・研究的動向とその特徴

第Ⅰ部　序

　第Ⅰ部では，日本の教師教育領域における「省察」の受容と展開・普及の実態に関する理論的・制度的・研究的動向とその特徴について分析する。そのことによって，本書の主題である「『省察』を問い直す」研究作業に取り組む共通の前提的基礎的認識形成を図ることを目的としている。

　「省察」の理論的考察という表現を使って語る課題を設定するならば，「省察（あるいは反省，反射，反映）」という邦訳語の原語である "ラテン語：reflexio, とそれを語源とする英語：reflection, 独語：Reflexion, 仏語：reflexion" には，「1．後ろへ曲げる，そらせる．2．向きを変える，逆に向ける．」（『羅和辞典〈改訂版〉』研究社，2017年），「（独語）zurückbiegen：後ろへ・元へ・帰って（zurück），曲げる・撓める（biegen）」という回帰性の意味があり，かつ「反射する」「反映する・自分の姿を鏡に映して見る（spiegeln）」や，「あることについて（über et）反省する・熟考する（nachdenken）」といった意味をもっている（『大独和辞典』博友社，2005年）。

　こうした自己還帰性をもつ心の働きに関わる哲学史的系譜を概観するだけでも，アリストテレスやプラトンなどのギリシア古典思想，デカルトやロックなどの仏・英近代思想，そしてカントやフィヒテやヘーゲルなどのドイツ観念論，さらにはフッサールなどの現象学までもが視界に入ってくる。その哲学史的系譜の壮大さと深淵さはあまりに途方もなく，それらへの考察・論及は，もとより本研究が扱う教師教育，さらには教育学という領域をはるかに超えていくものとなってしまう。

　また今日，「省察」概念は，教師教育以外の高度専門職業人養成，とりわけ対人援助職と括られることの多い看護・介護・福祉関連の人材育成の領域においても，多く受容され，理論的にも実践的にも展開を見せている。その典型例の一つである看護師の養成教育と現任（現職）教育の領域における「省察」を

めぐる研究と実践は，その質量ともに教師教育領域以上であることも知られている。P. ベナーは，ドレイファス・モデルに基づいて看護師の技能面での5段階成長モデルを提起（『ベナー看護論』医学書院，原著2001年，新訳版2008年）したが，その最もハイレベルな「達人」の段階において発揮される力量の特徴として，状況判断が直観的に営まれることやその判断根拠を合理的に言葉で説明しがたいことを挙げていた。それに対して，D. ショーンの省察的実践論に立脚するG. ロルフは，直観的な技術的熟達こそが実践の最高のレベルだというベナーの主張は誤りだとし，それを超えていく専門家として，「行為内省察〔reflection in action〕やその場での即応的実践，さらには実践現場での試行的な理論の産出と仮説検証に関わる者」，「自分の直観について省察することを学んでいて，いわゆる暗黙知といわれるものを言葉で表現し，それによってベナーのいう技術的熟達という最高レベルを超えてゆく専門家」像を提起している（G. ロルフ著，塚本明子訳『看護実践のアポリア』ゆみる出版，2017年）。

　看護と教師教育の両領域での共同比較研究に取り組むことによって，教師教育領域での特徴と新たな課題もみえてくるのではないかと考えられるが，この研究作業にはそれら各領域の専門研究者との新たな共同が不可欠となる。

　したがって，本研究第Ⅰ部では，日本の教師教育領域における「省察」の受容と展開・普及に関わっての事柄に限定しつつ焦点化を図っている。

　理論的な動向に関する基礎的分析は，1990年代以降の日本の教師教育領域に直接的に大きな影響を与え続けているD. ショーンの「省察」論と，その基盤形成に影響を与えてきたJ. デューイの「探求の理論（論理学）」とに焦点を絞りながら，両者の論の比較考察を行いつつ，くわえて日本の教師教育領域における両者の論の受容の実態とその特徴を析出し考察するものとなっている。

　第1章は，「行為の中の省察」論や「省察的実践者」論に象徴されるショーンの考え方が，知識の産出の主要な場を研究室ではなく実践現場へと移動させ，科学者（科学）と実践者（実践）との関係に変化をもたらすものであること，それは専門職に関するパラダイムの転換，新しい「省察的実践パラダイム」を提起しているものであることについて論究している。同時に，思考を重視し熟

慮のうえで行為を決める思考駆動型の実践を重視するデューイと直観から始める行為駆動型の実践を重視するショーンの論とを比較分析しつつ，教員養成段階において持ち込もうとするときに生じかねない問題についても論究している。

　第2章は，『日本教師教育学会年報』第1〜31号（1992〜2022年）に掲載された学部・教職大学院段階を対象とした教員養成研究における「省察」概念の展開に焦点を当てて，「省察」ないしは「省察的」概念が日本の教師教育研究に浸透していく展開について分析的に論究している。同時に，「省察」が教員養成研究において「大学における養成」へと高度化する鍵概念として捉え直されている一方で，そこに新たに生まれつつある問題点についても論究している。

　制度的な動向に関する分析は，第3章で行っている。そこで扱われている考察対象は，日本の教員養成政策などで扱われた「省察」をめぐる議論であり，具体的には2000年代以降における，文部科学省が管轄する有識者会議等での議論，日本教育大学協会に組織された教員養成を担う諸機関での議論，そして中央教育審議会の答申にみられる議論である。

　国の政策に大きな影響を与え，あるいは政策を打ち出す露払い的役割を担っているとさえいえる文部科学省有識者会議等及び中教審の2000年代以降の文書や答申においては，「理論と実践の融合」や「理論と実践の往還」といった表現を使って実践的指導力の育成につなげていこうとの意図が読み取れること。それに対して，日本教育大学協会からの諸提言においては，「省察」という用語自体を盛んに使用し，学部段階における学校現場への参加（体験）と大学での研究（省察）を往還させるモデル・コア・カリキュラムを打ち出し，行政主導の質統制動向に対するアンチテーゼとして，「省察」概念を積極的に発信していこうとの意味合いが読み取れること。さらに，教職大学院の発足とその認証評価基準においては，「理論と実践の往還」に関わって「省察（省察力）」が打ち出されたことの中に「省察」概念の普及を後押しする影響力の強さが読み取れること。そうした諸点について，一連の経緯の整理をもとに，論究している。

　第Ⅰ部最後の第4章で扱われている考察対象は，授業実践とも関連の深い教科教育のうちの保健体育科と社会科の研究領域における「省察」に関わる研究

論文とその内容の動向である。第4章において，「省察」を主題にする教科教育研究の蓄積は，主に2000年以降から目立ち始めているが，本書第1，2，3章でも考察するように，D. ショーンの「省察」・「省察的実践者」論の広がりや教育政策の展開などを背景として，2007年に急増し，以後多くの研究論文が発表されてきていること，とりわけ保健体育科の研究領域では，そもそも体育の学習と省察との親和性が高いことも相まって国内外の研究蓄積が多いこと，それに対して社会科の研究領域では，教材や授業を開発する研究が多く，「省察」関連の研究よりは教科内容開発関連の研究に比重が置かれてきたことという実態とその背景について論究している。

　さらに，「省察」の受容・展開の様式においては，リフレクションシートの開発と分析が多く，そこには「省察」視点の提示を伴っている事例が見られるが，そうした実践様式がもたらす問題点についても論究している。

　したがって第Ⅰ部に収められている第1〜4章における考察は，日本の教師教育領域における理論面制度面研究面で生み出されつつある傾向とその特徴を，J. デューイやD. ショーンの理論面に伏在する特徴から析出し，同時に日本の教師教育研究における動向の中に捉え，続けて国が進めてきた制度・政策面の動向とそれに対応した教員養成組織等の動向の中における展開・普及の実態とその要因を捉え，さらには大学等における研究面と教員養成教育という実践面の動向と特徴を捉え，論究するものとなっている。

　なお，第1，3，4章は，学会・ラウンドテーブルにおいて行った途中経過報告と議論 (2021)，そしてそれを踏まえてとりまとめた共同論文 (2022) に大幅な加筆修正を行ったものである。また第2章は学会・自由研究発表部会における報告と議論 (2023)，そしてそれを踏まえて新たに書き下ろしたものである。

※三品陽平・長谷川哲也・村井大介 (2021)「教師教育における『省察』言説の生成と展開に関する予備的考察」(日本教師教育学会第31回研究大会ラウンドテーブル)。
※山﨑準二・三品陽平・長谷川哲也・村井大介 (2022)「教師教育における『省察』言説の生成と展開に関する予備的考察」(『学習院大学教職課程年報』第8号)。
※三品陽平 (2023)「教員養成研究における省察諸概念の展開—日本教師教育学会年報の分析より」(日本教師教育学会第31回研究大会自由研究発表部会第6分科会)。

第1章

D. ショーンの省察的実践者論と 日本の教師教育研究におけるその導入

三品 陽平

はじめに

近年，教師教育領域において「省察（reflection）」や「省察的（reflective）」という語が急速に浸透した。米国の動向を見ると，ショーン（Donald A. Schön）の1983年の著書 *The Reflective Practitioner* がその端緒となっている。ショーンの提唱した省察的実践概念は1983年の著書の出版以降，Holms Group の報告書 *Tomorrow's Teachers* で言及され（Holmes Group, 1986, p.66），1987年のアメリカ教育学会大会のシンポジウムで主題として取り上げられるなど（Grimmett & Erickson, 1988, p.1），アメリカの教師教育研究で注目されていった。同年には省察的実践者の教育を論じた *Educating the Reflective Practitioner* が出版され，省察的実践概念の浸透はさらに加速していった。

この動向は米国のみにとどまるものではない。佐藤学によれば，「ドナルド・ショーンが1983年に提唱した新しい専門家像としての『反省的実践家』（reflective practitioner）の概念が，多くの国々で教師教育政策の基本哲学として採用」（佐藤, 2011, p.52）されている。このことを踏まえれば，世界各国においてこうした「省察」や「省察的」といった語に関連した概念の広がりがみられると考えられる。

日本においても，実践を改善するための振り返りを含意する省察概念が，教師教育の研究・実践・政策に浸透している。例えば，日本教師教育学会大会自由研究発表申し込み時のキーワードの選択肢の中に，「（9）省察と教師の成長」がある。各大学の教員養成カリキュラムを見れば，省察に関する授業を組

み込んだものがしばしばみられる。そして，2022年中教審答申「『令和の日本型学校教育』を担う教師の養成・採用・研修等の在り方について〜『新たな教師の学びの姿』の実現と，多様な専門性を有する質の高い教職員集団の形成〜」においては，教職大学院及び学部段階の養成において，「理論と実践を往還させた省察力による学びを実現する」必要性が論じられている。日本の教師教育において，省察概念は極めて重視されているといえよう。

しかし，省察概念が一定の「権威性」を帯びた自明な「前提的枠組み」となり，かえって教師教育をめぐる問題の所在を不可視化してしまうという懸念が挙げられるなど（山﨑ほか, 2022, p.5），その浸透の問題性も指摘されるようになった。省察概念が隆盛する現在，改めて教師教育領域における省察の意義や機能を俯瞰的に整理する時期に来ているといえる。

本章では，以上のような問題意識のもと，省察概念隆盛の端緒ともいえるショーンの省察的実践者論を再整理することを目的とする。そのうえで，彼の論が日本の教師教育研究にどのように導入されたのかについての分析を行い，その導入後の日本の教師教育研究に対する影響についても言及したい。

以下ではまず，ショーンの省察的実践者論の根幹となる主張について検討し，その後，彼の省察的実践概念及び省察概念の特徴を明らかにする。そのうえで，ショーンの論と日本の教師教育研究との接点について触れていく。

第1節　省察的実践パラダイムの提起

ショーンは彼の主著 *The Reflective Practitioner* の第1章で，「専門的知識（professional knowledge）に対する信頼の危機」，すなわち，複雑な社会問題を解決するはずであった専門職がその機能を果たしえないがゆえに社会から非難されつつある状況を整理している。そして第2章では，その危機を助長する主要な要因として，当時主流であった専門職実践に対する認識，すなわち「技術的合理性」の実践認識を取り上げている。

技術的合理性（専門職に関する我々の考えと，専門職と研究・教育・実践との制度的関係の両方をもっとも強力に形作る専門的知識の見方）によれば，専門職の活動は，科学理論と科学技術の適用によって厳密になされる道具的問題解決に存している。　　　　　　　　　　　　　　（Schön, 1983, p.21）[1]

　実証主義に基づくこの実践認識は，基礎科学が最上位，実践が最下位，そして応用科学がその中間を占めるというヒエラルキーを前提としている（Schön, 1983, p.24）。直面する状況に対して専門職が自律的で一貫した態度をとれるのは，普遍的と称される科学的あるいは原則的な知識に依拠するからである。技術的合理性の実践観に基づけば，その知識によって設定された問題に対して技術的なルールや規則を道具的に当てはめることにより，専門職は専門職としての責務を果たしたことになる。
　しかし，専門職が実際に直面しているのは，「複雑性，不確実性，不安定性，独自性，そして価値葛藤」（Schön, 1983, p.39）に満ちた問題状況であり，普遍的と称される知識をそこに当てはめても必ずうまくいくわけではない。それにもかかわらず技術的合理性に基づいた専門職がうまくいったと感じられるのは，「クライアントの犠牲」によるものであり（Schön, 1983, p.45），だからこそ専門職は社会からの不信を買ったとショーンは考える。
　では，普遍的な知識に実践の基礎を求めることが難しいとすると，それに代わる専門職の依拠すべき実践の基礎とは何であろうか。
　ショーンは，「専門職の普段の仕事生活は暗黙的な行為の中の知（knowing-in-action）に依拠している」（Schön, 1983, p.49）と主張する。英語のハイフンが示唆するように，その知は行為の中に，行為と不可分なものとして現れ出るものであり，行為に前もってあるものではない。状況とのかかわりの中で現れる認識や判断，行為の理知的様相ともいえる。ショーンはそれを「ノウハウ」や「非論理的なプロセス」，「暗黙知」に類するものとして論じている（Schön, 1983, pp.51-52）。専門職は繰り返し似た状況を経験することによってこうした知を獲得していく。経験に裏付けられたこの知によって，専門職は専門職らし

く振舞えるようになる（Schön, 1983, p.60）。ショーンは，こうした行為の中の知が専門職実践を下支えしていると想定していた。そして知の蓄積は専門職において共有されていく。技術的合理性モデルが，実践とは切り離された基礎科学に基づく知識を専門職の知識基礎（knowledge base）としたのに対して，ショーンは実践経験に基づく「行為の中の知」の蓄積を知識基礎の中核として位置づけたといえる。

　この専門職の知識基礎の転換の意義は極めて大きい。まず，専門職は，大学教育等に関連づけられた地位によって確立されるものから，問題状況の中で専門家としての知を発揮するその実践によって確立されるものへと転換される。また，専門職の知識基礎の主体が，科学者から専門家へと重心移動する。そして，知識の産出の主要な場は研究室ではなく実践現場となる。しかし，だからといって科学者が不要になるわけではない。それに伴い，科学者（理論）と専門家（実践）の関係は，垂直的なものから水平的で協働的なものへと変わるとショーンは論じている（Schön, 1983, pp.307-309）。例えば，専門家は実践知を生み出し，研究者はそれを言語化し，知識として体系化する。そして，その知識をもとに専門家は新たな実践をする，といった関係が考えられる。それに伴い研究の方法論も，普遍的知識を志向する実証主義的なものに限定されず，文脈や意味解釈を重視する構築主義的，解釈主義的なもの，あるいはアクション・リサーチへと拡張される。さらにこの知識基礎の転換は，専門職養成の制度やカリキュラムにも影響をもたらす。大学と実践現場の関係は，研究者と専門家との関係がそうであるように，より協働的になり，専門職養成カリキュラムは実習をコアとし，その周囲を関連学問で囲う形態をとることになる（Schön, 1987, p.321）。

　このように整理すると，ショーンが意図していたのは，単に専門職実践のあるべき姿を描くことでも，実践における省察を強調することでもなく，専門職に関する新たなパラダイムを切り開くことであったと考えられる。すなわち彼は，専門職や専門家，専門職実践，そして，専門家教育に関する議論を枠づける問題の再設定を行ったのである。省察的実践者論には，「省察的実践パラダ

イム」とでもいうべきものを提示する意図があったといえよう。

第2節　省察的実践の機能と特徴

（1）省察的実践の機能

　この省察的実践パラダイムにおいて，最も重要な研究内容としてショーンが着手したのが，優れた専門職実践としての省察的実践の分析である。

　先述した通り，行為の中の知は，類似性をもつ実践を繰り返し経験することによって得られるものであり，その繰り返しが増えれば増えるほど行為の中の知もより堅固になり，専門職もより専門職らしくなっていく。しかし，その結果，異なる状況を同じように認識し，判断し，行為するような「過剰学習」に陥ってしまうこともある（Schön, 1983, p.60)。それはちょうど，技術的合理性に基づく専門職実践が，理論を状況へと一方的に当てはめようする場合と似ている。

　実践を通して，こうした硬直化した行為の中の知を更新する，言い換えれば，専門職の知識基礎を変容・拡張する営みこそが省察的実践の核心である。

　行為の中の知に基礎づけられた省察的実践において，その知が有効に機能しているとき，問題状況は生じない。しかし，例えばいつも通りのやり方でうまくいかないと感じるとき，そこに問題状況が生じる。この時，これまでの行為の中の知の枠組みでは排除されていた行為を新たに試み，状況に変化を起こす。そしてその結果や結果に示唆される行為の中の知について思考し，再び新たな試みをする。こうしたことを繰り返すことで問題状況を解決していく。これが省察的実践の概要であり，このプロセスを通して行為の中の知は更新されていく。

　このようにみれば，省察的実践は，専門職実践と学習が一体になったプロセスであることがわかる。さらに，新たな試みを一種の実験として捉え，その試行と結果の省察を往還する点に注目するならば，その実践は研究的であるといえる。

（2）省察的実践の特徴

　次に省察的実践の特徴について整理していこう。

　まず，最も顕著な特徴として挙げたいのは，省察的実践がデューイ（John Dewey）の探究（＝反省的思考）の一種であるという点である。ショーン自身が，省察的実践者論を「デューイの探究理論の私のバージョン」（Schön, 1992, p.123）だと述べているように，彼の論は，優れた専門職実践事例を通して探究理論を再構築したものである。したがって，デューイの探究概念の特徴のいくつかを省察的実践概念も引き継いでいる。

　例えば，探究がその先行条件として「不確定状況（indeterminate situation）」をもつという特徴は，そのまま，「問題状況（problematic situation）」から省察的実践が始まるというショーンの主張に当てはまる。デューイは心理的面から，不確定状況を，「かき乱され，困った，曖昧な，混乱した，矛盾の傾向に満ちた，不明瞭な状況」（Dewey, 1938, p.109）と呼んでいるが，省察的実践の問題状況もまさにこうした感情で特徴づけられる。省察的実践の開始点において生じるこれらの感情は，専門家に現状を変えたいという欲求をもたらすものであり，省察的実践が，他者から課される受動的なものではなく主体的なものであることを示唆している。

　別の共通する特徴として，「思考の器具性」も挙げられよう。デューイは，器具主義（instrumentalism）的立場を擁護して次のように述べている。「器具主義は，思考に対し，一つの積極的機能，すなわち，単に事物について知ることの代わりに，事物の現状を再編成する機能を課す。」（Dewey, 1931, p.31）つまり，思考は単に観念を操作するだけではなく，状況を変容する行為に反映されなければならないと主張している。

　ショーンもまた，実践における省察の「行為に対するその直接的な意義」を強調している（Schön, 1987, p.29）。いかに自己の行為の中の知を振り返ろうが，そこから新たな仮説を立てようが，そうした省察が問題状況の変容に反映されなければ，その省察は専門職実践において意味をなさない。

　もう一つ，「環境と実践者のトランザクショナル（transactional）な関係」と

いう特徴についても指摘しておきたい。

　デューイは，自立的実在同士が因果的に作用しあうというように現象を把握するという意味でのインタラクション（interaction）概念よりも，そうした自立的実在を前提とすることなく現象を把握するトランザクション概念を重視している（Dewey & Bentley, 1949, p.108）。この観点からすれば，「生きていくという過程は，有機体によって演じられるのと同様に，まさしく環境によっても演じられる。なぜなら，両者は，現に一つに統一されているからである」（Dewey, 1938, p.32）。例えば呼吸一つをとっても，有機体のみに，ではなく，有機体と大気とのやりとりに存していると考えるわけである。

　ショーンはこうしたトランザクションの観点から専門職実践を把握する。例えば彼は，トナカイの角をナイフで削りながら，途中で「アシカだ！」と，自分の彫っているものに気付くイヌイットの彫刻家を挙げている（Schön, 1992, p.125）。こうした実践理解は，省察的実践において，手段のみならず目的そのものですら環境とのやりとりの中で構築・再構築されていく可能性を示している。

　また，このことは，省察的実践の道筋を決めるのはプランではなくデザインである，というようにも言い換えられよう。ここでいうプランとは，目的に到達するために定めた方法と手順のことである。それに対してデザインとは，「問題状況を形作り，また問題状況によって形作られる探究」（Schön, 1992, p.127）のことである。デザインのプロセスにおいて，目的や手段は文脈から自立的ではありえず，常にそのつどの状況によって変化を被りうるものなのである。この点，省察的実践はそのプロセスにおいて，外的に課せられた目的に対して逸脱的になる面をもつ。

　以上のように，ショーンの省察的実践は多くの特徴をデューイの探究から受け継いでいる。しかし，他方で見逃せない違いも特徴として指摘できる。

　早川操はショーンとデューイを比較し，ショーンの省察的実践は「デューイの探究の過程では最終段階にある行動的検証から開始される」点において異なっていると指摘する（早川, 1994, p.260）。

How We Think の改訂版（Dewey, 1933）においても，*Logic: The Theory of Inquiry*（Dewey, 1938）においても，デューイは，熟慮し仮説を立てたうえでそれを検証する，という探究の手順を重視していた。

それに対して，ショーンは *The Reflective Practitioner* において，問題状況において直観的に得た示唆をとりあえず状況に当てはめてみる事例を多く描いている。また，「探りを入れ，そこからどんな感じが得られるかを試してみる遊び半分の活動」としての「探査的実験」（Schön, 1983, p.145）を専門職実践の重要な実験的行為とみなしている。

行為と省察の螺旋的発展を前提とすれば，行為が先か省察が先かは大きな問題ではないようにみえる。しかし，まず直観から始める行為駆動型の実践と，思考を重視し熟慮のうえで行為を決める思考駆動型の実践とでは，描かれる教師像も異なってくるだろう。ショーンはデューイに比べ，行為駆動型の実践を重視している。

もう一つ，早川によるデューイの探究とショーンの省察的実践の比較に言及したい。彼によれば，デューイもショーンも，教師の教授と生徒の学習はともに探究によって進められるものであり，したがって教育活動は「協働探究」の過程をたどることになると考えている（早川, 1994, p.262）。そして，その協働探究を実現するには一対一の対人関係が必要であると主張する点でも共通しているという。

ただ，こうした共通点は見られるものの，対人関係に関してショーンのほうがより現実的な立場をとっている点で違いがある。省察的実践者論に取り組む以前，ショーンはアージリス（Chris Argyris）とともに，組織学習論を展開し，そこで，探究にとって望ましい対人関係及び組織内対人関係パターン[2]を実現するためのアクション・サイエンスに取り組んでいた（Argyris & Schön, 1978）。こうした知見を反映して，*The Reflective Practitioner* の第 7 章では，人間関係によって，第 8 章では組織内対人関係パターンによって省察的実践が制約されてしまう事例を論じ，その修正のためには特別な働きかけが必要であることを示唆している。

デューイのみならず，探究や学習において対人関係を重視することはいまや常識となっているように思われるが，その対人関係の質に対して，デューイよりもショーンがより厳しい視線を向け，その関係を改善する方法を検討・実践していた点はより注目されてもいいだろう³⁾。

　最後の違いとして，省察的実践はあくまで優れた専門職の探究であり，知識形成を志向しているわけではない点を挙げることができる。

　デューイは探究を「常識的探究（common sense inquiry）」と「科学的探究（scientific inquiry）」に分けている。両者ともに探究ではあるものの，常識的探究が，過去の経験によって形成された諸態度や諸習慣，あるいは手段-帰結関係（ああすればこうなる）に大部分，暗黙的にしたがって行われるのに対して，科学的探究が科学的方法に意図的にしたがって行われる，という点で違いがある（Dewey, 1938, p.245）。また常識的探究は知識をその主要目的とはせず，日常的・実践的な問題解決を目的とするのに対して，科学的探究は，知識を生成すること自体も目的としている点でも異なる（Dewey, 1938, p.66）。そしてデューイは科学的探究こそが真の探究であると考えていた（牧野, 1964, pp.444-445）。

　デューイの常識的探究と科学的探究の比較からすれば，ショーンの論じる専門職実践は常識的探究に属するであろう。なぜならば，デューイは専門職実践を，職業生活において繰り返し現れる行為の中の知，言い換えれば専門職ごとの常識に依拠して行われるものとして描いているからである。また，ショーンが「実践者は状況を理解することにも関心をもつが，それは状況を変化させることに関連する限りにおいてである」（Schön, 1983, p.147）と述べていることから示唆されるように，専門職実践において知識産出は二次的なことがらであることから，省察的実践は科学的探究の一種とは呼びえない。この知識産出に対する態度の違いがデューイとショーンの間にはある。

　ただ，省察的実践はデューイの常識的探究とまったく同一というわけでもない。デューイが常識やその常識を裏付ける習慣を，しばしば探究を失敗させてしまうものとして描いているに比べて，ショーンはそれらを，状況からの思

わぬ応答が生じない限りにおいて信頼できるものとして重視している。この差は，ショーンが優れた専門職の探究に特化して論じていたことに起因するだろう。優れた専門職の習慣や経験は素人のそれと比較して信頼に足るのである。そうした習慣や経験が通用しない状況においては，新たな実験的行為を通して習慣や経験を刷新していく。以上から，専門職実践に特化した探究として位置づけられる省察的実践は，常識的探究と区別して，専門職的探究（professional inquiry）と呼びえるだろう。

第3節　省察的実践における省察の特徴

　次に，日本の教師教育領域において近年隆盛している省察概念が，ショーンの省察的実践者論においてどのように言及されているのかをみていく。

　まず，彼の論における中心的概念である「行為の中の省察」（reflection-in-action）については，それが「事後的に振り返る」といった通常の意味での省察，あるいはショーンが言うところの「行為についての省察（reflection on action）」とはレベルの異なる概念であることを指摘しておこう。「行為の中の省察」は，省察的実践の中核であり，*The Reflective Practitioner* においては，その構造内に「行為についての省察」の局面を含みこんだ探究的活動として論じられていた（Schön, 1983, pp.128-167）。他方，1992年の論文において，「行為についての省察」を含まないものとされ，問題状況への即興的応答として再定義されているようである（Schön, 1992, pp.124-125）。

　即興的応答としての「行為の中の省察」は，問題状況に陥った際，「その場での実験」を通して即応的にその状況に対応していくプロセスであり，そこでは行為と省察が分離することなく機能している。この場合の省察は，実践の中で機能し，しかも，必ずしも「言語を介する必要がない」という（Schön, 1992, pp.124-125）。ただ，「実践の中で」といっても，ショーンの事例の中には即興的なもの（ジャズの演奏）からそうではないもの（教師の実践）まで含まれていて，そこに含まれる省察をすべてひとくくりにできるのかどうか，彼の主張か

らは判断しがたい。彼の意図を広くとれば、ここでいう省察の要点は、先にも触れた、行為に対する直接的意義の有無であるだろう。

以上の省察に対して、ショーンは「立ち止まって考える（stop and think）」省察、すなわち、行為に対する直接的意義をもたない「行為についての省察」についても論じている。特に、「行為の中の知についての省察（reflection on knowing-in-action）」と「行為の中の省察についての省察（reflection on reflection-in-action）」については、省察的実践の構成要素として挙げている。それらは、問題状況の変化を直接的にもたらしはしないものの、間接的には実践に影響するもので、「批判やコーチング、学習活動、そして教授活動の中心である」（Schön, 1992, p.126）。つまり、専門職養成といった教育的場面において、実践プロセスで生起する暗黙的な実践知やわざを明示化し自己理解を深めるような、間接的に学生の実践の変化や学習を促す省察である。

また彼は、上記のような省察のほか、専門職養成の実習について論じる際、実習生と実習指導教員とのコミュニケーションについて省察することを重視していた（Schön, 1987, pp.85-86）。なぜなら、実習生と実習指導教員が相互に実践を見せ合い、また話し合うことが実習における学習の核心であると考えていたからである。もし、そのコミュニケーションがうまくいかなければ学習が損なわれてしまうだろう。こうした、対人関係の質についての省察を実習構造に組み込んでいることは、彼の専門職養成論を特色づけるものとなっている。

もう一つ、彼の専門職養成論に関連する省察に言及しておきたい。彼は、大学の世界と実践の世界との希薄な関係を問題視しつつ、次のように論じている。

組織的状況における実践者の行為の中の省察についての省察を主要素として含む、実践の現象学の創造あるいは再活性化が必要である。

(Schön, 1987, p.321)

この指摘の省察に関する部分に焦点を当てると、専門職養成において、組織内

で省察的実践がいかに生じているのか，またその省察的実践がどう制約されているのかについて省察することをショーンが重要視していたことがわかる。

　以上をまとめると，省察的実践者論において，省察は，まず，実践に直接的意義をもつものと間接的意義をもつものに分けることができる。前者は実践のさなかに実践に反映されるようなものであり，必ずしも言語を介する必要がない。後者は，専門職教育においてとりわけ重視されるものであり，実践知やわざを明示化するような自己理解的側面をもつ省察と，対人関係に関する省察，そして，専門職が働く組織的状況に関する省察が含まれている。

第4節　日本の教師教育研究における省察的実践者論の導入

　省察的実践者論が日本で認知され始めたのはおおよそ1990年代前半であり，管見の限りでは，教師論，専門職化論，探究理論，教師教育研究の基礎づけ，の四つの領域において引用・参照されている。これら研究での導入を概観することで，日本の教師教育研究における省察的実践者論の受容の特徴を捉える。手始めに，省察的実践者論の教師論への導入を見ていこう。

　1991年に佐藤学らは，熟練教師の保有している「実践的思考様式」の解明を主題とした論文を発表している。佐藤らは実践的思考様式に関する先行研究を整理する中でショーンに触れ，省察的実践者論によって，「科学的技術の合理的適用」の原理から「行為の中の省察」の原理へと専門職の実践認識が捉え直され，後者の原理が教師の「反省的思考」を焦点とした研究や「反省的教授」の研究へと引き継がれたと整理している（佐藤ら，1991，p.178）。佐藤らの研究は，こうしたショーンによって切り開かれた教師の「反省的思考」研究の一展開である。

　佐藤らは教師の「反省的思考」様式を解明するために，熟練教師と新任教師によるビデオ観察時の発話等を分析し，熟練教師の実践における思考の諸特徴を見出している。それは，「実践過程における即興的思考」をはじめとした5点にまとめられている。そして論文のまとめの部分において，「教師の熟達

は，人と人との相互作用の場面，絶えず変容をとげる複雑な構造を含んだ文脈における活動過程での反省的思考（reflection in action）を基本としている」と論じている（佐藤ら，1991, p.196）。

このようにして，佐藤らは，教師の実践的思考様式を理解する枠組みとして，ショーンの「行為の中の省察（reflection-in-action）」概念を用いている。「行為の中の省察」に基づく教師の思考あるいは実践の把握は，佐藤ののちの著書『教師というアポリア—反省的実践へ』（1997年）においても紹介されており，この著書が多くの読者をもったことからしても，教師教育領域に広く浸透していったことが予想される[4]。

次に，専門職化論における導入を見ていこう。今津孝次郎は『日本教師教育学会年報』第1号において「教師専門職化論」が「『地位』論から『役割』『実践』論へ」と転換している海外の動向を整理しつつ，その動向に大きな影響を与えた概念としてショーンの省察的実践者概念に言及している（今津，1992, p.64）。

「地位」論において教職を専門職化するということは，確立された専門職の諸要件（Lieberman, 1956, pp.2-6）に倣うということである。その専門職要件には，専門職実践を普遍的知識に基礎づけることや，さらにその知識へのアクセスを大学における養成によって確保することが挙げられている。そして，こうした専門職要件を満たすことが，優れた専門職実践につながると「地位」論は想定する。しかし，そうした基礎科学に基づく専門職実践は，ときに学校教育の官僚制システムと組み合わさり，教育を，理論に基づく技術の適用へと単純化してしまう。

こうした事態に対して，「役割」「実践」論は，安易な技術への依拠を批判し，実践と省察に基づいて教師が主体的に教育に携わることを強調する。そして，そうしたすぐれた実践を通して教職の自律性を確立していこうとする。いわば，「地位論」とは逆向きに，専門家の「専門性」から「専門職性」に向かうことを志向するのが「役割」「実践」論であり，この考え方の提唱者として，今津はショーンを紹介している（今津，1992, p.64）。

ここ30年，教職に関する専門職化論は教師の専門性の議論を中心として展開している[5]。今津（1992）の論文はその端緒の一つであり，その端緒において教師の専門性がショーンの省察的実践者論に方向付けられていたことは，それ以後の専門性の議論にいくらかの影響を及ぼしたと考えられる。

　三つ目として，デューイの探究理論の発展としての省察的実践者論の受容について見ていく。早川は彼の著書『デューイの探究教育哲学』（1994年）において，省察的実践者論を「デューイの反省的思考に基づいた専門職養成のための教育理論である」としたうえで，省察的実践概念の分析を進めている。

　早川は，デューイの反省的思考概念を整理しつつ，探究（反省的思考）と省察的実践との類似点と相違点を浮き彫りにしている。相違点については本章でも言及したように，省察的実践が「行動的検証から開始される」点などを指摘しているほか，そうした相違点が現れる基礎に，デューイが私たちの日常の考えや行動を中心に理論を展開したのに対し，「ショーンの場合には優れた実践知を体得している『専門家』の臨床実践を中心にして自らの理論を展開している」点を挙げている（早川, 1994, p.222）。この指摘は，デューイの反省的思考がどちらかといえば専門職養成に向いており，ショーンの省察的実践が現職教育に向いていることを示唆している点で興味深い。

　そのほか早川は，省察的実践の構造や，省察的実践に求められる対人関係への言及，省察的実践を学ぶための省察的実習の構造の紹介など，ショーンの主な主張を探究理論の観点から整理している。

　早川による省察的実践者論研究は，その後の，省察的実践概念そのものを対象とする研究の基盤の一つとなっており，本章はその一傍流をなしている。上述の今津や佐藤がそうであるように，省察的実践者論は各論者の主張を説明・支持することに用いられることが多く，近年では教師教育研究における前提のように扱われる傾向がある。それに対して，早川は省察的実践者論の諸概念，その中でも特に省察的実践概念そのものを分析対象としている点で特色がある。前提として扱われがちな省察的実践者論に対する早川のような原理的研究は今後も重視されなければならないだろう。

最後に，佐藤（1993）による教師教育研究全体の新たな枠組みを提起する議論を見ていこう。ここまでの三つの研究が，実践的思考様式や専門職化論における専門性，省察的実践概念など，省察的実践者論の各論に焦点を当てているのに対して，佐藤は，各論を基礎づけている省察的実践者論全体の枠組みともいうべき省察的実践パラダイムに焦点を当てている点で注目に値する。

　佐藤は，教師の専門的力量を科学的原理・技術で規定しようとする技術的熟達者のアプローチを批判し，それに代わる省察的実践者のアプローチを支持する。そのアプローチは，「教職を，複雑な文脈で複合的な問題解決を行う文化的・社会的実践の領域ととらえ，その専門的力量を，問題状況に主体的に関与して子どもとの生きた関係をとり結び，省察と熟考により問題を表象し解決策を選択し判断する実践的見識（practical wisdom）に求める」（佐藤, 1993, p. 21）。つまり，教職の知識基礎として，科学的理論・技術ではなく，教師の実践的見識を位置づけ，それに基づくわざに依拠して問題状況を解決するプロセスとして教職実践を捉えようとしている。それはまさに，行為の中の知の蓄積を専門職の知識基礎の中核に据えたショーンの主張をなぞるものである。

　続けて佐藤は，教師教育に関わる多彩な問題設定を行っている。例えば，アクション・リサーチやケース・メソッドに基づく教師教育カリキュラム開発，「語りの様式」としての教職実践理解，自律性と実践的見識に基づく教師の専門性，民主主義社会を志向する教師，子どもとの相互主体的な探究活動，知の主体としての教師，教師による省察と熟考を通しての理論と実践の相互作用，専門職コミュニティへの参加としての教師の成長，大学院における実践を基盤とした教員養成など，それ以後の教師教育研究・実践を方向づけようとする提言となっている（佐藤, 1993, pp.21-33）。これらは，佐藤ら（1991）の教師の実践的思考様式の研究や，当時のアメリカの教師教育改革の動向，シュワブ（Joseph Schwab）やショーマン（Lee S. Shulman）の知見等を押さえつつ，ショーンが専門職領域に対して行った問題の再設定を教師教育領域に対して行うものであった。つまり，佐藤は，ショーンが専門職領域に対して提起した省察的実践パラダイムを，教師教育領域に導入したのである。

1993年以降，佐藤（1993）論文やその他の佐藤の論文・著作は『日本教師教育学会年報』に限っても，たびたび引用・参照されている。また，佐藤を引用せずとも，彼の諸提起が，現在の教師教育研究において広く受容されていることに鑑みれば，佐藤の解釈をうけた省察的実践パラダイムが日本の教師教育研究に浸透していることが予想される。

おわりに

　本章では，省察概念隆盛の端緒ともいえるショーンの省察的実践者論を整理し，そのうえで，省察的実践者論がどのようにして日本の教師教育に導入されたのかを見てきた。

　これら二つの検討から，まず，ショーンの省察的実践者論における主張の中心には，専門職に関するパラダイムの転換があったということ，そして，この省察的実践パラダイムが，1990年代前半の日本の教師教育に導入されたことが明らかとなった。そしてこのパラダイムは現在においても受容され続けているようである。また，省察的実践者論の各論として，省察的実践概念や行為の中の省察概念が，教師のあるべき思考様式，あるいは専門性として紹介され，その影響が現在まで続いていることが示唆された。

　他方，こうした導入の動向を整理してみて逆に浮き彫りとなるのは，「行為の中の省察」以外の省察概念，すなわち，「立ち止まって考える」たぐいのショーンの省察概念はその導入初期においてあまり注目されていない，ということである。佐藤は省察を「実践の理論化」（佐藤, 1993, p.25）と定義しているが，それはショーンの主張に必ずしも沿ったものではなく，彼独自の解釈に基づくものである。また，ショーンの省察の特色ともいえる対人関係の省察や組織に対する省察の言及も多くはない。とはいえ，ショーンの省察概念は，例えばコルトハーヘン（Fred Korthagen）やショーマンの提起する省察概念と並ぶ形で論じられており，見過ごされてきているわけでもない。

　それに対して省察的実践パラダイムは，教師による省察を専門性の中核に据

えるうえで基盤となるものであり，その後の省察概念隆盛の一要因であったといえるだろう。つまり，省察概念隆盛に対するショーンの影響は，主にその背景となるパラダイムを提供した点にあったとみることができる。

【注】

1）*The Reflective Practitioner: How Professionals Think in Action* の翻訳書として，『専門家の知恵―省察的実践家は行為しながら考える』（佐藤・秋田, 2001）と『省察的実践とは何か―プロフェッショナルの行為と思考』（柳沢・三輪, 2007）がある。また，別の箇所で引用している，*Educating the Reflective Practitioner: Toward a New Design for Teaching and Learning in the Professions* の翻訳書として『省察的実践者の教育―プロフェッショナル・スクールの実践と理論』（柳沢・村田, 2017）がある。本論においては，これら翻訳書を参考にしつつ，原本に即して筆者が訳した。

2）アージリスとショーンはこのパターンを「組織学習システム」と呼ぶ。

3）この点に着目した研究として三品（2017）を挙げることができる。

4）佐藤及び共著者の秋田喜代美による省察（的実践者）概念の伝播については，田中（2021）に詳しい。

5）なお，近年は，専門性に偏った議論の問題性も指摘されている（石井, 2021, p.40）。

【引用・参考文献】

石井英真（2021）「教職の専門性と専門職性をめぐる現代的課題―劣位化・脱専門職化を超えて再専門職化の構想へ」『日本教師教育学会年報』30号，pp.40-51。

今津孝次郎（1992）「教師専門職化論の新段階」『日本教師教育学会年報』1号，pp.57-72。

佐藤学（1993）「教師の省察と見識＝教職専門性の基礎」『日本教師教育学会年報』2号，pp.20-35。

――（2011）「教師教育の国際動向＝専門職化と高度化をめぐって」『日本教師教育学会年報』20号，pp.47-54。

佐藤学・岩川直樹・秋田喜代美（1991）「教師の実践的思考様式に関する研究（1）：熟練教師と初任教師のモニタリングの比較を中心に」『東京大学教育学部紀要』30, pp.177-198。

田中里佳（2021）「日本における教師の『省察』概念の定着と教師の学習概念の提起：1990年から1998年における論述を中心とした検討」『立教大学教育学科研究年報』64号，pp.105-19。

早川操（1994）『デューイの探究教育哲学―相互成長をめざす人間形成論再考』名古屋大学出版版。

牧野宇一郎（1964）『デューイ真理観の研究』未来社。

三品陽平（2017）『省察的実践は教育組織を変革するか』ミネルヴァ書房。

山﨑準二・三品陽平・長谷川哲也・村井大介（2022）「教師教育における『省察』言説の

生成と展開に関する予備的考察」『学習院大学教職課程年報』8号，pp.5-33。

Argyris, C. & Schön, D. A. (1978). *Organizational learning: A theory of action perspective*, Reading, MA: Addison-Wesley.

Dewey, J. (1931). *Philosophy and Civilization*, Minton, Balch & Company.

――(1933). *How We Think: A Restatement of the Relation of Reflective Thinking to the Educative Process*, The Latter Works, 1925-1953, Vol. 8, Southern Illinois University, 1986.

――(1938). *Logic: The Theory of Inquiry*, The Latter Works, 1925-1953, Vol. 12, Southern Illinois University, 1991.

Dewey, J. & Bentley, A. F. (1949). *Knowing and the Known*, The Beacon Press.

Grimmett, P. P. & Erickson, L. G. (1988). Preface, Grimmett, P. P. & Erickson, L. G. (eds.), *Reflection in Teacher Education*, 1-2. Pacific Educational Press.

Holmes Group (1986). *Tomorrow's Teachers*, The Holmes Group.

Lieberman, L. (1956). *Education as a Profession*, Englewood Cliffs, N. J.: Prentice Hall.

Schön, D. A. (1983). *The Reflective Practitioner: How Professionals Think in Action*, NY: Basic Books. (佐藤学・秋田喜代美訳（2001）『専門家の知恵―省察的実践家は行為しながら考える』ゆみる書房。及び，柳沢昌一・三輪建二監訳（2007）『省察的実践とは何か―プロフェッショナルの行為と思考』鳳書房。)

――(1987). *Educating the Reflective Practitioner: Toward a New Design for Teaching and Learning in the Professions*, SFO: Jossey-Bass Publishers. (柳沢昌一・村田晶子監訳（2017）『省察的実践者の教育―プロフェッショナルスクールの実践と理論』鳳書房。)

――(1992). The Theory of Inquiry: Dewey's Legacy to Education, *Curriculum Inquiry*, 22(2), 119-39.

第2章

日本の教員養成研究における省察概念隆盛の展開とその諸要因

三品　陽平

はじめに

　第1章の冒頭で触れられていた通り，日本の教師教育研究において省察概念は隆盛しており，その一部である教員養成研究（教職大学院及び学部段階での教員養成に関する研究）でも同様である。そして，教員養成研究において省察は不可欠なものとして理解されており，その意義が論じられることはあっても批判の対象となることはあまりないようである。

　バーガー（Peter L. Berger）とルックマン（Thomas Luckmann）によれば，「〈現実〉とは，われわれ自身の意志から独立した一つの存在を持つと認められる現象（われわれは〈それらを勝手に抹消してしまう〉ことはできない）に属する一つの特性」である（バーガー＆ルックマン, 2003, p.1）。つまり，〈現実〉的特性をもつ現象は，通常われわれにとって客観的なものとして「認められ」てはいるものの，実際はそうではない。バーガーとルックマンは，その認識をいったん停止し，〈現実〉が社会的に構成されている様相を明らかにすることで，新たな〈現実〉の認識が見いだせると考えている。

　以上の視座に立てば，省察概念隆盛の〈現実〉に対する異なる応答が私たちにも可能となる。つまり現在の〈現実〉認識をそのまま受け入れるのではなく，どうして日本の教員養成研究において省察概念が隆盛しているのか，いかにしてその〈現実〉が維持されているのか，と，その社会的構成から省察概念の隆盛を分析することで，新たな認識を得ることが可能になる。それは，一定の「権威性」を帯びた「前提的枠組み」となっている省察概念を相対化し，そ

の省察概念隆盛下における教員養成研究に伏在する問題を示唆することにつながる。

　以上を踏まえ本章では，自明視されている〈現実〉としての省察概念の隆盛に関し，まず，その隆盛の内実について整理する。具体的には，教員養成研究において，省察概念がどのように展開しているのかを明らかにする。そのうえで，そうした省察概念の展開がいかにして維持・発展されているのかを，その諸要因を探りながら検討することを目的とする。

　なお，ここで省察概念と呼ぶのは，実践の事後に「立ち止まって考える」たぐいのものであり，行為を含まない，実践についての思考である。ショーン（Donald A. Schön）の言葉を借りれば，「行為についての省察」に関するものであって，「行為の中の省察」をそこに含めない。

第1節　研究対象・方法

（1）対象

　1990年代前半に省察的実践者論が日本で紹介されて以降，省察的実践概念や省察概念は，教師教育の理論，政策，実践にわたって広がり，その勢いは現在も続いている。したがって，省察概念の展開を追うには，少なくとも90年代前半から現在に至るまでの30年余りを，理論，政策，実践といった複数の領域にわたって見る必要がある。これらを踏まえ，本研究は，『日本教師教育学会年報』（以下，年報）第1号から第31号の掲載論文等を主たる分析対象とした。日本教師教育学会は1991年に創立されており，省察的実践者論が日本の教師教育研究に導入された時期とちょうど重なっている。また，その研究成果は多領域の教育研究者等によるものである点で，理論，政策，実践等にまたがる省察概念の展開を追いやすい。具体的には，年報に掲載された「特集論文」「研究論文」「教育学教育の実践記録」「教師教育の実践記録」「教師教育の実践報告」「実践研究論文」（以下，年報論文等）を中心的な分析対象としつつ，それに関連する論文や政策文書，報告等も射程に含めている。

（2）方法

　分析に当たっては，まず，年報論文等を読みつつ，「省察」の付く語を抽出した。第二に，抽出した語について，その文脈や期待される機能，そして引用・参照元を中心に整理した。そして，これら整理したことをもとに，省察概念の展開を描いた。

　次に，省察概念の展開が，どのような要因によって維持・発展されているのかを検討するために，第1章で論じた省察的実践パラダイムの展開，省察的実践や省察的教授などの望ましい教職実践として論じられている実践概念の展開，省察概念にしばしば付随する諸概念（「体験」等）の展開，そして，これらに関連する政策や教師教育研究動向の展開を概観した。そして，これら展開と省察概念の展開の関連を考察した。

第2節　省察概念の展開

　省察概念への言及は，年報において第1号から見られるが，その言及が増えるのは2000年代以降である。その言及の際にショーンが引用・参照されることもあるが，デューイ（John Dewey），ザイクナー（Kenneth Zeichner）とリストン（Daniel Liston），ショーマン（Lee S. Shulman），コルトハーヘンら（Fred Korthagen et al.）といった海外の研究者，多くの日本人研究者，海外の各大学の実践事例，日本の各大学の実践事例，そして日本教育大学協会（以下，教大協）のモデル・コア・カリキュラムの提言など，ショーン以外からも多く引用・参照がなされている。

　以下では省察の展開としてもっとも顕著であった「省察の機能」と「省察の方法」の2点に注目して，教員養成研究における省察概念の展開を概観する。

（1）省察の機能の多角化

　年報論文等で言及される省察概念のほとんどすべてが実践の振り返り，すなわち，教育実践や授業観察，模擬授業等に関する振り返りを含意している。ま

た，多くの省察概念が，単に振り返ることだけではなく，次の実践に資するものとして論じられている。つまり，年報論文等で取り上げられる省察概念は「実践性」を基本的特徴としている。そしてこの基本的特徴を共有しつつも，それに加えて多様な機能が省察概念には期待されている。

　まず，省察概念を，単に実践を改良するためのものとして言及する諸研究がある。一方で，そうした改良が技術的なものにとどまりがちであることを批判する研究がある（e.g., 金川, 2020）。後者の研究は，実践の目的や実践で当然視されている前提をも問い直すことが省察の重要な機能であると論じている。こうした，方法・技術に関する省察と目的・前提に関する省察の区別は，センゲ（Peter Senge）の「シングル・ループの省察」と「ダブル・ループの省察」（Senge, 2012, p.153）という用語で整理されることがある（石井, 2014, p.24）。

　また，実践の改善だけではなくて，それに伴う自己理解，そして自己変容を強調している論文も多い（e.g., 村井, 2008）。例えば，自己の意識や教育観，子ども観，価値観，暗黙知，前提，価値，枠組み，既有知識を問い直すことが論じられている。つまり，省察の重要な機能として，自己変容を伴う学習，そして，それを通しての人間的成長が期待されている。こうした自己に関する省察は，コルトハーヘンの「玉葱モデル」（Korthagen, 2013, p.32）のように階層的に分類されることもある。

　さらに別の論者は，教育実践の文脈である社会構造を批判的に捉えることを省察に期待している（e.g., 高野, 2018）。この批判論的な立場において，省察は，手段に関連するもの，個人的な価値や前提に関連するもの，そして，社会構造に関連するものという三つのレベルに区分され，最後の省察が最も高度とされる（Van Manen, 1977, pp.226-227）。つまり，教育実践の改善や教師の個人的成長はもちろん必要であるものの，それに加えて，教師のなすべきもっとも重要な役割として，不正な社会構造の変革が強調されている。

　もう1点，多くの年報論文等で言及される省察の機能として，理論と実践の接続が挙げられる。例えば，佐藤は，省察の役割を「実践の理論化」（佐藤, 1993, p.25）と規定している。この場合の理論化とは，暗黙知の言語化であり，

したがって理論とは個人的知識のことであろう。また、この個人的知識をより抽象度の高い学術的理論と相互作用させることを省察と呼ぶこともある（藤井, 2021, pp.106-107）。以上とは逆に、理論から実践への接続、すなわち理論の実践への翻案については、佐藤が「熟考」（佐藤, 1993, p.25）として、省察とは区別して論じている。しかし、複数の論者が理論と実践の往還を促す機能を省察に求めていることから（e.g. 高橋, 2010, p.58）、熟考のプロセスも省察の機能として理解されていることがあるといえる。

このように、省察概念には、実践の技術的改良だけではなく、実践の目的や前提を問い直すという機能、自己理解と自己変容を通した人間的成長の機能、社会構造を批判的に捉えるという機能、さらに、理論と実践の接続という機能が付与されている。省察概念はその機能が多角化される方向で展開しているといえよう。

（2）省察の方法の盛況

以上のような省察を、教員養成カリキュラム全体や個別の授業で促すための方法も多く年報で論じられている。佐藤と澤本は、模擬授業をビデオ撮影し、授業者がそれを見て自分の内面を記述する試みを行っている（佐藤・澤本, 1996）。村井は教育実習事後指導において、判断に迷った実習経験を、諸観点（誰と、いつ、どのような状態で、どう判断・行為し、その結果がどうだったのか等）を参考に学生に記述させ、さらに代替的な判断・行為を考察させるという「現象学的な反省」を実施している（村井, 2008）。伏木は、多様な教育現場をおのおの体験した学生が協働でその体験を振り返り、さらにその体験と理論的な知識とを関連づけて考察する「リフレクション演習」を紹介しつつ、その省察を促すファシリテーターの重要性に言及している（伏木, 2009）。牧田は、現場経験豊富な院生とストレートマスターとのメンタリングにおいて、実践経験について対話することが双方にとって自己理解や実践の理論化に役立つことを指摘している（牧田, 2009）。木塚は授業観察体験を効果的に省察するために、観察の観点を提示する援助を行い、複眼的視点を得られるように複数の学生が

議論するように仕向け，固定観念にとらわれないように体験と理論を接続する授業を提案・実践している（木塚, 2011）。志村は，実習経験のエピソードの学生間での共有，議論，記述を繰り返す試みを行っている（志村, 2011）。若木と村田は，院生に自己のゲシュタルトの探索を促す方法として，自己の教育観とその背景となる教育観の形成史の記述や，熟達者と自己との対比を授業に取り入れている（若木・村田, 2017）。渡辺と岩瀬は，模擬授業の授業者役と学習者役とが協働的に授業内容を議論する機会を繰り返し経験できる対話型模擬授業検討会を実施している。その際，コルトハーヘンの「9つの問い」を議論の枠組みとして用いることで院生たちが自ら本質的諸相に気づけるように配慮している（渡辺・岩瀬, 2017）。

　こうした省察の諸方法はそれぞれの独自性を有しているものの，傾向としては，体験場面の設定，省察の諸観点の明示，他者との対話，理論による経験の相対化，そして，以上を効果的に行う教師教育者の支援が重視されている。これら共通項が見いだせるほどに，教員養成における省察方法の実践研究は成熟しているといえる。

第3節　省察概念隆盛の諸要因

　ここまで省察概念の隆盛する状況について，省察概念の機能の多角化と省察方法の盛況という点からまとめてきた。次に，こうした省察概念隆盛がいかなる要因によって維持・発展されているのかを探索的にさぐる。

　省察概念の機能を整理した際，年報に現れる省察概念の多くが実践の振り返りと次の実践への反映を含意していることを指摘した。この実践性は，近年の省察概念の議論が実践との関係を前提としていることを示している。そこでまず，教員養成における実践の位置づけの変化から見ていく。ただ，年報の教員養成研究では，実践という語よりも体験（授業実践や授業観察，ボランティア活動などを含む）という語がしばしば用いられているため，以下では体験に着目して整理していく。

（1）体験重視の教員養成政策と省察的実践パラダイム

　寺崎らは1971年に出版された『教員養成』において，「自分自身を教養する人間の形成」こそが目指されるべきであり，そのためには「教員養成の教育においても，学問・芸術の特定の領域に関して研究者・芸術家にもなりうるような教育が追究されなければならない」と論じていた（寺崎ほか, 1971, p.558）。こうしたアカデミズム志向には，教員養成カリキュラムにおける教育体験の増加という発想は見られない。それに対して同年の中教審答申（1971）は，新任教員の「実際的な指導力」の向上や，高等教育機関での専門家養成における「実際的な応用能力の増進」を提唱しており，その後の教員養成政策を体験重視へと方向づけるものとなっている。1997年教養審第一次答申では，実践的指導力の基礎は現場体験を通じて養成される，という認識のもと，「教育実習はじめ各種のふれあい体験の機会の充実を図ること」が提起された。

　こうした政策動向の教員養成カリキュラムへの影響は，例えば98年の年報において，体験の導入を主題とした論文が3本掲載されていることにも見られる（鈴木, 1998；住野・田中, 1998；土井, 1998）。また，佐野らは2004年の年報において，教育体験が体系的に教育実習カリキュラムへと導入された状況を分析している（佐野ら, 2004）。こうした分析がなされること自体，1971年には考えられなかったような，教員養成における体験重視の傾向を示している。佐野らはこの傾向の要因として，上述した97年教養審の提言に加え，大学設置基準の大綱化や入学定員5000人削減に伴う教員養成課程の改組といった教育政策を挙げている。ほかにも，体験重視の教員養成政策を大学が受け入れた背景として，臨教審以降の新自由主義的な政治動向を挙げることもできよう。ただ，教育政策によって強いられた側面がある一方，佐野らは「各大学・学部の自主的な教育実習改革」についても言及し，むしろこうした自主的な改革が97年の教養審答申を後押ししたと指摘している（佐野ら, 2004, pp.85-86）。

　では，体験に対するこうした大学の過去と現在の態度の違いは何によるものであろうか。一つの要因として，第1章で触れた省察的実践パラダイムの浸透を挙げることができる。

省察的実践パラダイムは，専門職の知識基礎を大学における学術的知識から
実践知へと転換し，新たな専門職像や専門職養成，実践と研究の関係などの枠
組みを提起するものであった。このパラダイムは佐藤学によって日本の教師教
育研究に導入され，それ以後，年報においても何度も引用・参照されている。
　実践知は専門職実践を繰り返し経験することを通して培われるものであり，
体験を通して実践的指導力を身につけるという先の政策の主張と親和的な面が
ある。このことからすれば，日本の教師教育研究における省察的実践パラダイ
ムの受容は，大学が教員養成カリキュラムに体験を主体的に取り入れた理論的
背景となっていると考えられよう。そして，その体験を体験のみにとどめず，
よりよい実践や実践的指導力の向上へとつなげていく省察が同時に強調されて
いったことは，年報で論じられる多くの体験が省察の対象となっていることに
も示されている。
　以上のように，実践的指導力の向上のために体験を重視する教員養成政策
と，教員養成研究における省察的実践パラダイムの受容とが，体験活動を体系
的に教員養成カリキュラムに導入させ，また，同時に，その体験の省察を重視
させた要因として挙げられる。そして，2004年に提起された教大協の「体験─
省察の往還を確保する『教員養成コアカリキュラム群』を基軸としたモデル・
コア・カリキュラム」は，少なくとも国立大学に対して，体験と省察をカリ
キュラムへと導入する動向に弾みをつけた（山﨑, 2006, p.34; 水本, 2010, p.22）。

（2）アカデミズム志向

　しかし，体験と省察を強調する教員養成が実務家養成に歪曲してしまうとい
う懸念が出されるようになっていく。佐藤は教職大学院に関して次のように述
べる。

　「即戦力」としての「実践的指導力」を養成する「教職大学院」は，教員養
　成に携わる大学の「アカデミズム志向」の克服をうたっているが，「専門家
　教育の大学院（professional school）」というよりはむしろ「実務家教育」を

標榜する「専門学校の大学院版」であり，地方教育委員会の初任者研修と現
職研修を肩代わりする組織として機能することが追求されている。

（佐藤，2006, p.14）

　すなわち，単に実習期間を延ばし，その経験を実務的な範囲で省察，改善す
るだけでは，大学における教員養成として不十分であるという指摘である。こ
うした指摘は，年報第 5 号（1996）の特集「教育者に求められる教養」，年報
第 9 号（2000）の特集「新制大学半世紀：『大学における教員養成』の再検
討」，年報第23号（2014）の特集「教師教育の"高度化"を考える」，年報第29
号（2020）の特集「教員養成とアカデミズム」でもしばしば言及されているこ
とから，教員養成研究において以前から共有されていた懸念であるといえよう。
　例えば町田は，体験と省察による即戦力の養成よりも，「リベラル・アーツ
教育による豊かな人間性，どう変わるかわからない世の中に対応できる研究で
きる教員の育成」（町田，2019, p.10）こそが，大学における教員養成にふさわし
いことを強調している。高野は，実践の改善に終始しがちなショーンの省察的
実践者像を批判し，「社会変革をも視野に入れて行為を行う主体」たる「社会
的アクター」としての教師像に基づく教員養成を行うべきと主張するザイク
ナーとリストンの議論を紹介している（高野，2018, pp.103-104）。
　「豊かな人間性」を備えた「研究できる」教師や，社会的公正の実現に向け
て活動することのできる「社会的アクター」としての教師の養成が目指される
場合，自己を相対化して見つめ教育実践をより広い社会的文脈に位置づけるた
めの学術的理論や研究方法論が必要不可欠となる。ここに，実践を省察するだ
けにはとどまらない，「大学における」教員養成の独自性が見いだされている。
　このような文脈において，省察は，即戦力養成に関わる概念として批判の対
象ともなりえたであろう。しかし，年報論文等でそうした批判が省察概念に直
接向けられることはないようである。むしろ，前節でみた通り，省察概念は，
目的や前提を問い直し，自己理解や自己批判を通して人間性を高め，社会的不
公正に目を向け，理論と実践を結びつける機能を有する概念として再解釈され

ている。つまり，省察概念は教員養成研究において，教員養成を実務家養成へ
と歪曲するものではなく，むしろ，「大学における」教員養成へと高度化する
鍵概念として捉え直されているといえる。体験と省察の存在感を高めた教大協
のモデル・コア・カリキュラムも，「大学における」教員養成という点を強く
意識しており，その意図する省察は極めて研究志向であった（日本教育大学協
会「モデル・コア・カリキュラム」研究プロジェクト編, 2004, p.22）。このように整
理すれば，省察概念の機能の多角化は，「大学における」教員養成の高度化に
対応すべく，教員養成政策と省察的実践パラダイム，そしてアカデミズム志向
が要因として重なり合いながら進んでいったと考えることができる。

（3）構造化された実践概念のカリキュラム化と省察の場としての大学という
　　想定

　最後に，省察方法の実践研究が盛況である要因について検討したい。
　年報において，省察的実践や省察的教授といった教師の実践を特徴づける実
践概念は，しばしば諸局面へと構造化された形で言及される。例えばショーマ
ンの「教授的推論・行為モデル」（理解→授業案への翻案→授業→評価と省察→新
しい理解）（Shulman, 1987, p.15）やコルトハーヘンらが経験による学びの理想的
なプロセスを構造化した ALACT モデル（行為→行為の振り返り→本質的な諸相
への気づき→行為の選択肢の拡大→試み）（コルトハーヘン, 2010, p.54）などはその
例である。そして，この実践概念の構造はカリキュラムの構造として応用され
ている（e.g. 羽野・堀江, 2007, p.143）。こうした応用の利点の一つは，実践概念
の各局面に焦点を当てた科目の開発が可能となることである。教大協のモデ
ル・コア・カリキュラムは，実践概念を「体験 - 省察の往還」へと構造化し，
体験と省察の各局面をカリキュラムの各科目へと当てはめることを提起してい
る点でその典型であろう（日本教育大学協会「モデル・コア・カリキュラム」研究
プロジェクト編, 2004, p.23, p.46）。
　モデル・コア・カリキュラムにおいて体験とは，教育実習や授業観察，教育
ボランティア，模擬授業等における学生の身をもっての経験のことである。体

験の内容は多様であるため，その体験が行われる場も多様であるだろうが，教員養成において最も重要な体験が教育実習であり，その実習に向けて他の体験が体系づけられていることを踏まえれば，体験の場の中心は学校現場であるといえよう。それに対して省察とは，単に体験を振り返ることではなく，研究知見に照らし合わせて検討・考察する中で「『臨床の知』の生成」をすることとされる。この省察は，「体験－省察の往還」が「『体験』と『研究』の往還」と言い換えられていることからもわかるように，研究に近い意味で用いられている（日本教育大学協会「モデル・コア・カリキュラム」研究プロジェクト編, 2004, p.22）。つまり，省察は「大学における」教員養成を特色づける，大学において行われるものとして論じられている。こうした説明は，体験と省察の往還という言葉を用いる場合に，体験は学校現場で，省察は大学で，という暗黙の想定を私たちが抱いていることを象徴的に示唆している。

　構造化された実践概念をカリキュラムに応用することで各局面に焦点化された科目を設定できること，そして，省察を大学で行われるものと想定することは，大学教員にとって，体験と省察をいったん切り離し，省察を自らの責任のもとで行うものとして規定することを可能にする。

　体験が割り振られた科目において，多様な体験の場を大学が確保することは行われているし，また，大学が主催するボランティアや授業内で行われる模擬授業については体験方法・内容を工夫する余地が多くある。しかし，体験の中心である教育実習自体については工夫をすることが難しいのが実情であろう。したがって，大学はそうした体験の場の確保に努め，体験の仕方等については現場に任せる。それに対して，その体験について省察することを大学の役割として考え，よりよい省察方法を学生に提示しようと努力する。こうした状況が教師教育研究における省察方法の盛況へとつながっていると考えられる。

第4節　省察概念隆盛に伏在する諸問題

　ここまで，「権威性」を帯びた「前提的枠組み」となっていると考えられる

省察概念を相対化することを意図して，まず，省察概念隆盛の状況を，省察の機能の多角化と省察の方法の盛況という点から整理した。その後，そうした省察概念の隆盛がいかなる要因によってもたらされているかについて分析した。その結果，体験を重視する教員養成政策の継続や，省察的実践パラダイムの浸透，教師教育研究者のアカデミズム志向，そして，構造化された実践概念のカリキュラム化と，省察の場としての大学という想定，といった諸要因が見いだされた。

　現状において，これら要因が省察概念の隆盛を支えているとすれば，要因が一つでも変化することで省察概念の隆盛にも変化が生じうるだろう。例えば省察的実践パラダイムについては，現在に至るまで年報において受容されているといえる一方，そのパラダイムに修正を求める指摘や（石井, 2014），民主主義の点から批判する指摘（福島, 2008）がなされている。要因のこうした変化は，今後の省察概念に対する認識に影響するだろう。

　また，省察概念の隆盛を構成する諸要因に目を向けることで，省察概念隆盛の中で不可視化された問題点をいくつか指摘することができるし，そこからさらに別の問題点を示唆することもできる。さらなる検討が必要であるものの，以下，それら問題点を試みに提起してみたい。

　先に要因として挙げた実践的指導力を強調する教員養成政策と，人間性の涵養や社会批判を強調するアカデミズム志向は，戦後のアカデミシャンとエデュケーショニストの対立を想起させる。この対立は理論と実践の対立とも言い換えられようが，現在，多角化された省察の機能を通してこの対立はあたかも解消されたかのようにみえる。

　しかし，例えば佐藤が「実践の理論化」を省察と呼ぶとき，その理論は何を意味しているのか，また，教大協のモデル・コア・カリキュラムの省察が研究に類似する概念として用いられているとき，その研究がいかなるものであるのか，いまだ合意形成がなされていないように思われる。あるいは，「実践の理論化」や「研究」をあえて省察と呼ぶことの意義が問われていない。こうしたあいまいさの残る省察概念によって対立の解消が見かけ上もたらされていると

すれば，再度，丁寧に省察及びその周辺の概念を整理する必要があるだろう。

　次に，「省察能力の育成」（木塚, 2011, p.120）や「省察の深め方そのものを学生に身につけさせていく」（渡辺・岩瀬, 2017, p.136）という言葉からも示唆されるように，省察が自己目的化する傾向を問題として指摘できる。

　実践概念の構造化とそのカリキュラムへの応用により，体験と省察といった実践の各局面を各科目へと落とし込むことや，体験は学校で行い省察は大学で行うものであると想定することは，大学教員の意識を体験からは切り離された形で省察へと向けさせてしまうかもしれない。すなわち，体験のための省察ではなく省察のための省察となる。すると省察は自己目的化の傾向を強めるだろう。特に，実践目的自体を問い直したり，人間性を涵養したり，社会的不正を批判したりするという意味での省察，すなわち，「大学における」教員養成を特徴づける高度な省察の場合，その省察自体が有意義と捉えられやすいのではないだろうか。その結果，省察することのみにとどまってしまい，省察の実践性が看過されてしまう。

　例えば，社会正義に関して，「日本においては教師と『マクロな社会現象』の結びつきが弱い」ことが指摘されている（栗原, 2022, p.115）。省察を通して学校外の貧困が教室内の問題に深く関わっているとわかったところで，教師はそれを学校教育実践に関わる自分の問題とは捉えづらいのである。実習生であればなおさらだろう。ブルックフィールド（Stephen Brookfield）は，「省察はそれ自体では十分ではなく，常に世界をどのように変えることができるかということと結びついていなければならない」（Brookfield, 1995, p.217）と論じているが，彼の指摘は，単なる実践の改善としての省察にではなく，社会批判といった高度な省察に向けられている。

　省察する力量の形成は重要であるものの，さらに，省察した内容を実践へと反映（reflect）し，その実践を再び省察へと反映する，という実践・省察相互の反映性（reflectivity）にも改めて注意を向ける必要がある。この反映は，ショーンのいう，省察の「行為に対するその直接的な意義」（Schön, 1987, p.29）をもたないかもしれない。しかし，間接的にではあっても，何かしら実践を変

容させることに具体的に寄与することが省察には求められる。

　以上の問題を踏まえると，第三に，実習生の自由裁量について検討しなければならないことになる。教員養成研究で論じられる省察は実践性を強調するものであるから，省察したことを実践に反映させられるほどの自由裁量が実践者に与えられていなければ省察の含意を大きく損なうことになる。もし十分な自由裁量が与えられていなければ，教育実習は，大学で強調される高度な省察が現場では役に立たない，実行できないことを実習生が身をもって学習する機会となってしまいかねない。したがって，とりわけ大学外で行われる実習等に関して，実習生の高度な省察を実践へと反映させられる余地をいかに作り出すか，ということを検討しなければならないのではないだろうか。それは，体験は現場，省察は大学，という想定をくつがえし，現場と大学の関係性を編み直すという，より大きな課題につながっていく。

　さらに飛躍すれば，第四の問題として，省察の強調が教師の成長の姿を狭めている可能性を指摘できる。教師（及び実習生）の問題解決は，問題状況に陥った教師が実践を省察し，熟慮を通して解決する方法を考案し，最後に考案したことを行為で検証する，といったプロセスとして語られる。それはまさにデューイの探究（＝反省的思考）に沿ったものである。しかし，教師の中には，熟慮せず思いついたことを試しにやってみる，という形で問題解決をする者もいる。こうした行動的検証から始まる探究は，ショーンの省察的実践の一つの特徴である（早川, 1994, p.260）。実践と省察を往還的に捉えると，両者の違いは見えにくくなるものの，前者が省察や熟慮から新たな実践を生み出す思考駆動型の学習プロセスを表しているのに対して，後者は省察よりも「まずはやってみる」といった行為駆動型の学習プロセスを表しているといえる。どちらの学習が正しいということではなく，現在は前者に焦点が当てられているとすれば，後者の学習の在り方により注意が向けられてもいいのではないだろうか。そしてそのためには，第三の問題でも指摘した，実習生の自由裁量が今より拡大されなければならないだろう。実習の場に自由裁量の余地を見いだすこと，そして，そこを新たな行為を試す場と位置づけることに，「大学における」教

員養成の新たな意義を見いだすことができるかもしれない。

おわりに

　本章では，日本の教員養成研究における省察概念隆盛の展開の内容を整理
し，続いて，その展開がどのような諸要因によって維持・発展しているのかを
分析した。そのうえで，省察概念が隆盛する教員養成に伏在する諸問題をいく
つか提起した。それら諸問題は，容易に解決できるものではなく，理論，制
度，実践と多面的に取り組む必要があるだろう。

　ただ，日本において，省察を重視しつつこうした問題に対処している教員養
成実践があるのも確かである。例えば，福井大学教職大学院は「学校改革のた
めの大学院」であり，その実現のために，「学校拠点方式」が採用されている
という（松木・隼瀬, 2013, p.29）。この場合，教育実習の位置づけは，単に実践
的指導力を身につける場ではなく，学校改革に向けて新たな実践を試みる場と
なりうるだろう。この実習において，実習生は高度な省察を通して得た知見を
試みる自由裁量を得られるかもしれない。

　海外にも注目すべき事例がある。UCLA・センター X は社会正義の実現に
向けた教師教育を30年以上にわたり続けている（Francois & Quartz, 2021）（詳
細は第10章）。その教員養成の修士 2 年コースにおいて，学生は 1 年目，大学
で講義を受けるかたわら，定期的に実習校と大学を行き来し，2 年目は，提携
学区で有給の教職に就きつつ，探究に基づいた研究プロジェクトに取り組むレ
ジデンシープログラムを受ける。その中で学生は，教室の背後にある社会的不
公正についても学び，またそうした不公正が自己のアイデンティティに深く食
い込んでいることも省察等を通して理解していく。そしてセンター X はさら
に，学生がそうした理解にとどまることなく社会正義に資する授業を教室で実
践するよう求める。この点で重要なのは，センター X が教員養成だけではな
く学校改革にも着手し，その学校の位置するコミュニティの改革も考慮してい
る点である。すべての取り組みが社会正義に向けられることによって，実習生

は社会批判的な省察を活かした授業改善に取り組む自由裁量を得られる。加えて，短期間の実習ではなく，1年間同一の学校で一教員として働くことも，自由裁量を得る要因となっていよう。

こうした先進的な取り組みの内実をさらに分析することは，省察を重視する教員養成研究の今後にとって重要であると考える。

【引用・参考文献】

石井英真（2014）「教員養成の高度化と教師の専門職像の再検討」『日本教師教育学会年報』23号，pp.20-29。

今津孝次郎（1992）「教師専門職化論の新段階」『日本教師教育学会年報』1号，pp.57-72。

金川舞貴子（2020）「実践知の生成と教職大学院―岡山大学教職大学院の変遷と課題を事例に」『日本教師教育学会年報』29号，pp.64-73。

木塚雅貴（2011）「授業観察とその省察を中心とする教員養成の方法に関する研究―省察能力の育成に着目して」『日本教師教育学会年報』20号，pp.122-133。

栗原和樹（2022）「教師にとって「子どもの貧困」に関わる経験はいかなるものか―「学習」を語る方法に焦点を当てて」『日本教師教育学会年報』31号，pp.112-123。

コルトハーヘン，F. 編著（2010）武田信子監訳『教師教育学　理論と実践をつなぐリアリスティック・アプローチ』学文社。

佐藤博・澤本和子（1996）「教師教育のための self-reflective method の開発」『日本教師教育学会年報』5号，pp.129-139。

佐藤学（1993）「教師の省察と見識＝教職専門性の基礎」『日本教師教育学会年報』2号，pp.20-35。

――（2006）「教師教育の危機と改革の原理的検討―グランドデザインの前提―」『日本教師教育学会年報』15号，pp.8-17。

佐藤学・岩川直樹・秋田喜代美（1991）「教師の実践的思考様式に関する研究（1）：熟練教師と初任教師のモニタリングの比較を中心に」『東京大学教育学部紀要』30，pp.177-198。

志村聡子（2011）「学生が書いたエピソードに基づく幼稚園実習事後指導―省察としての学び合い」『日本教師教育学会年報』20号，pp.135-144。

高野貴大（2018）「現代の教職理論における『省察（reflection）』概念の批判的考察―ザイクナーとリストンによる『省察的教育実践』論を手がかりに」『日本教師教育学会年報』27号，pp.98-107。

高橋英児（2010）「養成段階における実践的指導力の育成についての一考察」『日本教師教育学会年報』19号，pp.57-66。

寺崎昌男・林三平・山田昇（1971）「第7章　総括と提言」海野宗臣編『教員養成』東京大学出版会，pp.545-562。

土井進（1998）「臨床経験の授業科目『教育参加』の開設と効果」『日本教師教育学会年

報』7号，pp.155-170。

日本教育大学協会「モデル・コア・カリキュラム」研究プロジェクト編（2004）『教員養成の「モデル・コア・カリキュラム」の検討―「教員養成コア科目群」を基軸としたカリキュラムづくりの提案』。

羽野ゆつ子・堀江伸（2007）「実践のサイクルをコアとした教員養成―芸術系私立大学における教育実習の事例を中心に」『日本教師教育学会年報』16号，pp.142-151。

バーガー，P. & ルックマン，T. 著，山口節郎訳（2003）『現実の社会的構成―知識社会学論考』新曜社。

早川操（1994）『デューイの探究教育哲学―相互成長をめざす人間形成論再考』名古屋大学出版会。

福島賢二（2008）「『教職の専門性』概念の民主主義的基礎づけ―Amy Gutman の理論を手がかりにして」『日本教師教育学会年報』17号，pp.52-61。

藤井真吾（2021）「教師知識研究における一般的な教授方法に関する知識（general pedagogical knowledge）概念の変化―特質としての一般性と文脈依存性に着目して」『日本教師教育学会年報』30号，pp.100-109。

伏木久始（2009）「地域の学校での職場体験と大学での演習を連携させる授業の教育効果」『日本教師教育学会年報』18号，pp.108-116。

牧田秀昭（2009）「教職大学院拠点校における世代を超えた学び合い」『日本教師教育学会年報』18号，pp.68-72。

町田健一（2019）「戦後の開放制養成の意義と課題―リベラルアーツ教育を基盤とした教員養成の再考」『日本教師教育学会年報』28号，pp.8-16。

水本徳明（2010）「教育システムの作動としての教師教育と教師教育改革」『日本教師教育学会年報』19号，pp.18-26。

村井尚子（2008）「実習における教育的契機への反省的記述―反省的な幼稚園教員養成のための一方策」『日本教師教育学会年報』17号，pp.138-146。

山﨑準二（2006）「教員養成カリキュラム改革の課題」『日本教師教育学会年報』15号，pp.33-43。

横溝紳一郎（2011）「教師教育の方法としてのアクション・リサーチ―国内の外国語教育分野に焦点を当てて」『日本教師教育学会年報』20号，pp.64-74。

若木常佳・村田育也（2017）「教職大学院における理論と実践の往還を具体化するプログラムの実証的研究」『日本教師教育学会年報』26号，pp.112-121。

渡辺貴裕・岩瀬直樹（2017）「より深い省察の促進を目指す対話型模擬授業検討会を軸とした教師教育の取り組み」『日本教師教育学会年報』26号，pp.136-145。

Brookfield, S. D. (1995). *Becoming a Critically Reflective Teacher*, Jossey-Bass.

Francois, A. & Quartz, K. H. (eds.) (2021). *Preparing and Sustaining Social Justice Educators*, Harvard Education Press.

Korthagen, F. A. J. (2013). The Core Reflection approach, Fred A. J. Korthagen et al. (eds.) *Teaching and Learning from Within: A Core Reflection Approach to Quality and Inspiration in Education*, Routledge.

Schön, D. A. (1987). *Educating the Reflective Practitioner: Toward a New Design for*

Teaching and Learning in the Professions, SFO: Jossey-Bass Publishers.

Senge, P. et al. (2012). *Schools That Learn: A Fifth Discipline Fieldbook for Educators, Parents, and Everyone Who Cares About Education*, Crown Business.

Shulman, L. S. (1987). Knowledge and Teaching: Foundations of the New Reform, *Harvard Educational Review*, 57(1), 1-22.

Van=Manen, M. (1977). Linking Ways of Knowing with Way of Being Practical, *Curriculum Inquiry*, 6(3), 205-228.

第3章

大学・大学院の教員養成における「省察」の制度的受容

第1節　課題の設定

　大学における教員養成に関しては長らく、"大学と学校現場"あるいは"理論と実践"の乖離が問題視され、それを克服する方法が模索されてきた。本書の第2章でも検討されているように、この議論をたどれば、1970年代から1980年代に登場する「実践的指導力（あるいはその基礎）」養成の文脈や、さらに1990年代以降に隆盛する「学校現場体験」導入の文脈などから[1]、教員養成カリキュラムに実践的な体験を取り入れるとともに、その体験を学びに転換するための概念として「省察（reflection）」が位置づいてきた。他方、議論をやや先取りすると、1990年代までの中心は学部段階における「省察」であるが、2000年代に入るとそれとは別の文脈、すなわち教職大学院というフィールドが登場する。本章では、1990年代までの学部段階を中心とした動向を踏まえつつ、とりわけ2000年代以降の大学・大学院における教員養成で、省察概念がどのように制度的に受容されるに至ったのか、そのプロセスの一端をマクロな視点で捉えたい。

　これを検討するにあたりまず注目するのが、文部科学行政が関わる各種会議や審議会等での議論である。我が国の教育政策は、公に開かれた会議や審議会等によって総論部分が集約され、それを踏まえた具体的な政策や制度が行政機関によって実施される（吉村, 2023）。すなわち、大学・大学院における教員養成で省察概念が制度的に受容される状況は、各種会議や審議会等での議論によって方向づけられた結果とみることもできる。

さらに，2000年代以降に登場する教職大学院を検討するにあたっては，各種会議や審議会等での議論に加え，認証評価に関わる日本教育大学協会の報告書や教員養成評価機構の認証評価基準にも注目したい。認証評価は法令に基づく強力な制度であるため，外形的な基準を満たしているか否かを評価するだけではなく，そこで示される基準が個々の大学の教育課程や教育方法等を左右する規範的枠組みとしても機能する（加藤ほか，2023）。つまり，認証評価の基準に示された文言や表現は，教職大学院全体が制度として省察概念を受容する重要な手がかりとしてみることができる。

　以上のような課題意識から，本章の分析で用いる具体的なデータは表3.1の通りである。これらを用いながら教員養成制度改革における「省察」の議論をたどることで，各文書等で用いられる「省察」という文言の特徴を描き出し，2000年代以降の大学・大学院の教員養成において省察概念が制度的な側面からどのように受容されたのかを考察する。

表3.1　分析で用いる文書等のデータ

1. 国立の教員養成系大学・学部の在り方に関する懇談会（2001）『今後の国立の教員養成系大学学部の在り方について』
2. 日本教育大学協会（2004）『教員養成の「モデル・コア・カリキュラム」の検討』
3. 日本教育大学協会（2006）『教員養成カリキュラムの豊かな発展のために』
4. 中央教育審議会答申（2006）「今後の教員養成・免許制度の在り方について」
5. 中央教育審議会答申（2012）「教職生活の全体を通じた教員の資質能力の総合的な向上方策について」
6. 中央教育審議会答申（2015）「これからの学校教育を担う教員の資質能力の向上について」
7. 国立教員養成大学・学部，大学院，附属学校の改革に関する有識者会議（2017）『教員需要の減少期における教員養成・研修機能の強化に向けて』
8. 中央教育審議会答申（2022）「教師の養成・採用・研修等の在り方について〜『新たな教師の学びの姿』の実現と，多様な専門性を有する質の高い教職員集団の形成〜」
9. 日本教育大学協会教職大学院認証評価機関設立特別委員会（2009）『教職大学院認証評価機関設立と認証評価マニュアル作成に向けた調査研究（報告書）』
10. 教員養成評価機構（2009・2014・2023）「教職大学院評価基準」

第2節　教員養成政策における「省察」議論の変遷

(1)「体験‐省察の往還」を進めるカリキュラム改革

　教員採用者に占める教員養成系大学・学部卒業者の割合低下や，教員養成系大学・学部の定員削減など，大学における教員養成の存在意義が問われるなか，文部科学省が主体となって「国立の教員養成系大学・学部の在り方に関する懇談会」（以下，在り方懇）を設置し，2000年8月から国立教員養成系学部・大学院及び附属学校の在り方に関する議論が始まった。2001年9月までに15回の懇談会が開催され，同年11月に公表された在り方懇の報告書『今後の国立の教員養成系大学学部の在り方について』では，教員養成カリキュラムについて主に次のことが批判的に指摘されている。①教員養成学部内において「アカデミシャンズ（学問が十分にできることが優れた教員の第一条件と考える人達）」と「エデュケーショニスト（教員としての特別な知識・技能を備えることこそが優れた教員の第一条件と考える人達）」との対立がある。②特に小学校教員養成において，教科専門科目にどのような内容を盛り込むべきかという課題の共通認識が薄く，教員養成カリキュラムの共通の目的性に欠け，教育が教員個々人の裁量に委ねられている。在り方懇の報告書は，こうした教員養成系大学・学部の現状に対して，再編・統合も含む痛烈な異議申し立てを行ったうえで，医学教育におけるモデル・コア・カリキュラムや工学分野における技術者教育プログラムの認定制度などを例示し，一定の指標を共有するような体系的なカリキュラムの策定を日本教育大学協会（以下，教大協）に対して求めている。

　この在り方懇の報告書を受け，国立教員養成系大学・学部が主な構成メンバーである教大協では，2001年8月に教員養成における「モデル・コア・カリキュラム」研究プロジェクトを設置し，小学校教員養成を中心に2004年3月までに19回の議論を重ね，報告書として『教員養成の「モデル・コア・カリキュラム」の検討―「教職コア科目群」を基軸にしたカリキュラムづくりの提案』をまとめた。この報告書では，学校現場での体験を教員養成カリキュラムの中に体系づけ，それらの経験に対する研究的な省察の機会をあわせて提供するこ

とによって「体験 - 省察の往還」を確保する「教員養成コア科目群」を基軸に
したカリキュラムを提案している。「教員養成コア科目群」は，教育実習など
の学校現場体験とフィールド研究をセット（体験 - 省察の往還）にして積み上
げられ，これを核（中心課程）にして教職や教科の科目を配置していく（周辺
課程）という構造となっており，それを実現するためには，教育科学，教科教
育学，教科専門分野の教員が協働することが不可欠とされている。こうした発
想には，二つの背景を読み取ることができる（p.40）。一つは，大学教員の研究
的関心は出身母体の学問領域に向けられており，大学で教授された専門知識が
教育実習で応用されることで「予定調和」的に実践力が形成されるという，従
来の教員養成観の見直しが求められているということである。もう一つは，教
員養成においてますます重視されつつあったさまざまな学校現場体験におい
て，「体験至上主義」のように体験することが中心的課題となってしまい，十
分な省察を伴って理論と実践を統合することが，大学という場で果たされてい
ないという危機感である。

　続いて教大協では，2006年に新たな報告書『教員養成カリキュラムの豊かな
発展のために─〈体験〉-〈省察〉を基軸にした「モデル・コア・カリキュラ
ム」の展開』を公表した。この報告書では，2004年の報告書を各大学がどのよ
うに受け入れ実践しているのか，その実態調査の分析を主眼としている。分析
の結果，2004年の報告書は各教員養成系大学・学部に影響を与え，「体験 - 省
察の往還」を進めるカリキュラム改革を後押しする役割を果たしたと評価して
いる（p.151）。ただし，この報告書の調査で「省察」の中身として挙げられて
いるのは，討論や報告会，レポート作成などであり，学校現場体験の振り返り
を学生個人に委ねるものが多いことも明らかとなっている。そのため，体験的
な科目で学ぶ実践知と大学の授業科目で学ぶ理論知を結びつけるような省察の
在り方が課題であると指摘している（p.161）。

　こうした教大協の動きと並行して，同時期には中央教育審議会（以下，中教
審）でも，教員養成改革の議論が進められている。2006年には中教審が答申と
して「今後の教員養成・免許制度の在り方について」を示し，教職生活全体を

通した資質能力の育成という観点から，学部・大学院・現職の各段階における
制度改革の方向性を提言した。なかでも，学部段階の「省察」と関わるものと
しては，教職実践演習の新設・必修化が挙げられる。教職実践演習は，大学で
学生が身につけた資質能力が，教員として「最小限必要な資質能力」として有
機的に統合・形成されているかを，到達目標に照らして最終的に確認するよう
に設計されている。同答申では「省察」という文言で教職実践演習を説明して
いるわけではないが，履修履歴等をもとに学生自身が養成段階の学びを振り返
り，教員になるうえでの課題を自覚する科目として位置づけられるだろう。

　以上のように，2000年代初頭の大学における教員養成（とりわけ学部段階）
に対しては，その在り方やカリキュラムに対する批判から，文部科学省が主導
して再編・統合を含む過激な議論が展開され，教育の質を統制するモデル・コ
ア・カリキュラムの策定を迫った。一方で教員養成の担い手側である教大協と
しては，教育行政が主導して統制を図る動きへの対応（対抗）として，ガイド
ラインや指標として機能するカリキュラムではなく，「体験−省察の往還」を
核としたカリキュラムを提案するに至っている。こうしたカリキュラム策定の
背景には，第2章でも指摘されたように，学校現場での体験が重視される中で
教職において「反省的実践家」像が理論的に容認されたこと（山﨑, 2006），そ
して「省察」という営みの中に大学における教員養成の意義を見いだそうとす
る動きがあったものと推察される。ただし，教員養成の担い手側の「省察」を
めぐる"各論"はさまざまに展開されて必ずしも一貫性があったわけではな
く[2]，他方で「省察」の制度化ともいうべき教職実践演習が導入されるな
ど[3]，学部段階において受容された「省察」の形は一様ではなかった。

（2）教職大学院における「理論と実践の往還」

　先にも示した2006年の中教審答申では，高度専門職業人の養成を目的とする
大学院段階の課程として，教職大学院制度の創設を提言している。この教職大
学院は，アカデミックな講義に偏るのではなく，実践的な新しい教育方法を積
極的に導入することで，「理論と実践の融合」を意識した教員養成教育の実現

を目指すとされている。以降は，教職大学院という場において理論と実践を架橋（融合・往還）することをめぐり，「省察」という言葉が登場することになる。

　教員の専門性向上と実践的指導力の育成を目指し，さらなる改革方針を打ち出した2012年の中教審答申「教職生活の全体を通じた教員の資質能力の総合的な向上方策について」では，教職生活全体を通じて教員は学び続ける存在であるという「学び続ける教員像」の確立が提示された。同答申では「省察」という言葉が複数回用いられている。まず，これからの教員に求められる資質能力として，「教職に対する責任感，探究力，教職生活全体を通じて自主的に学び続ける力」「専門職としての高度な知識・技能」「総合的な人間力」を示したうえで，これらは省察を通して相互に関連し合いながら形成されるとしている（pp.2-3）。さらに，とりわけ現職教員の大学院生が教職大学院で学ぶことについて，「これまで経験と勘に基づきがちであった実践を理論的に省察する機会が得られ，改めてこれまでの実践を整理し，理論化して（中略）」（p.6）と述べられている。このように同答申は，教員に求められる資質能力を形成する方法論として「省察」を捉えていること，特に現職教員の大学院生が「省察」を行う場として教職大学院を位置づけていること，理論と実践を結びつけて「省察」を用いていること，などが特徴である。

　「学び続ける教員像」の確立を実現するため，より具体的な制度改革の方向性を示したのが，2015年の中教審答申「教職生活の全体を通じた教員の資質能力の総合的な向上方策について〜学び合い，高め合う教員育成コミュニティの構築に向けて〜」である。この答申では，「教員が高度専門職業人として認識されるために，学び続ける教員像の確立が強く求められる」（p.9）としたうえで，学び続ける教員を支えるキャリアシステムとして，「教員育成協議会」の設置と「教員育成指標」の策定を求めていることが注目される。一方で「省察」という言葉は僅少ながら，教職大学院が「理論と実践を往還する探究的な省察力を育成する体系的な教育課程」（p.56）を有すると述べている。2012年の中教審答申と同様，理論と実践を往還することと省察（省察力の育成）を結びつけ，それを行う場としての教職大学院の意義を示している。同答申ではこう

した教職大学院の重要性に鑑み，教職大学院を大学院段階における教員養成の主軸として捉え，一層の量的拡大と機能強化を提言している。

　さらに教職大学院における「理論と実践の往還」を強く求めたのが，「国立教員養成大学・学部，大学院，附属学校の改革に関する有識者会議」（以下，有識者会議）である。この有識者会議は，上述した在り方懇と同様，教員採用者に占める国立教員養成系大学・学部卒業者の割合低下や，国立教員養成系大学・学部の教育体制や教育内容に対する批判などを背景に，文部科学省が主導して2016年8月に設置された。およそ1年にわたって11回の有識者会議が開催され，2017年8月に公表された有識者会議報告書『教員需要の減少期における教員養成・研修機能の強化に向けて』では，国立の教員養成学部，教職大学院，附属学校について，短期的及び中長期的な視点から改革方針が示されている。なかでも教職大学院には，「理論と実践の往還」を取り入れた教科領域の教育や学校・地域が抱える教育課題の解決などが提案され，これが教職大学院のカリキュラムの中核であると強調されている。そのうえで，高度専門職業人としての教員養成機能は，原則的に修士課程から教職大学院に移行させるべきとしている。ただしこの有識者会議報告書は，「理論と実践の往還」を実現するために教職大学院を重視する姿勢は明確であるものの，「省察」という言葉は使われておらず，これまで（わずかながらでも）結びついてきた両者の関係は見えなくなっている。

　以上のように，2006年の中教審答申以降は，主に教職大学院の登場によって「省察」に関わる議論が展開されていることがわかる。当初は教職大学院における「理論と実践の往還」を推進する手段・方法論として「省察」が位置づけられていたものの，有識者会議の報告書に至っては，教職大学院から「省察」が切り離されて「理論と実践の往還」のみが強調され，それが教科領域の教育や教育課題の解決に資するものとみなされている。

（3）「令和の日本型学校教育」を担う教員の養成

　さて，本節の最後に確認するのが，現状で最も新しい2022年の中教審答申

「教師の養成・採用・研修等の在り方について〜『新たな教師の学びの姿』の実現と，多様な専門性を有する質の高い教職員集団の形成〜」である。同答申は，「令和の日本型学校教育」の在り方を示した2021年の中教審答申を受け，それを実現するための教員の養成・採用・研修等について提言したものである。

　まず2022年の中教審答申では，「新たな教師の学びの姿」の一つとして，「教職大学院のみならず，養成段階を含めた教職生活を通じた学びにおいて，『理論と実践の往還』を実現する。」(p.22)としており，教職大学院での学びの中核をなす理念であった「理論と実践の往還」を学部段階にも求めている。この「理論と実践の往還」を重視した教職課程に転換すべく，具体的な施策として，教育実習の履修形式の柔軟化，教職実践演習の実施時期の柔軟化，学校体験活動の積極的活用などを示している。そして「省察」については，これまでの中教審答申と同様に，「理論と実践を往還させた省察力による学び」(p.23)という表現を用いながら，教職大学院のみならず学部段階での新たな学びの姿として示している。

　すなわち「令和の日本型学校教育」を担う教員の養成をめぐっては，これまで教職大学院の理念であった「理論と実践の往還」を学部段階でも求めながら，学校現場での体験を柔軟かつ積極的に取り入れることなど，従来の教員養成改革の方針が基本的には踏襲されている。また，これも教職大学院で示されてきた，学ぶ力としての「省察力」を学部段階にも展開している。以上のように，2022年の中教審答申では，理論と実践を往還することと省察（省察力の育成）を結びつけた教職大学院での議論を学部段階にも合流させ，大学における教員養成の全体に拡張させている。

第3節　各文書等で用いられる「省察」の特徴

　教員養成政策における「省察」議論の変遷について，学部段階と教職大学院の改革に着目しながら概観してきたが，以下では各文書等で用いられる言葉そ

表3.2　各文書等で用いられている言葉の頻度

	2001 在り方懇	2004 教大協	2006 教大協	2006 中教審答申	2012 中教審答申	2015 中教審答申	2017 有識者会議	2022 中教審答申
省察	0	18	204	1	3	2	0	6
理論	3	19	13	16	18	7	14	26
実践	21	109	123	69	57	35	61	43
体験	1	90	345	4	7	11	6	45
融合	0	3	1	10	3	0	5	0
往還	0	5	12	0	5	2	9	18

注：濃い網掛けは各文書等で用いられる頻度が特に多い言葉である。

のものに着目した分析を試みたい。表3.2は，各文書等で「省察」とそれに関連する言葉がどの程度使われているのか，使用頻度を示したものである。ここでは前節までの議論を踏まえながら，使用頻度を確認する言葉として，「省察」「理論」「実践」「体験」「融合」「往還」を挙げる。

　まず注目するのが「省察」である。この使用頻度をみると，際立って多いのが各大学におけるモデル・コア・カリキュラムの実践を調査分析した2006年の教大協報告書であり，次いでモデル・コア・カリキュラムを提案した2004年の教大協報告書である。中教審答申では1〜6回とわずかながら使われているが，文部科学省が主導して設置した在り方懇や有識者会議の報告書ではまったく使われていない。このことから，「省察」という言葉は，教員養成の担い手側が積極的に使用していることがうかがえる。他方で，先にも確認したように，わずかながら使われている中教審答申をみると，2006年・2012年・2015年は教職大学院に関わっての使用が中心であったが，2022年は学部段階も含めた教員養成全体に拡大しており，その使われ方も学ぶ力としての「省察力」という表現が主に出現する。

　次に注目するのが「省察」と関連する言葉である「理論」「体験」「実践」「融合」「往還」である。これらの言葉は，各文書等で一定程度使用されているが，その使い方が異なっている。2004年と2006年の教大協報告書では主として「体験−省察の往還」という組み合わせで使用されているのに対して，中教審

答申では「理論と実践の融合」（2006年）や「理論と実践の往還」（2012年・2015年・2022年），有識者会議報告書では「理論と実践の往還」という組み合わせで使用されている。上記の議論で確認した通り，教大協報告書では特に学部段階において，学校現場体験と大学での研究（省察）を往還させるモデル・コア・カリキュラムが提案されており，それを反映した言葉の使用となっている。一方，中教審答申や有識者会議報告書では，特に教職大学院において大学での理論と学校現場での実践を往還することが目指され，中教審答申ではその手段・方法論として「省察」を組み合わせて使用されている。

　このように，教員養成政策における「省察」の位置づけを追うと，まずは，2001年の在り方懇に始まる学部段階における教員養成改革の流れと，2006年の中教審答申を端緒とする教職大学院改革の流れに分けて時系列的に整理することができる。概して，前者においては「体験－省察の往還」を進めるカリキュラム改革の文脈の中で，後者においては教職大学院の「理論と実践の往還」を推進する手段・方法論として，それぞれ「省察」が展開されている。加えて，教大協報告書で頻繁に「省察」という言葉が用いられたことに対して，文部科学省が主導する在り方懇や有識者会議では「省察」という言葉が用いられていないことから，とりわけ学部段階で「省察」を積極的に発信したのは教員養成の担い手側であることも推察できる。この背景について考察するならば，従来のアカデミックな教育・研究を重視する教員養成に対する批判や，学校現場体験や実践的指導力を重視する制度改革の中で，それに対応（対抗）するためのいわばアンチテーゼとしての「省察」が，教職の専門性を確立したり大学における教員養成の意義を主張したりするための一つの手段，まさに言説となっていたのかもしれない。ただし直近の2022年の中教審答申をみると，「理論と実践の往還」を推進する手段・方法論としての「省察」や，学ぶ力としての「省察力」が，教職大学院のみならず学部段階にも波及しており，今後の教員養成で「省察」がどのように制度的に受容されるのか，さらに注視する必要があるだろう。

第4節　教職大学院の認証評価における基準としての「省察」

（1）日本教育大学協会が示した評価基準

　前節までで確認したように，2006年の中教審答申を端緒とする教職大学院改革では，「理論と実践の往還」を推進する手段・方法論として「省察」が位置づけられた。多くの教職大学院が設置構想におけるキーワードの一つとして「実践の省察」を盛り込むなど（三石, 2010），2000年代後半から2010年代の教員養成制度の中で，「省察」を積極的に受容してきたのは教職大学院である。ただし中教審答申をみると，「省察」に言及されている頻度は決して多くはなく，答申に至る審議の過程でも「省察」について深く議論された形跡は見られない。制度の創成期から今日に至るまで，教職大学院では省察的な教育実践が随所で導入されていることから，中教審答申以外にも「省察」を受容する契機となっている別の要因があるものと考えられる。

　そこで注目するのが，教職大学院の認証評価の基準である。教職大学院は専門職大学院であることから5年以内ごとに認証評価を受けることが義務づけられており，基準に則って評価が実施される。2008年度の教職大学院設置にあたり，この認証評価を担うための準備が教大協を中心に進められた。教大協では従来から教員養成の評価に関する調査研究を進めており，2007年度には「教職大学院認証評価機構設立特別委員会」を設置するとともに，文部科学省の「大学評価研究委託事業」を受託し，教職大学院の認証評価機構設立と評価基準策定に関する調査研究を実施した。その成果は『教職大学院認証評価機関設立と認証評価マニュアル作成に向けた調査研究（報告書）』（日本教育大学協会教職大学院認証評価機関設立特別委員会, 2009）で公表されている。同報告書には，認証評価の際に評価対象となる9つの領域において「基準」とその細則である「基本的な観点」の原案（最終提案）が示されるとともに，各教職大学院で実施された試行自己評価作業の結果等が検討されている。ここで，同報告で提案されている「基準3：教育の課程と方法」（抜粋）から，「理論と実践の融合」及び「省察」に関わる記述をみてみよう。

表3.3　教大協報告書で示された評価基準（最終提案）

基準3：教育の課程と方法（抜粋）

（基準）

3―1：A

　教職大学院の制度ならびに各教職大学院の目的に照らして，**理論的教育と実践的教育の融合**に留意した体系的な教育課程が編成されており，教育組織，教育方法，授業形態等が，授与される学位名との関係において適切であること。

3―2：A

　教育課程を展開するにふさわしい教育方法，授業形態等が整備されていること。

（基本的な観点）

3―2―1：教育組織，方法，授業形態等

　教職大学院の目的に適うために，教員組織，教育方法，授業形態等の工夫がなされているか。

（1）教員組織は，研究者教員と実務家教員との協働が図られ，**理論と実践との融合**という視点から，全体として実践的な力量形成を意識した教育が行われるように組織されているか。

3―2―2：学校等における実習

　教職大学院にふさわしい実習が設定されているか。

（1）例えば教育課程，教科指導，学級経営，学校経営，生徒指導，進路指導などをはじめ，学校の教育活動全体について総合的に体験し，**省察**する機会が設けられているか。

注：太字は筆者による。

出典：日本教育大学協会教職大学院認証評価機関設立特別委員会（2009）より抜粋

　表3.3に抜粋した「基準3」では，教職大学院が「理論と実践の融合」を図るような教育課程や教育組織などを備えているとともに，学校等における実習での体験を省察する機会が設けられていることを評価する設計になっている。中教審答申では，「理論と実践の往還」を推進する手段・方法論として「省察」が位置づいていたが，この基準では両者が明確に結びついているわけではなく，特に実習での体験を「省察」するという文脈で使われている。ただいずれにしても，評価基準として教大協が「省察」を提案している意味は大きいだろう。

（2）教員養成評価機構の評価基準

　上記に示した教大協の最終提案に近い形で，法令に基づく評価基準が準備さ

れる。教職大学院の認証評価を一手に担う教員養成評価機構は，2009年10月に学校教育法第109条第4項に規定する大学評価基準として「教職大学院評価基準」を定め，2010年3月には認証評価機関として文部科学大臣から認証されている。以下では，教員養成評価機構が当初定めた2009年版から直近に改正された2023年版までの「教職大学院評価基準」をもとに，認証評価において「省察」がどのように扱われているのか検討する。

　教員養成評価機構が定めた2009年版の「教職大学院評価基準」では，10の「基準領域」のもとに「基準」とその細則である「基本的な観点」が設定されており，評価基準の構造は教大協の最終提案に近い。また，「理論と実践の融合」及び「省察」に関わる記述については，「基準領域3：教育の課程と方法」で示されている。表3.4に抜粋した「基準領域3」をみると，教大協の最終提案の「基準3」（表3.3）とほぼ同様の文言が使われており，「理論と実践

表3.4　教員養成評価機構が定める「教職大学院評価基準」（2009年版）

基準領域3　教育の課程と方法（抜粋）
基準3—1　A ○ 教職大学院の制度ならびに各教職大学院の目的に照らして，**理論的教育と実践的教育の融合**に留意した体系的な教育課程が編成されていること。
基準3—2　A ○ 教育課程を展開するにふさわしい教員の配置，授業内容，授業方法・形態が整備されていること。
（基本的な観点）3—2—1：教員の配置，授業内容，授業方法・形態 （2）教員組織は，研究者教員と実務家教員との協働が図られ，**理論と実践との融合**という視点から，全体として実践的な力量形成を意識した教育が行われるように組織されているか。
基準3—3　A ○ 教職大学院にふさわしい実習が設定され，適切な指導がなされていること。
（基本的な観点）3—3—1：学校等における実習 　教職大学院にふさわしい実習が設定されているか。 （1）例えば教育課程，教科指導，学級経営，学校経営，生徒指導，進路指導などをはじめ，学校の教育活動全体について総合的に体験し，**省察**する機会が設けられているか。

注：太字は筆者による。
出典：教員養成評価機構（2009）より抜粋

の融合」を図るような教育課程や教員組織などを備えていること，学校等における実習での体験を省察する機会が設けられていることが，評価基準として示されている。

　次に，2014年に改正された「教職大学院評価基準」をみてみよう。表3.5に抜粋した「基準領域3」及び「基準領域6」では，「研究者教員と実務家教員との協働」という記述部分が「基準領域6」に移動したなど一部変更はあるものの，基本的には教大協の最終提案や2009年版と同じ評価基準を踏襲してい

表3.5　教員養成評価機構が定める「教職大学院評価基準」（2014年版）

基準領域3　教育の課程と方法（抜粋）
（基準） 3－1：レベルⅠ ○ 教職大学院の制度並びに各教職大学院の目的に照らして，**理論的教育と実践的教育の融合**に留意した体系的な教育課程が編成されていること。
（基本的な観点） 3－1－1：教育課程 （2）**理論と実践を往還する探究的な省察力**の育成を図ることのできる体系的な教育課程編成となっているか。
（基準） 3－3：レベルⅠ ○ 教職大学院にふさわしい実習が設定され，適切な指導がなされていること。
（基本的な観点） 3－3－1：学校等における実習 （1）例えば教育課程，教科指導，学級経営，学校経営，生徒指導，進路指導などをはじめ，学校の教育活動全体について総合的に体験し，**省察**する機会が設けられているか。

基準領域6　教員組織（抜粋）
（基準） 6－1：レベルⅠ ○ 教職大学院の運営に必要な教員が適切に配置されていること。
（基本的な観点） 6－1－7：教員組織は，研究者教員と実務家教員との協働が図られ，**理論と実践との融合**という視点から，全体として実践的な力量形成を意識した教育が行われるように組織されているか。

注：太字は筆者による。
出典：教員養成評価機構（2014）より抜粋

る。他方でこれまでと異なっているのは，「省察」が実習での体験を振り返る方法とするだけではなく，実習科目と他の授業科目をつなげて「探究的な省察力」を育成するものとされていることである。特に後者の扱い方は，上記したそれまでの中教審答申と同様，「理論と実践の往還」との関連において「省察（省察力）」が位置づけられているといえる[4]。なお，「教職大学院評価基準」は2018年にも改正されているが，「理論と実践の往還」や「省察」をめぐり，2014年版と大きくは変化していない。

　さらに，直近で改正された2023年の「教職大学院評価基準」をみてみよう。表3.6に抜粋した「基準領域2」では，実習での体験を省察する機会のみが評価基準とされているだけで，これまで示されてきたような「理論と実践の往還」を図るための教育課程や教員組織等を備えていること，それとの関連において「探究的な省察力」を育成することに関わる文言は，すべて削除されている。こうした大幅な変化について，「教職大学院評価基準」に詳細な説明はないものの，同基準「Ⅰ　総則」の「2　評価基準の性質及び機能」では，評価基準の内容を定める際に参照するものとして，「教職大学院に係る最新の中央教育審議会答申等の趣旨」（p.1）という記述が新たに加わっている。2023年改正の直前には，上記した2022年の中教審答申が示されており，理論と実践を往還することと省察（省察力の育成）を結びつけた教職大学院での議論を学部段階にも合流させるという特徴があった。このように，「理論と実践の往還」や「省察」というコンセプトが教職大学院のみならず学部段階にも求められていること，すなわち教職大学院では「当たり前」となったことが，2023年改正に

表3.6　教員養成評価機構が定める「教職大学院評価基準」（2023年版）

基準領域2　教育の課程と方法（抜粋）
基準2―3 ○　教職大学院にふさわしい実習になっていること。 観点2―3―3　教職大学院の教員は，実習の巡回指導をどのような体制でどの程度行い，また学生に対する**省察**の機会をどのように確保しているか。

注：太字は筆者による。
出典：教員養成評価機構（2023）より抜粋

何らかの影響を与えているのかもしれない。

第5節　教員養成が「省察」を制度的に受容した背景

　本章では，各種会議の報告書や中教審答申，及び認証評価基準を手がかり
に，大学・大学院における省察概念の制度的受容の動向を検討してきた。そこ
で明らかとなった一つの知見として，「省察」の受容は学部段階と大学院段階
で異なることである。

　まず学部段階では，教育行政が主導して教育の質を統制しようとする教員養
成制度改革が推進されるなか，それへのアンチテーゼとして，2000年代初頭に
教員養成の担い手側である教大協が中心となり，「体験 - 省察の往還」を核と
したカリキュラムを提案したことが，教員養成の現場レベルで「省察」を受容
する一つの契機になったと推察される。加えて，この時期に並行して新設・必
修化された教職実践演習も，学生自身が養成段階の学びを振り返る科目として
位置づいていることから，「省察」が制度的に導入された側面もある。

　次に教職大学院をめぐり，中教審答申からは，「理論と実践の往還」との関
連において「省察」が受容される一端をみることができ，とりわけ「理論と実
践の往還」の方法論的なニュアンスを含むものとして「省察」を位置づけるこ
とができそうである。ただし，実際に中教審答申で「省察」という言葉が用い
られた頻度はわずかであることから，教職大学院の現場レベルに与えた影響は
限定的であろう。これに対して，教職大学院の認証評価基準を検討すると，教
大協の最終提案から教員養成評価機構の「教職大学院評価基準」制定に至る一
連の過程で，法令に基づく制度の中に「省察」が組み入れられている。具体的
には，「省察」が実習での体験を振り返る方法であるとともに，「理論と実践の
往還」との関連において「省察（省察力）」が示されている。教大協という教
員養成の責任ある機関や，認証評価という従うべき制度により，教職大学院に
おける「省察」がオーソライズされたことで，たとえそれが外形的であるとし
ても，教職大学院でのカリキュラムや教育実践に何らかの影響を与えていると

推察される。実際，第2章で紹介した『日本教師教育学会年報』の諸論文にもみられるように，2000年代から2020年代の現在に至るまで，教職大学院での「省察」を扱った実践的な研究が蓄積されている。

　ところが，こうした学部段階と教職大学院の動向には，変化の兆しもみえる。2022年の中教審答申では，これまで教職大学院を中心に展開されてきた「理論と実践の往還」と「省察（省察力）」を結びつけた議論を，学部段階を含む大学における教員養成の全体に拡張させている。また，2023年の「教職大学院評価基準」をみると，従来の評価基準に掲げられてきた「理論と実践の往還」や「探究的な省察力」に関わる文言は，すべて削除されている。この動向を現時点で評価することは難しいが，教職大学院である程度定着した（とみなされている）「理論と実践の往還」や「省察（省察力）」を学部段階にも展開すべく，今後は「省察」を制度的に導入する何らかの動きが起こる可能性はあるだろう。

　最後に，教員養成に導入された「省察」を言説として捉えるならば，その言説化に影響を与えたものは何だったのか，考察してみたい。ここまで論じてきたように，中教審答申は具体的な政策や制度を方向づける役割を果たしうるが，こと「省察」については，それが言及されている頻度は決して多くはなく，影響は限定的であろう。一方，教員養成の担い手側である教大協が，質を統制する教育行政へのアンチテーゼとして，学術がベースとなる「省察」を導入しようとした試みには，大学における教員養成の意義を強調する狙いがうかがえる。ただし，「省察」というブラックボックスを開けたことで，「標準型」を提示することすらできない（日本教育大学協会，2006，p.187）と自らが評したように，まさに教員養成の現場レベルで「省察」言説が展開される糸口にもなった。さらに教大協は，教職大学院の認証評価基準に「省察」を盛り込んだが，これも上記と同様，実践ベースの教員養成に対する防波堤という機能があったのかもしれない。一方で認証評価という，法令に基づく強力な制度に取り入れたことで，その内実が明らかではない「省察」を一律に実施する，すなわち制度的側面から言説化を後押ししたことにもなる。もちろん，「省察」の

実践を個々の大学・大学院が主体的に取り入れた実態もあるだろうが，教員養成をめぐる政策・制度との複雑な関係の中で，教大協が図らずも「省察」言説の構築に寄与した，という見方もできるだろう。

【注】

1）折しも1990年代後半から2000年代初頭にかけての教員養成では，1997年度に導入されたフレンドシップ事業をはじめ学校現場体験が活発に展開されており，こうした活動を大学で振り返るという機会も「省察」が受け入れられる土壌となったと推察される。

2）「体験 – 省察の往還」を進めるカリキュラムは各大学によってさまざまなバリエーションがあり「標準型」を提示することすらできない（日本教育大学協会, 2006, p.187）といわれるように，教職の専門性や大学における教員養成に「省察」を明確に位置づけるには至らなかった。

3）佐久間（2013）は，制度化された教職実践演習によって，単位認定権をもつ教員のもとで学生が「省察」を強要されるとしており，振り返りをどのようなものとして実現するのか慎重に探求される必要があると指摘している。

4）2015年の中教審答申では，教職大学院が「理論と実践を往還する探究的な省察力を育成する」（p.56）ための体系的な教育課程を有するとしており，2014年改正版の「教職大学院評価基準」が用いている文言と一致している。

【引用・参考文献】

加藤隆雄・越智康詞・長谷川哲也・川村光・紅林伸幸・酒井真由子（2023）「教職大学院認証評価における自己評価報告書のテキスト分析」『南山大学紀要「アカデミア」人文・自然科学編』第25号，pp.25-40。

教員養成評価機構（2009）「教職大学院評価基準」（平成21年10月20日決定）。

教員養成評価機構（2014）「教職大学院評価基準」（平成26年3月6日改正）。

教員養成評価機構（2023）「教職大学院評価基準」（令和5年5月31日改正）。

国立教員養成大学・学部，大学院，附属学校の改革に関する有識者会議（2017）『教員需要の減少期における教員養成・研修機能の強化に向けて』。

国立の教員養成系大学・学部の在り方に関する懇談会（2001）『今後の国立の教員養成系大学学部の在り方について』。

佐久間亜紀（2013）「教員養成改革の動向—『教職実践演習』の意義と課題」日本教育方法学会編『教師の専門的力量と教育実践の課題』図書文化，pp.111-124。

中央教育審議会（2006）「今後の教員養成・免許制度の在り方について（答申）」。

中央教育審議会（2012）「教職生活の全体を通じた教員の資質能力の総合的な向上方策について（答申）」。

中央教育審議会（2015）「教職生活の全体を通じた教員の資質能力の総合的な向上方策について～学び合い，高め合う教員育成コミュニティの構築に向けて～（答申）」。

中央教育審議会（2022）「教師の養成・採用・研修等の在り方について～『新たな教師の

学びの姿』の実現と，多様な専門性を有する質の高い教職員集団の形成～（答申）」。

日本教育大学協会（2004）『教員養成の「モデル・コア・カリキュラム」の検討―「教員養成コア科目群を基軸にしたカリキュラムづくりの提案』。

日本教育大学協会（2006）『教員養成カリキュラムの豊かな発展のために―〈体験〉-〈省察〉を基軸にした「モデル・コア・カリキュラム」の展開』。

日本教育大学協会教職大学院認証評価機関設立特別委員会（2009）『教職大学院認証評価機関設立と認証評価マニュアル作成に向けた調査研究』。

三石初雄（2010）「教職大学院創設期の動向と課題」三石初雄・川手圭一編『高度実践型の教員養成へ―日本と欧米の教師教育と教職大学院』東京学芸大学出版会，pp.36-47。

山﨑準二（2006）「教員養成カリキュラム改革の課題」『日本教師教育学会年報』第15号，pp.33-43。

吉村宗隆（2023）「高等教育の答申と大学トップマネジメントの意義―テキストマイニング・アプローチ」『羽衣国際大学現代社会学部研究紀要』第12号，pp.29-41。

第4章

教科教育の研究領域における
「省察」の受容・展開とその課題

村井　大介

第1節　教科教育の研究領域に着目する意義と調査方法

　本章の目的は，教科教育の研究領域における言説を分析することを通して，教科教育の研究領域の中で教師の「省察」がどのように受容・展開されてきたのか，その特徴と課題を明らかにすることである。

　そもそも「省察」という概念は，教師の存在と経験，行為の新たな可能性を作り上げてきたと考えられる。このことは，浦野（2009）が，イアン・ハッキング（Ian Hacking）の唱えた「ループ効果」に着目しながら，概念分析の社会学を提唱する中で，「私たちがそのつど何者でありえ，どのような経験と行為をもちうるかは，私たちがどのような概念をもちどのような記述をなしうるかという事柄と切り離して考えることはできないということです。そしてだからこそ専門的な知識が，その概念を通じて私たちの存在と経験，行為のあらたな可能性を作り上げ，また裁ち直していくということもありうるのです」（p.v）と論じていることからも明らかである。

　専門的な知識である「省察」という概念は，教師の存在と経験，行為をどのように規定し，新たな可能性を創出してきたのか。この問いに答えるうえでも，教科に着目する意義がある。教師という存在（アイデンティティや専門性）や，経験（教育実践），行為（授業での相互行為）は，教科とも深く関連している。教科教育の研究領域は教育学の中でも細分化された専門領域であり，そこでの専門的な知識は教科に固有の新たな教育実践や教師像を導き出す役割を担ってきたとみることができる。例えば，田中（1996）は，「教師の専門教科は，彼ら

の間で専門的な利害関心を共有させる『教科共同体』（subject community）として把握できる」（p.56）と論じている。実際に教科ごとに教科教育の学術団体や教育研究団体も形成されている。また，中等教育では，教科ごとに教育職員免許状が授与されるため，教科が教師としてのアイデンティティの基盤になることがある。その一方で，1998年の教育職員免許法の改定では，「教科専門科目の修得単位数を半減し，その代わりに教職専門科目の修得単位数を大幅に増加させる免許基準の改定」（北神, 2017, p.15）がなされるなど，教職の専門性の基盤となる学術知の在り方も変容してきた。田中（1996）が「教科による専門分化」に言及するように，「省察」についても各教科に固有の専門性や理論と結びつきながら，教科ごとに独自の文脈の中で受容・解釈され，授業像や教師像の転換の契機になったと仮定することができる。そのため，専門分化された教科の視点に立つことで，教職としての「省察」の在り方をどのように社会的に構成しようとしているのかが浮き彫りになると考えられる。

　以上のように，授業実践とも関連の深い教科教育の研究領域に着目することで，他の職種にはみられない教職に固有の「省察」の特徴が明らかになる。

　そのため，本章では，教科教育の研究領域で蓄積されてきた「省察」言説を分析する。具体的には，教科教育の研究領域における「省察」言説として，CiNii Articles で「教育」「省察」及び各教科名（科目名）をキーワードにして，タイトルに「省察」を含む論文を検索し，これらの論文を分析対象とした。本章では，まず教科研究全体での「省察」に関する研究の蓄積状況を明らかにする（第2節）。次に顕著な特徴のみられた教科の事例を分析する（第3節）。第3節での結果を基に，教科間での「省察」言説の受容の同異とその要因を考察し（第4節），その課題と可能性に言及する（第5節）。以上により，教科教育の研究領域でどのように「省察」が受容・展開されてきたのかを明らかにする。

第2節　教科教育の研究領域における「省察」の展開

　図4.1は，「省察」に関する教科教育の研究論文数の推移を示している。図
4.1は，2021年2月にCiNii Articlesで「教育」「省察」及び各教科名（科目名）
をキーワードにして，タイトルに「省察」を含む論文を検索した結果である。
学術論文だけではなく，雑誌記事や大会発表要旨集の原稿なども含まれてい
る。検索時に，同じ論文が重複して出てくる場合や，明らかにその教科とは関
係のない文献が出てくる場合もあるため，それらは除外した。

　図4.1の示す通り，「省察」を主題にする教科研究の蓄積は，主に2000年以降
から展開している。2007年に急激に増加し2012年以降は毎年10件以上の研究が
蓄積され続けている。こうした背景にはショーン（Donald A. Schön）の研究が
広まったことや教育政策の影響があると考えられる。例えば，ショーンの「省
察」についての訳本は，2001年（佐藤学・秋田喜代美訳）と2007年（柳沢昌一・
三輪建二訳）に出版されている。また，政策との関連でみると例えば，2004年
に日本教育大学協会が教員養成の「モデル・コア・カリキュラム」を検討して
いる。こうした研究面での動向と政策面での動向が実際に教科教育の「省察」
言説に影響を与えたか否かを検証するには，各論文の問題の所在や引用文献に
着目する必要があるだろう。

　図4.2は，図4.1と同様に検索した結果を教科ごとに整理したものである。図
のように，教科ごとに研究の蓄積に差があり，外国語・英語科や保健体育科で
研究の蓄積が多い一方で，技術・家庭科や社会科は少なくなっている。ただ

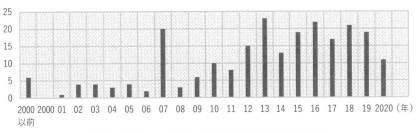

図4.1　「省察」に関する教科教育の研究論文数の推移

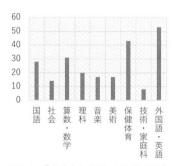

し，こうした要因には，論文数を検索した際に学会の大会発表要旨集の原稿まで検索される教科とそうでない教科があることや，教師の「省察」だけではなく，児童生徒の「省察」に関する研究等が含まれている場合があることに注意する必要がある。以上の結果から，「省察」と親和性の高い教科があるのか否かといったことや，「省察」を受容しやすい，あるいは，受容しにくいような各教科に固有の文脈があるのか，といった疑問が浮かび上がる。教科間の受容の同異を明らかにするには論文の内実を精査する必要がある。

図4.2 「省察」に関する教科別研究論文数

第3節　各教科での「省察」言説の受容と展開の特徴

　各教科の「省察」の受容と展開の特徴を捉えるには，図4.2の論文数の相違に表れているような，「省察」の受容のしやすさ／しがたさに関わる各教科固有の文脈を明らかにすることが求められる。その際には，図4.1を提起した際に言及したように，研究や政策の動向が与えた影響を踏まえる必要がある。

　そのため，ここでは，「省察」が比較的受容されている教科として保健体育科を，逆に，比較的受容されていない教科として社会科を，事例として取り上げる。研究や政策の動向が与えた影響を捉えるために，論文の「問題の所在」や「引用文献」に着目する。「問題の所在」や「引用文献」に着目する必要から，ここではCiNii Articles で「教育」「省察」及び各教科名（科目名）をキーワードにしてタイトルに「省察」を含む論文のうち，学術的な論文のみを分析対象とした。引用文献の記載がない場合があるため，学会の大会発表要旨集の原稿や研究会資料などは分析対象から除外した。また，教職の「省察」に着目するため，児童生徒の「省察」に関する研究など，教職の「省察」とは異なる論文も対象から除外した。保健体育科と社会科の「省察」に関する論文を問題

の所在や引用文献に着目しながら読み解き，教科間の相違を比較することで，教科に固有の「省察」の在り方がどのように構築されてきたのか，その特徴と課題を明らかにする。

（1）保健体育科での「省察」言説の受容と展開の特徴

　保健体育科の研究領域における「省察」言説として分析対象にしたのは，表4.1の25本の論文である。また，表4.1は，各論文で引用している文献の有無や言及しているキーワードの有無を示している。表4.1から保健体育科での「省察」の受容と展開の特徴として，次の点を挙げることができる。

　第一に，研究対象の特徴として，表4.1の「分析実践」の欄に示されているように，教員養成での教科教育法の模擬授業や教育実習が対象となり，学生のリフレクションシートの分析を行う研究が多くみられることが挙げられる。また，対象とする運動領域や授業科目は，年が経つにつれ，広がりをみせている。

　第二に，表4.1の「行政」の欄から明らかなように，政策の影響を受けている論文が複数みられることである。「行政」の欄では，中央教育審議会や文部科学省の資料の引用・言及の有無を示している。こうした行政の影響として，表4.1からも明らかなように，「実践的指導力」に言及する論文が複数（25本中10本）みられた。また，「学び続ける教員」「学び続ける教師」といった語句に言及する論文が2017年以降にみられる。日本教育大学協会（2004）を取り上げ，「『体験と研究』の往還運動」や「教育実践を科学的・研究的に省察（reflection）する力」に言及する論文もみられた。

　第三に，「省察」の捉え方は多様であり，大きく分けて二通りあることである。一方には，「実践的指導力」の欄からうかがえるように，「省察」を力として捉える論文がある。例えば，福ヶ迫・坂田（2007）や岸（2013）では「授業省察力」，斉藤（2010）や松本（2015）では「反省的実践力」に言及しており，木山（2016）では省察を「科学的に観察する力」と捉えている。他方には，「学び続ける教員（教師）」や「反省的実践家」の欄からうかがえるように，専門

表4.1 保健体育科の研究における「省察」言説の受容と展開

文献	執筆者（執筆年）	Donald Schon	Tsangaridou and O'Sullivan	Van Manen	Dewey	秋田 (1996)	佐藤 (1997)	木原 (2004)	高橋編 (1994)	高橋 (2010)	反省的実践家	学び続ける教員（教師）	実践的指導力	日本教育大学協会 (2004)	行政	分析実践	引用関係
1	カン (2003)	○														なし	
2	福ヶ迫・坂田 (2007)										○					体育科教育A	
3	久保・木原・大後戸 (2008)				○	○	○	○			○				中2005	大学院生Aの附属小での実践	
4	日野・谷本 (2009)												○	○		保健体育科教育法Ⅰ・Ⅱ、教育実習	
5	斉藤 (2010)						○									保健体育科教育法Ⅱ（保健科模擬授業）	文献2
6	長田・梅野・厚東 (2010)															なし	
7	藤田・岡出・長谷川・三木 (2011)		○			○			○							体育授業理論・実習Ⅱ	文献3
8	糸岡・日野 (2012)												○			保健体育科教育法Ⅰ	文献2・3・4・7
9	岸 (2013)						○		○							初等体育科教育法	文献2・7
10	藤田 (2013)												○			中等体育科指導法演習	文献3・4
11	松本 (2014)	○									○				中2006	教育実習の事前事後指導	文献2・4・7・10
12	佐藤 (2015)								○					○	文1997・2006・2008・2012	保健体育科教育法Ⅳ	文献2・3・4・7
13	松本 (2015)	○							○							保健体育科教育演習	文献2・3・4・7・11
14	佐藤・柊 (2016)												○		文2008	保健体育科教育法Ⅳ	文献10・12
15	木山 (2016)							○		○						保健体育科指導法Ⅱ	文献2・4・10・13
16	上條 (2017)					○										初等体育科教育法	
17	須甲・助友 (2017)								○			○	○	○	文2015・2012	保健体育科教育法Ⅰ・Ⅱ	文献4
18	糸岡 (2018)	○							○			○	○		中2015・2012	教育実習	
19	上條 (2018)					○							○			初等体育科教育法	文献16
20	田井・河合・元嶋・久保田・高橋・宮良 (2018)		○					○			○	○	○		中2006・2012 文2012・2015	授業研究会において実施した模擬授業	文献2・3・4・7・11・15・17
21	永野・田代・寺田 (2018)							○		○				○		コーチングハンドボールA	文献2・3・4・7
22	堀井・奥田 (2018)												○			保健体育科教育法4	文献7・10
23	川口 (2021)	○			○											教育実習生の授業後の協議会	文献3・4・16
24	大矢・柳瀬 (2021)	○		○	○										文2017	体育科教育法	文献4・7・9・10・20・25
25	柳瀬・大矢・木原・黒岩 (2021)	○		○	○	○									文2017	保健体育科教育Ⅱ	文献4・7・9・10・20

職像に言及する論文がみられた。例えば，須甲・助友（2017）では，「省察」は教師の信念（教師イメージ）を変容させるものと捉えられている。

　第四に，引用文献から明らかになる特徴として，保健体育科では教科固有の先行研究の文脈が確立されてきたことが挙げられる。表4.1上部の欄の人名や文献は，その人名への言及や文献の引用の有無を示している。表4.1からも明らかなように，ショーンに何かしらの形で言及している論文は25本中8本であり，必ずしもショーンに言及しているわけではない。その一方で，体育の「省察」の先行研究として，Tsangaridou and O'Sullivan（1994）が5本の論文で取り上げられている。このN. Tsangaridou と M. O'Sullivan の枠組みを参照しながら藤田・岡出・長谷川・三木（2011）は振り返りシートを作成している。このように保健体育科では海外の先行研究が，実践の手がかりとしての知として参照されていることがわかる。

　また，秋田（1996），佐藤（1997），木原（2004）を取り上げる論文が複数ある。木原（2004）の「問題の発見」と「問題の解決」という視点や，秋田（1996）の言及するヴァン＝マーネン（M. van Manen）の「省察の三水準」（技術的省察・実践的省察・批判的省察）の視点を参照して学生のリフレクションシートを分析する研究がみられる。このように日本の教育学の先行研究が，分析枠組みとしての知として参照されていることがわかる。

　さらに，保健体育科の先行研究として，「よい体育の授業の条件」について言及している高橋編（1994）や高橋（2010）を取り上げる論文が複数みられる。例えば，糸岡（2018）は，よい体育の授業の条件として，高橋（2010）を参照し，「マネジメント」「学習規律」「人間関係」「目標」「内容」「教材」「方法」の七つを分析の視点としている。このように，既存の教科教育の研究成果が目指すべき教師像についての知として参照されていることがわかる。

　表4.1の「引用関係」の欄は，表中の文献を先行研究として引用しているかを示している。引用・被引用関係が2010年以降にみられ，保健体育科では教科研究の中で「省察」に関する研究の文脈が確立されたとみることができる。

　以上のように保健体育科では「省察」に関する教科固有の研究の文脈が確立

されていた。「省察」が受容されてきた背景として，次の2点が考えられる。

　1点目として，保健体育科の研究領域では，模擬授業をはじめとする教員養成の研究が積極的に行われてきたことがある。藤田・岡出・長谷川・三木（2011）は，「1990年代半ば以降の約10年の間に体育教師教育の領域における模擬授業が積極的に展開されるようになってきた」（p.19）と論じている。

　2点目として，体育の学習は省察（反省）と親和性が高いことが挙げられる。このことは，高橋編（1994）が，クルム（Crum）の唱えた体育の学習諸領域の関係を論じながら，「技術学習や社会的行動の学習は「認知的・反省的学習」を媒介にして行なわれる」（p.12）と言及していることからも明らかである。

　以上のように保健体育科の研究領域では，そもそも体育の学習と省察との親和性が高く，1990年代半ば以降に体育の教職課程に関する研究が盛んに行われていた。また，体育科教師の「省察」に関する海外の先行研究があり，「よい体育の授業の条件」といった目指すべき指標になるような国内での先行研究が共有されていた。これらの背景が基盤となり，保健体育科の研究領域では「省察」を受容しやすい言説空間が構築されてきたと考えられる。

（2）社会科での「省察」言説の受容と展開の特徴

　次に，「省察」が比較的受容されていない教科の例として社会科を分析する。

　社会科の研究領域における「省察」言説として分析対象にしたのは，表4.2の10本の論文である。表4.2は，表4.1と同様に，各論文で引用している文献の有無や言及しているキーワードの有無を示している。表4.2から社会科での「省察」の受容と展開の特徴として，次の点を挙げることができる。

　第一に，研究対象の特徴として，表4.2の「分析実践」の欄に示されているように，学生の「省察」に焦点を当てた研究は限られており，教員養成ではなく，現職教員の「省察」が中心になっていることが挙げられる。研究の手法もアクション・リサーチが複数みられる。また，石川（2018）の研究は「省察」だけでなくそれを支援するメンタリングにも焦点が当てられており，このように必ずしも「省察」のみが中心に置かれているわけではない文献もみられる。

表4.2　社会科の研究における「省察」言説の受容と展開

文献	執筆者（執筆年）	Donald Schön	Tsangaridou and O'Sullivan	Van Manen	Dewey	秋田(1996)	佐藤(1997)	木原(2004)	反省的実践家	学び続ける教員（教師）	実践的指導力	日本教育大学協会(2004)	行政	分析実践	引用関係
1	角田(2006)										○	○	中2006	なし	
2	須本(2012)													授業協議会（校内研究）の事例	
3	長倉・新保(2015)	○						○	○	○			中2012	A教諭とのアクション・リサーチ	
4	南（2015）				○									小学校教員のアクションリサーチ（韓国）	
5	南浦・吉川ほか(2016)	○												授業実践基礎演習	
6	浅野・須本(2017)													小学校教員の授業と協議会の事例	文献2
7	戸田(2018)							○		○			中2012	小学校教員同僚との研修（協働省察）	
8	石川(2018)													日本史教師の省察支援（メンタリング）	保体の文献3
9	奥村(2020)		○		○									なし	
10	古市(2021)													なし	

　第二に，政策の影響を受けた論文がみられることである。行政資料を直接引用している論文は3本であった。また，南浦・吉川ほか（2016）では，引用はみられないが「体験と省察」という文言がみられ，教員養成の議論が念頭にあることがうかがえる。長倉・神保（2015）や戸田（2018）といった「省察」を中心にした調査研究では，「学び続ける教員」など，政策に言及していた。

　第三に，引用文献から明らかになる特徴として，社会科では教科固有の研究の文脈が確立されていないことが挙げられる。表4.2の「引用関係」の欄が示すように，文献間で引用・被引用関係のみられるものは同一著者によるものに限られており，教科研究の領域内で共有されている文脈がまだ確立されていない。また，ショーンを取り上げている論文も10本中2本であり限られている。

　以上のように社会科では「省察」に関する教科固有の研究の文脈はまだ十分に確立されていない。この背景には，社会科の教科の固有性があると考えられ

る。例えば，教員養成について論じている角田（2006）は，大学でしかできないこととして授業構成能力の保証を唱えている。また，浅野・須本（2017）は，授業協議会などで授業を省察する際に議論が及ぶことの少ない教材研究及び授業構想に焦点を当てて論を展開している。一般に社会科の研究領域では，教材や授業を開発する研究が多く蓄積されてきた。こうした教科の固有性から，「省察」よりも，教科内容の開発に焦点が当てられてきたとみることができる。

　このように教科内容の開発に研究の比重が置かれてきた社会科の教科固有の文脈は，「省察」の受容が進展していない要因の一つになっていると考えられる。その一方で，社会科の教科の固有性は，社会科に固有の「省察」を構築しうる可能性も秘めている。例えば，奥村（2020）は，民主主義教育という社会科の理念的な側面から理論的に批判的省察の重要性を唱えている。このように社会科は，公民的資質を育むという教科の固有性から，教科固有の「省察」の在り方を提起する可能性を有していると考えられる。こうした研究が萌芽となり，今後，社会科に固有の「省察」の文脈が確立されることも考えられる。

第4節　教科間の比較を通した「省察」の受容・展開の特徴

　本章第2節の図4.1からは，教科の研究領域で「省察」の受容が進んだのは，ショーンの研究の影響か，それとも，政策の影響かという問いを提起した。この問いに対しては，保健体育科でも社会科でも，ショーンや政策に言及する論文はみられたが，必ずしも言及しているわけではないことが明らかになった。

　保健体育科においては，複数の論文で引用されている文献に着目すると，教員養成の授業実践やその分析を行う際の枠組みを提起するうえで既存の「省察」に関する先行研究が参照されていた。また，目指すべき教員像や教員の力量を提起する際に政策への言及がみられた。さらに「よい体育の授業の条件」といった保健体育科に固有の先行研究が「省察」を実践・分析する際の視点や

目指すべき教師像を提起するうえで参照されていた。保健体育科の事例をモデルにすると「省察」は，教科教育の研究領域では図4.3のように受容され，教科固有の論を構築しながら展開していると考えられる。すなわち，既存の省察研究は実践や分析を行う際の枠組みとして，既存の政策は目指すべき教員像や教員の力量を提起するうえで，既存の教科研究は「省察」の視点や目指すべき教師像を導き出すうえで，それぞれ参照され，教科固有の「省察」が構築されてきたと考えられる。

　本章第2節の図4.2からは，「省察」が受容された教科とそうでない教科の違いは何かという問いを提起した。この問いに対しては，保健体育科でみられ，社会科ではみられなかった特徴を考察することで明らかになる。保健体育科では，第一に，養成段階において実践的指導力を育成する模擬授業が共通の課題として認識されていた。第二に，海外に教科に関する「省察」の先行研究が存在し，実践や研究を行ううえで参照されていた。第三に，「よい体育の授業の条件」など理想とすべき教科像が共有されていた。第四に，教科の学習論と「省察」の親和性が高いことが指摘できた。保健体育科の研究領域では，社会科にはみられない，これらの四つの要因により，「省察」が受容されやすい言説空間が構成され，研究の文脈が確立できたと考えられる。

　逆に，保健体育科と社会科で共通点もみられた。第一に，「省察」に言及するうえで必ずしも各教科の固有性が意識されたり自覚されたりしているわけではないことである。特に，初期の段階の研究では，教科の固有性が意識されない傾向にある。その後，教科の先行研究と結びつきながら，教科固有の「省察」が提唱される傾向がみられた。第二に，「省察」の解釈は多様で，必ずしも

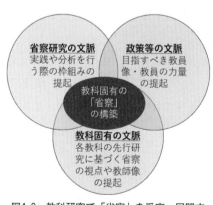

図4.3　教科研究で「省察」を受容・展開する際の三つの文脈

ショーンに言及しているわけではなく，その時々の政策の動向からも影響を受けている場合がみられたことである。第三に，保健体育科と社会科では，近年の研究で，ヴァン＝マーネンの批判的省察を取り上げる論文がみられたことである。「省察」の質を問う議論が進展していると考えられる。こうした共通点が他の教科にも当てはまるかは，今後，対象教科を広げて分析する必要がある。

第5節　教科研究領域における「省察」の受容・展開の課題

　本章で論じたように，教科によって「省察」の受容・展開に差がみられた。そのため，「省察」がまだ十分に受容・展開されていない教科があることを課題とみることもできる。しかし，それだけではなく，保健体育科の例をみると，「省察」の受容・展開の仕方にも陥穽があると考えられる。

　保健体育科では，大学の教職課程でリフレクションシートを開発し分析する研究が複数みられた。こうした研究では，「省察」の視点を提起するものもある。リフレクションシートを用いることで，「省察」の視点を内面化することが期待できるため，このようなリフレクションシートの開発は，「省察」する教師としての身体や，実践習慣，さらには「省察」を重視する教科文化そのものを形成することに寄与しうる。

　その一方で，「省察」を促すリフレクションシートに懸念される点には，外部から与えられた視点を内面化することにより，実践者が意味を見出すレリヴァンスを固定化してしまい，実践者自身が「省察」の在り方そのものを問い直す自律性が疎外されてしまう危険性が考えられる。「省察」を行う意図が十分に共有されないと自己を絶えざる変容へと追いやる形式のみが残ることになる。

　本章の冒頭では，専門的な知識である「省察」という概念は，教師の存在と経験，行為をどのように規定し，新たな可能性を創出してきたのかという問いを提起した。リフレクションシートの存在からもうかがえるように，「省察」

は教師が自己を統治し「支配＝管理」する技術と捉えることもできるだろう。

ミシェル・フーコー（Michel Foucault）（1996）は，「ある人が自分自身を一個の主体へと転換していくその仕方」を権力との関係から考察している。フーコー（1996）は，「権力の行使とは，個人的であろうと集団的であろうと，パートナー間のたんなる一関係なのではなく，他者を変容させるような行為のあり方」（p.299）であり，「権力は，ある行動に対して，現実の諸行動に対して，現在ないし未来に起こりうる諸行動に対して働きかける作用」（p.300）であると論じている。そのうえで，「権力は根本的には，二つの敵の対決や結合であるよりは，支配＝管理の問題なのである。」（p.301）と述べている。

久冨（2017）は日本の教員文化の歴史の中で「献身的教師像」が形成され内面化されてきたことを明らかにしている。杞憂かもしれないが，こうした日本の教員文化の特性を考慮すると，無批判・無自覚な「省察」の受容は，自己を「支配＝管理」し続け，絶えざる変容へと自己を追いやる危険が考えられる。教師のバーンアウトの問題なども考慮すると，教員養成・教員研修でのリフレクションシートの効果といった短期的な視点ではなく，教師のライフストーリーにおける意義と課題や教員文化へ与える影響といった，より中長期的な視点から「省察」を捉える必要があるだろう。

自己を「支配＝管理」し絶えざる変容へと追いやるという「省察」の概念に伴う危険を回避していくには，次の二つの方略で「省察」を捉え直すことが重要になるだろう。一つは，本章も含めた第Ⅰ部が，「省察」に関する言説の起源と構築過程を明らかにしたように，「省察」が求められてきた経緯を客観的に捉え直すことである。今津（2010）は教育言説を検討する際の課題として六つの問いを提起している。具体的には，「①一定の教育言説がいつごろ創出され，その創出者は誰であり，どのような機関や組織であったか。」「②それに対して批判的な見解を示し，さらにはそれに取って代わって影響力を発揮しようとする『対抗言説』が，誰（何）によってどのように対置されたか。」「③せめぎあう教育言説がどのようにしてメディアで取り上げられ，流通し広がっていったか。」「④教育言説は，立法や行政，司法にいかなる影響力をもたらした

か。逆に，立法や行政，司法が教育言説の教義化にどうはたらいたか。」「⑤教育言説は，どのような教育実践をどのように導き出したか。」「⑥教育言説の『教義化』において，学問はいかなる役割を果たしたか」である（p.10）。本章では，教育実践の導出とも関わりの深い専門分化した学問領域として，教科教育の研究領域で蓄積された言説を分析し，主に上記の⑤と⑥の課題について探究した。本章で明らかにしたように教科間の相違を考察すると，異なる「省察」の受容の可能性を考えることができるだろう。

　もう一つの方略は，第Ⅱ部で展開されるように，対話を通して「省察」に伴う困難さも含めて，「省察」を語り直し，脱構築していくことである。フーコー（2002）は，古代ギリシアのテクストをひもときながらパレーシアという概念を提起しており，王や僭主を諫める哲学者の例を挙げながら，「パレーシアとは，危険に直面して語るという勇気と結びついている」（pp.16-17）と論じている。相澤（2011）は，フーコーの論じるパレーシアを構成する基本的要素を，①「真理」を言うこと，②「真理」を言うことに何かしらの「危険」が伴うこと，③危険を顧みずに真理を言う「勇気」，に整理している（pp.59-60）。パレーシアに着目した意図をフーコー（2002）は，「真理を語ること，真理を語る人を認識すること，真理を語る必要を認識することがどこまで重要かという問題は，西洋の『批判的な』伝統の根源」（p.248）になったと論じている。「省察」が受容され，研究が蓄積される中で，「省察」が絶対的なものとして権威性を帯びてきたとすれば，「省察」を行うことに伴う困難さの「真理」を教師が語るには「危険」や「勇気」が必要になるだろう。自己を「支配＝管理」する「省察」を求める社会的文脈や教育文化そのものを批判的に省みて，「省察」について，不都合な面も含めた「真理」を教師自身が「勇気」をもって語ることのできる場を創出することが，「省察」を捉え直していくことにもつながると考えられる。

　フーコー（2008）は，15世紀と16世紀に提起された「いかに統治すべきか」という問いに対し，〈統治されないための技術〉として〈批判的な態度〉が生まれたとし（pp.75-77），「カントが啓蒙と記述しているもの」も〈批判的な態

度〉と一致すると述べている（p.83）。具体的には，〈批判的な態度〉は，「統治の技術に直面して，そしてその対応物であるかのように，というよりもむしろ統治の技術のパートナーであると同時に敵でもあるものとして，この統治の技術を警戒し，これを拒否し，これを制限し，その適切な大きさを決定し，これを変革し，この統治の技術の適用を免れる方法として生まれたのでしょう」と説明している（フーコー，2008, pp.76-77）。「省察」が，「支配＝管理」するような統治の技術としての側面をもつのであれば，教師の「批判的な態度」も重要になると考えられる。「省察」を自己に閉じたものにせず，「省察」やそれを求める教員文化・学校文化に内在する課題を他者との語りを通して批判的に問い直すことが，社会正義に適う自律した専門職としての基盤を構築することにつながるのではないだろうか。

　以上のように，本章では，保健体育科と社会科の事例を分析し，教科教育の研究領域における「省察」の受容・展開とその特徴及び課題の一端を明らかにした。今後は，保健体育科と社会科以外の各教科を分析するとともに，言説だけなく，その実際についても関係者の語りや実践の姿から捉え直す必要がある。

【引用・参考文献】

相澤伸依（2011）「フーコーのパレーシア」『東京経済大学　人文自然科学論集』130号，pp.55-69。

秋田喜代美（1996）「教師教育における『省察』概念の展開」森田尚人ほか編『教育学年報5　教育と市場』世織書房，pp.451-467。

浅野光俊・須本良夫（2017）「社会科授業における教師力を高める省察の研究（2）」『岐阜大学教育学部研究報告　人文科学』66(1)，pp.31-40。

石川照子（2018）「社会科教師教育のためのメンタリングの方法論の開発—日本史教師の省察支援の場合—」『社会科研究』89，pp.1-12。

糸岡夕里・日野克博（2012）「体育教師に求められる省察能力に対するルーブリック作成：テスト映像を対象として」『愛媛大学教育学部保健体育紀要』8，pp.59-64。

糸岡夕里（2018）「教育実習生が実践した授業の領域の違いによる省察の差異：器械運動とダンスとの比較」『愛媛大学教育学部保健体育紀要』10，pp.17-22。

今津孝次郎（2010）「教育言説を読み解く」今津孝次郎・樋田大二郎編『続・教育言説をどう読むか』新曜社，pp.1-23。

浦野茂（2009）「はじめに」酒井泰斗・浦野茂・前田泰樹・中村和生編『概念分析の社会

学』ナカニシヤ出版，pp. i -vi。

大矢隆二・柳瀬慶子（2021）「『省察』の質的な深まりに着目した教員養成課程の模擬授業に関する研究（２）体育科教育法の授業を対象として」『國學院大學人間開発学研究』12，pp.47-60。

奥村尚（2020）「社会科教師の批判的省察が教師—生徒間の非対称的権力関係を対象とする論理とストラテジー：学校における民主主義教育のジレンマに注目して」『教育学研究紀要』66（2），pp.538-543。

角田将士（2006）「体験と省察を基軸にした教員養成カリキュラムの充実のために（１）授業構成能力の育成による『大学』性の確立」『広島大学大学院教育学研究科紀要 第二部 文化教育開発関連領域』55，pp.87-95。

上條眞夫（2017）「大学教育における模擬授業の成果：模擬授業テスト映像を見た省察の変容を通して」『総合福祉研究』22，pp.55-68。

上條眞夫（2018）「教師教育における MT 授業の効果：初等体育科教育法における MT 授業を通した大学生の省察の変容を通して」『淑徳大学研究紀要 総合福祉学部・コミュニティ政策学部』52，pp.121-145。

川口諒（2021）「教育実習生による省察的な相互作用に関する事例研究：授業後の協議会における発言に着目して」『体育学研究』66，pp.591-606。

カン・シンボク（2003）「教師の省察研究とそれが体育教師教育に与える示唆」『スポーツ教育学研究』23（1），pp.77-88。

岸一弘（2013）「小学校教員養成課程の体育科目における模擬授業の検討：受講生の『授業省察力』の変容に関して」『共愛学園前橋国際大学論集』13，pp.39-49。

北神正行（2017）「教員免許状制度」日本教師教育学会編『教師教育研究ハンドブック』学文社，pp.14-17。

木原俊行（2004）『授業研究と教師の成長』日本文教出版。

木山慶子（2016）「教員養成における模擬授業の学習成果の検討：学生による授業分析を用いた省察から」『群馬大学教育学部紀要 芸術・技術・体育・生活科学編』51，pp.83-93。

久冨善之（2017）『日本の教師，その12章』新日本出版社。

久保研二・木原成一郎・大後戸一樹（2008）「小学校体育科授業における『省察』の変容についての一考察」『体育学研究』53（1），pp.159-171。

斉藤雅（2010）「保健科模擬授業による省察能力の変化」『徳山大学論叢』70，pp.137-145。

佐藤学（1997）『教師というアポリア』世織書房。

佐藤豊・栫ちか子（2015）「単元構造図，模擬授業，映像視聴の連続体験による体育科教員養成授業モデルの検討—鹿屋体育大学における2013年度保健体育科教育法 IV の授業実践とその省察から—」『鹿屋体育大学 学術研究紀要』51，pp.11-24。

佐藤豊・栫ちか子（2016）「鹿屋体育大学における2014年度保健体育科教育法 IV の授業実践とその省察—体験学習モデルに基づくアクティブ・ラーニング型授業における実践的指導力育成システムの構築に向けて—」『鹿屋体育大学 学術研究紀要』52，pp.35-67。

ショーン，ドナルド著，佐藤学・秋田喜代美訳（2001）『専門家の知恵』ゆみる出版。(Schön, D. A. (1983). *The reflective practitioner: How professionals think in action.* Basic Books.)

ショーン，ドナルド A. 著，柳沢昌一・三輪建二訳（2007）『省察的実践とは何か』鳳書房。(Schön, D. A. (1983). *The reflective practitioner: How professionals think in action.* Basic Books.)

須田理・助友裕子（2017）「保健体育科教職志望学生における保健体育教師イメージの変容：模擬授業とその省察を中核に展開した教科教育法の前後に着目して」『日本女子体育大学紀要』47，pp.49-63。

須本良夫（2012）「社会科授業における教師力を高める省察の研究（1）」『岐阜大学教育学部研究報告 教育実践研究』14(2)，pp.19-29。

田井健太郎・河合史菜・元嶋菜美香・久保田もか・高橋浩二・宮良俊行（2018）「教員養成課程における模擬授業の省察に関する研究」『長崎国際大学論叢』18，pp.31-46。

高橋健夫編（1994）『体育の授業を創る』大修館書店。

高橋健夫（2010）「よい体育授業の条件」高橋健夫・岡出美則・友添秀則・岩田靖編著『新版体育科教育学入門』大修館書店，pp.48-53。

田中統治（1996）『カリキュラムの社会学的研究―教科による学校成員の統制過程―』東洋館出版社。

戸田宇海（2018）「協働省察と授業実践の繰り返しによる教師の社会科授業力量形成に関する研究：学年部研修の分析に焦点を当てて」『教育実践高度化専攻成果報告書抄録集』8，pp.61-66。

長倉守・新保淳（2015）「省察を中核とした授業実践力向上のための方法論に関する研究（2）アクション・リサーチによる教師の変容 中学校社会科地理的分野・地誌学習を事例として」『教科開発学論集』3，pp.139-149。

長田則子・梅野圭史・厚東芳樹（2010）「体育授業における教師の『感性的省察』の実体とその深化」『体育・スポーツ哲学研究』32(2)，pp.99-118。

永野翔大・田代智紀・寺田進志（2018）「体育分野における同一種目の模擬授業に対する『省察』の観点：ハンドボールを事例に」『東海学園大学教育研究紀要 スポーツ健康科学部』4，pp.59-66。

南昊二，李貞姫訳（2015）「社会科アクションリサーチにおける授業省察の意味の類型：地域学習の実践を事例として」『社会科教育論叢』49，pp.85-92。

日本教育大学協会（2004）「教員養成の『モデル・コア・カリキュラム』の検討」(https://www.jaue.jp/_src/sc1061/h16.3.31203f3f3f3f3f3f3f2081e83r83a81e83j838a83l83858389838081v82cc8c9f93a2.pdf　最終閲覧日2022年1月9日)。

日野克博・谷本雄一（2009）「大学の模擬授業並びに教育実習における省察の構造」『愛媛大学教育学部保健体育紀要』6，pp.41-47。

福ヶ迫善彦・坂田利弘（2007）「授業省察力を育成する模擬授業の効果に関する方法論的検討」『愛知教育大学保健体育講座研究紀要』32，pp.33-42。

フーコー，ミシェル著，山田徹郎訳（1996）「主体と権力」ヒューバート・L・ドレイファス，ポール・ラビノウ『ミシェル・フーコー 構造主義と解釈学を超えて』筑摩書房，pp.287-307。(Foucault, M. (1983). The subject and power. In H. L. Dreyfus, & P.

Rabinow (Eds.), *Michel Foucault: Beyond structuralism and hermeneutics* (2nd ed., pp.208-226). The University of Chicago Press.)

フーコー，ミシェル著，中山元訳 (2002)『真理とディスクール　パレーシア講義』筑摩書房。(Foucault, M. (2001). *Fearless speech*. Semiotext (e).)

フーコー，ミシェル著，中山元訳 (2008)「批判とは何か—批判と啓蒙」『わたしは花火師です』筑摩書房，pp.69-140. (Foucault, M. (1990). Qu'est ce que la critique? Critique et Aufklärung, *Bulletin de la société française de philosophie 84ᵉ année* (No.2, Séance du 27 mai 1978 à la Société française de philosophie).)

藤田育郎・岡出美則・長谷川悦示・三木ひろみ (2011)「教員養成課程の体育科模擬授業における教師役経験の意義についての検討—授業の『省察』に着目して—」『体育科教育学研究』27(1)，pp.19-30。

藤田育郎 (2013)「よい体育授業に対する認識の育成を目指した模擬授業の成果：授業映像視聴による省察の変容」『信州大学教育学部研究論集』6，pp.143-152。

古市直樹 (2021)「社会科における教師の省察についての臨床教育学的考察」『高知大学学校教育研究』3，pp.87-94。

堀井大輔・奥田援史 (2018)「体育指導における模擬授業の効果：テキストマイニングによる自己省察の分析」『パイデイア　滋賀大学教育学部附属教育実践総合センター紀要』26，pp.15-22。

松本奈緒 (2014)「事後指導における教育実主に⑤と⑥の課題について，習の省察（リフレクション）：保健体育教諭免許状取得希望者の実習全体で学んだことと研究授業への着眼点を中心として」『秋田大学教育文化学部研究紀要　教育科学』69，pp.43-60。

松本奈緒 (2015)「複数回の指導経験から反省的実践力を保障する体育教師養成カリキュラムの検討：マイクロティーチングと模擬授業の実施・省察を通して」『秋田大学教育文化学部研究紀要　教育科学』70，pp.33-43。

南浦涼介・吉川幸男・中野稔・才宮大明・岩本正信・磯部慎也・佐藤淳・関本努・山本健作 (2016)「『授業実践基礎演習』の第一年次開設の意義：教科教育における『体験-省察型』教員養成カリキュラムへむけて」『学部・附属教育実践研究紀要』15，pp.129-138。

柳瀬慶子・大矢隆二・木宮敬信・黒岩一雄・村本宗太郎 (2021)「『省察』の質的な深まりに着目した教員養成課程の模擬授業に関する研究（1）保健体育科教育の授業を対象として」『常葉大学教育学部紀要』41，pp.157-180。

Tsangaridou, N. & O'Sullivan, M. (1994). Using pedagogical reflective strategies to enhance reflection among preservice physical education teachers, *Journal of Teaching in Physical Education*, 14(1), 13-33.

第 II 部

教師教育実践における
「省察」概念に関する事例研究

第Ⅱ部　序

　第Ⅱ部では，まず第5章から第7章にかけて，「省察（reflection）」概念が教師教育に携わる大学教員にどのように受けとめられ，いかなる形で実践化されており，その中でどのような困難や葛藤が生まれているか，大学教員の事例をもとに見いだすことを試みる。個々の大学教員が行っている教師教育実践の事例を通してそれらを具体的に確認し，「省察」概念が日本の教師教育実践に何をもたらしているかについて論考するとともに，日本の教師教育研究と教師教育実践の両面において検討と追究が求められる論点を明らかにすることがその目的である。そして第8章では，学ぶ側の教職大学院生の「省察」概念の捉え方にはどのような特徴があるか，「省察」の経験がどのように語られるのか，教職大学院生を対象に実施した質問紙調査の結果から論考を行う。

　「省察」は現在，教師の専門性の中核をなす理念として受け入れられ，教師教育研究や教員養成・現職研修等の実践に深く組み込まれている。教師教育実践の文脈において「省察」は聖性を帯び，それ自体の是非の慎重な検討は不問とされていると思われる。言い換えれば，「省察」は教師教育領域において一定の「権威性」を帯びた自明の「前提的枠組み」として「言説」化されている。

　しかし，日本の教師教育に携わる大学教員やその学び手である学生が，「省察」概念を具体的にどのように受けとめているか，教師教育実践の中でそれがどのように取り入れられているか，それに関していかなる問題意識を有しているかの解明を試みた調査研究はほとんど蓄積がなく，実証的な知見が存在しない状態である。

　省察の実際の用いられ方について三輪建二（2023）は，「実際の用いられ方を見ると，新たな課題が見えるようである」と述べ，「省察（リフレクション）を，ショーンが批判する技術的熟達者の能力開発のツールとして活用してしま

う傾向が，少しとはいえ見られる」と指摘している（三輪, 2023, p.31）。また，山辺恵理子（2019）は，経験から学びを得るためにリフレクションは欠かせないが，それだけでは真の意味での成長を歪ませてしまうリスクがあると指摘し，古典的な意味を超える新たなリフレクションの概念提示を試みている。

　これらの指摘や提案は，省察概念の展開や広がりの複雑さやその理解の難しさ，また，実践化の本質的な難しさを示していると思われる。仮に省察の実践化に問題が生じていた場合，その原因が実践者の理解や力量の問題のみの範囲で受けとめられてしまうと，問題の本質を見誤る可能性がある。なぜなら，省察がどのように実践化されているかは，省察の実践化がどのような文脈の下で求められているかによって左右されると考えられるからである。そこにこそ，「省察」言説が教師教育実践に及ぼしている影響の実際の様相が現れているとみることができるのではないだろうか。

　そこで，第Ⅱ部では，大学の中でも教員養成の高度化に向けた「理論と実践の往還」の手段として「省察」概念が受容されていった教職大学院を中心に，「省察」概念がどのように受け止められ，教育実践としてどのように具体化され，そしてどのような課題が認識されているのかなど，調査結果をもとに述べていく。

　まず，第5章から第7章で分析する大学教員調査について説明する。2022年3月から11月の期間に，3大学11名の大学教員の協力を得てインタビュー調査を行った。調査対象者としては，本書の執筆者である科研の研究分担者が調査協力を依頼できる関係にある大学教員の中から，教員養成における「省察」の実践や考えを語ってもらうことができると想定される教員を選定した。その際，「理論と実践の往還」や「省察」がカリキュラムに位置づけられている教職大学院を担当していることや，担当科目のシラバスやコースの説明，カリキュラム等に「省察」の文言が含まれていることなど，を選定の目安とした。それらの対象者に調査の目的，内容について説明を行ったうえで協力が可能か打診し，承諾が得られた大学教員を対象に調査を実施した。また，調査の依頼時には，インタビュー調査の実施後に，実際の授業や省察場面の参与観察も依

頼する可能性がある旨を伝え，その点についても想定した状態で調査に協力してもらった。

　調査の依頼時には，所属している大学や学部，コースを代表してではなく，一人の教師教育実践者として個人の見解や考えを話してもらう調査の主旨を説明し，所属先が特定されないよう配慮することを条件に協力を得た。そのため，研究分担者との関係，所属専門分野コース名，職務経験年数等から個人が特定されたり，協力を得た大学教員間でお互いが特定されたりすることのないよう，インタビューデータを掲載する際には論考上必要となる最小限の表現へと整形している。また，表Ⅱ.1に調査対象者の属性を示すが，主たる専門分野が「教育学分野」であるか「専門教科を有する分野」であるかと，「実務経験」の有無に関する，最小限の情報のみを記載している。

　調査の実施にあたっては，2020年11月9日に，ある大学の教職実践演習を担当している大学教員2名に協力を得て，インタビューと当日の授業の参観を試行的なプレ調査として行い，調査方法や内容，倫理上の配慮が必要な内容などについて検討を行い，本調査の具体化を進めた。また，本調査の実施には，筑波大学（課題番号：筑2021-172A）ならびに鹿児島大学（承認番号：鹿大教-2022-1）の研究倫理審査を受け，承認を得た。調査対象者に対しては，調査当日のインタビュー開始前に当該調査の調査目的ならびに調査内容，調査方法，倫理的配慮事項の説明を口頭にて行い，同意書への署名を得たうえでインタビューを実施した。また，調査の実施中ならびに調査後，いつでも調査参加の同意を

表Ⅱ.1　調査対象者の属性

調査対象者	分野・実務経験	調査対象者	分野・実務経験
A教員	専門教科有	G教員	教育学分野
B教員	教育学分野・実務経験有	H教員	専門教科有
C教員	専門教科有・実務経験有	I教員	教育学分野・実務経験有
D教員	専門教科有・実務経験有	J教員	専門教科有
E教員	教育学分野	K教員	教育学分野
F教員	教育学分野		

撤回することができる旨を説明したうえで実施した。各調査対象者へのインタビューは約120分である。

　インタビュー調査は第5章から第7章の執筆者の3名（髙谷，田中，山内）またはそのうち2名が同席して半構造化インタビューにて行った。また，調査対象者の選定と調査の実施時に仲介役を務めた執筆者3名以外の研究分担者が同席して実施したインタビューもある。インタビュー調査は，事前に以下の4点の質問内容を調査依頼文書の中に記載し伝えている状態で実施した。なお，インタビュー実施時の質問は，以下の4点の順番ではなく，最初に調査対象者の経歴を尋ねることを全調査共通で行い，その後は語られた話題の流れに応じて会話を進める中で以下の4点について把握していった。

① これまでに専門としてこられたことと，教員養成への関わりのご経歴
②「省察」という言葉を聞いたり知ったりした時期と，その時に感じたこと
③ 担当されている授業等において「省察」を扱ったり意識されたりすること
④「省察」概念を扱ったり実施したりする際に学習者に期待しておられること。また，難しさを感じておられること

　インタビューはICレコーダーもしくはZoomの録画記録機能にて記録を行い，文字に起こして分析を行った。複数の調査対象者へのインタビュー調査を連続で実施できた日程も含め，インタビュー調査は全4回のまとまりで実施したが，各インタビュー調査後に，その都度，調査者3名（または2名）で聴き取った内容についての振り返りと考察を行った。そして，各回の調査に共通した内容として見いだされた，「省察概念との出会い」「自身の教師教育実践と省察の関係」「課題として認識されていること」に該当する部分について，録音した音声を書き起こしたデータから抽出し，そこで語られている内容をオープンコーディングによって切片化を行い，ラベル付けを行った。その結果を各調査者が持ち寄り，調査者3名で見いだされる特徴について検討を行った。3名での検討から，「自身の専門性や経験を軸にした『省察』概念の意味づけ」と

「制度的要因に規定される省察の実践化」「省察に対する思いと実践化との葛藤」という特徴が見いだされたため，その観点で改めてインタビューデータに戻りその文脈を確認し，そこで語られている意味の解釈を行った。

　本第Ⅱ部では，第5章において11名の大学教員を対象とした調査結果全体から各大学教員の省察概念との出会いとその際の印象について横断的に整理し，省察概念の受容の特徴と実践上の困難や葛藤の特徴について確認する。第6章では，「省察」を実践化する中で感じられている困難について具体的に語られた調査対象者に焦点を当て，より詳細な追加の分析を行い，そこにどのような課題と背景が潜在しているかを明らかにする。そして，その課題と大学教員がどのように向きあっているかについての考察を通じて，「省察」をめぐる実践についての課題を乗り越えていくための論点を提起する。第7章では，「省察」という言葉の使用が各大学教員の実践にどのような影響をもたらしているかを考察するとともに，各専門分野における教員養成・教師教育実践について表現されたこだわりや思いの具体的内容にどんな特徴があるかを論考する。そこから，第5章，第6章での論考とあわせて見いだされる日本の教師教育研究と教師教育実践の両面において検討と追究が求められる論点と，今後の展望について論じる。

　そして第8章では，学ぶ側の教職大学院生を対象に実施した質問紙調査の結果から，「省察」概念の捉え方にどのような特徴があるか，「省察」の経験はどのように語られるのか，について論考を行う。質問紙の調査項目は，フェイスシート（学年，年齢，学部新卒院生／現職教員院生の別，所属コース・分野等，学部新卒院生の場合は希望進路，現職教員院生の場合は所属学校種や勤続年数など）を設けたうえで，「省察」に対する認知の状況，これまでに経験した「省察」の内容や方法，教師の力量形成にとって重要な事柄などで構成されている。これらの調査項目を作成するにあたっては，「省察」をめぐって実際に質問紙調査を実施・分析した先行研究が少ないため，本書第Ⅰ部の執筆者が教師教育領域における「省察」を理論的・政策的・研究的に論じた成果（山﨑ほか，2022）をもとに検討した。

質問紙調査は2023年10月に Google Forms を利用した Web 調査で実施した。調査対象者は，本書の執筆者である科研の研究分担者が所属する五つの国立大学の教職大学院生（M1及びM2）である。調査は上記の研究分担者から大学院生に，口頭またはメールで周知してもらう形で行った。その時，調査への参加は自由であること，成績とは無関係であることを明記し，調査参加に同意を得た大学院生に無記名で回答してもらった。回答数の総計は154であった。なお本調査では，静岡大学の研究倫理委員会に審査申請を行ったうえで，同委員会から「静岡大学における人を対象とする研究に関する規則」第3条に該当しない調査であると認定され，審査の対象外である旨の結果を得た。

　この質問紙調査の結果を用いて第8章では，省察的実践の行為者における「省察」概念の受容と実践化の様相を明らかにする。各教職大学院では「省察」を中核としたカリキュラムが組まれており，教育を担う側である大学教員と同様に，学ぶ側である大学院生もまた，行為者として「省察」言説を身体化した存在であると考えられる。そこで分析では，学部新卒院生と現職教員院生という学習者の違いに着目しながら，①教職大学院の院生にとって「省察」はいかなるものとして認識されているのか，②その認識を基にどのような経験を「省察」実践として語るのか，という二つの課題を実証的に追究する。

【引用・参考文献】
三輪建二（2023）『わかりやすい省察的実践―実践・学び・研究をつなぐために』医学書院。
山﨑準二・三品陽平・長谷川哲也・村井大介（2022）「教師教育における『省察』言説の生成と展開に関する予備的考察」『学習院大学教職課程年報』第8号，pp.5-33。
山辺恵理子（2019）「経験学習の落とし穴：成長を歪ませないための『コア・リフレクション』のアプローチ」ネットワーク編集委員会『授業づくりネットワーク』339号，学事出版，pp.26-33。

第5章

教師教育に携わる大学教員の「省察」概念の再構築

山内 絵美理

はじめに

　本章では，教師教育に携わる大学教員の省察をめぐる語りに着目し，「省察」概念が個々の大学教員の中でどのように受けとめられ，いかなる形で実践化されており，その中でどのような困難が生まれているのか，個々の大学教員の事例をもとに見いだすことを目的としている。そのため，まず11名の調査協力者が「省察」概念とどのように出会ったのか，その際どのようなことを感じたのかについて横断的に整理する。そこでの特徴から，一定の権威性を帯びた「省察」概念として出会い受容した場合の7名の語りを取り上げ，あるべき「省察」概念を感じつつ実践を行う大学教員が，どのような葛藤に出会い，そうした葛藤を含めてどのように「省察」と向き合っているのかについて明らかにする。

第1節　「省察」概念との出会い

　11名の大学教員のインタビュー調査の結果から，「省察」概念とどのように出会ったか，その際の印象について語られた内容を整理した（表5.1）。その結果，「省察」概念との出会いについては，書籍や講演など他者から情報を得て，「省察」という言葉や概念に出会った場合，コミュニティの中で「省察」「リフレクション」という言葉を使用しており，そのコミュニティにおいて「省察」という言葉や概念に出会った場合，その双方にあたる場合の3種類の

表5.1 「省察」概念との出会いとその際の印象

	「省察」概念との出会い	その際の印象
A教員	「佐藤学さんの一連の著書を読む中ではっきり意識するようになったかな，初めて知ったかなっていうところですね」「読ませていただく中で省察っていう言葉が頻繁に出てくるっていうことで。そのとき初めて意識するようになったかな」	「カリキュラムに対してのどんな考え方があるのかな，多様な考え方を吸収したいなっていうのが一番の出発点なんですね」「教科教育の研究者としての立場としては，やっぱ教科の本質究明というところに関心がありますので（中略）どっちかというと教師教育を専門とする教育学の方々が中心になっていくような，そういう仕事かなというふうにも漠然と思いましたし，そういう中で，特にキーワードとして意識されてるんだろうなというぐらいの関心でしたね」
B教員	「私が○○小時代に，それこそ10年ぐらい前ですかね。○○先生が○○小で講演をしてくださったときですかね」	「まずもって曖昧で難しい」「見たことがいっぱいあるじゃないですか。それとどう違うんだろうって反省とか考察とか。それこそ振り返るとか。リフレクションだとか，もういろいろな言葉が，その頃は一応知ってたので，そういう言葉ですね。考察とかですね，○○小でも使ってたので」
C教員	「大学に来てから，こういう言葉があるなって」「それまでずっと気にせずやっていたことが，（中略）省察と言うんだっていうのに気づいたのも正直，大学に来てからですね」	「高校教員のときも，これは当たり前のようにやって」「大学に来てからそういう省察様式で学生に書かせたりとか，（中略）振り返りとか，まとめみたいなものは，授業の中で必ずと言っていいほどやってますし，（中略）だから今思えば，それが省察と呼べるのかなっていうぐらいの捉え方です」
D教員	「指導主事時代に研修が終わった後のリフレクションという中で」「僕あんまりカタカナが好きじゃなくて，なんやこれっていう感じだったんですけど，振り返りねっていう」	「振り返りは大事なんだろうなっていうのは間違いなくあると思うんです」「それを言語化していくということで，きっといいんだろうなという部分と，でも省察はすごく時間がかかるもので，という部分ですよね」
E教員	「省察，っていう言葉自体は，割と早くから知ってたんじゃないかなと思う（中略）うちのゼミは多分みんな知ってた，早くから知ってたんじゃないかな（中略）もうゼミとかで研究会で使ってたし，大学院入ってすぐ，94年とか95年とかそういうふうに違和感はない」	「最初読んですぐショーンの（中略）最初日本語の省察って反省的実践家，反省っていう言葉を使ってたから（中略）最初はドイツの社会学の影響みたいなんだろうなと思って。読んでたらこれはアメリカのプラグマティズムのラインだなぁっていうのはすぐわかって（中略）デューイとかプラグマティズムみたいなラインで（中略）方法学研究室で自分が同じぐらいの年齢の人たちがそういう感じでショーンを知ってるかっていうと知らない人

E教員		がほとんどで，デューイ研究やってる人でも。じゃあちょっと読んでみようって思って読んで」
F教員	「それがちょっと思い返してもあまり，たぶん省察っていう言葉はあまり自分の研究室とかで使ってる概念ではないと思うので。多分佐藤学先生とかの教育方法の本の中で反省的実践家っていうところで出会ってるのが最初じゃないかなって思ってます」	「言っておられることとか，読んで書いておられることはよくわかる，共感することがベースにあるんですけれども。自分が属していた研究室の言葉でいえば，それはそれと同じなのか。どういうところが違うかっていうのは，ちょっとわからないまま」「今もそのあたりは自分でも解明できていない部分ではあります」
G教員	「省察っていう概念がどこで自分が覚えたのかっていうか聞いたのかがあんまりはっきりしない」「どこで知ったのかはちょっとはっきり覚えてない」「本当に覚えてないんですよね」	「現象学やってたから」「あんまりびっくりしなかった」「現象学の中にはその技術的合理性みたいに対する批判がもう既に，ハイデガーもそうなんですがあったので，なんとなくそういう発想は僕の中でもうすでに自然だった」「現象学でも省察って近い言葉はあるんですよね。（中略）だから僕の場合むしろ違うところから，何かこういう発想があって，それがなんとなくショーンが言ってくれて，あと佐藤学があんなに位置づけたから，なんか立派な概念っていうふうに。（中略）現象学的な考え方の中では割と自明っていうか」
H教員	「省察ってのはもう元々重要っていうのはもちろんなんていうか，研究で重要だっていうよりは，元々自分を振り返りすることとかは重要だと思ってはおりまして」	「文献とかを院生のときとかに読んだときに，まあ，あの，省察に関するもちろんその研究というかねそういうの，（自身の専門の教科教育）に関する教育における省察とか。省察というか，メタ認知とかですかね。やっぱり多いのは。メタ認知系の先行研究もいろいろと読んだことがありますので。そういったところでやっぱり教育においてこういう振り返って，自己を振り返って次の学習に生かすっていうところは，（自身の専門教科）でも当然重要なんだろうなっていうふうには，あの文献を通してわかってはいまして」
I教員	「私もあんまりこれまで省察っていう言葉を大学に来るまでは使っていなくって」「自分の中では，普段『振り返り振り返り』っていうふうに，小学校現場でも使っていたんですが。（中略）形式上，丁寧に表現したりとかするときに省察っていう言葉を使ったりするのかなぁなんていうふうには思っています」	「どんなふうに捉えたらいいんだろうっていうふうに思いながら」「その省察っていう言葉を使うことによって，ちょっと自分がもし捉え違いをしていたら，どうしようっていうのもありますし，振り返りと言った方がそうですねしっくりくるというか」「教育原理とかいくつかのテキスト読んでいく中で，省察的実践とかっていう言葉が出てくると『どういうこ

I教員		となんだろう』って読みながらわかったようなわからないようなところはあるから。まだまだそういうあたりは勉強していくと面白いだろうなというのをチラッと思うし，していかなくてはいけないんだろうなっていうのが『大学に来た以上は』っていうのは思うんです」
J教員	「省察っていう言葉を正直言ってあまり知らなかったんですよ」「振り返りとかいう言葉ですかね。初めて聞いたのは。いろいろ実習やる前とかやった後に事前事後指導とかやって振り返ったりするんだけども」	「どうやったら教員研修が効率的で魅力的になるかっていう会合を何回かやったんですよね。で，その中で，当時は省察っていう言葉にそんなに意識を置いてなかったんで聞き逃してたんだと思うんですけれども」「要するに『振り返り』っていうのを自分だけじゃなくて，他に語る。で，他人に聴いてもらう。そこから自分だけの成長じゃなくって後輩とかに役に立ってもらえれば（双方にとって）ハッピー（なイメージ）。利他的な観点でリフレクション（を体系化）するといい社会になるんじゃないかなとか」
K教員	「福井大学のラウンドテーブルとか，そういったところで調査に行ったりとか。情報交換しながら。更新講習のプログラム改善のためにいろいろ勉強する中で省察っていうんですかね，そういったものを学んでいったっていうのがきっかけですね」	「いわゆる一般的に知られている省察はそこで初めてだったんですけど。ただ，今から思えばいろいろこうつながるところはいくつかあって」「福井大学のラウンドテーブルとかで。そこでいわゆるショーンの。ショーン的なリフレクションで，『わざの見える化』でしたっけ。なんか，訳本でわざのなんとかっていうのをみたときに，ああ，これもしかして今まで僕がやってたこと（卒論時の研究経験，成人学習で学んだ事など）は，そういったところとつながるのかなぁと思ったところがあって。そういう意味では比較的省察っていうかリフレクションっていうところはすんなりと，『意義』というところは入っていったところですかね」

出会いが見られた。具体的には，数名の教員からは「佐藤学」「ショーン」という日本において「省察」概念がインパクトをもって提唱された際の象徴的な2名の氏名が挙がっていた。またそうした氏名を挙げてはいなかった大学教員においても，書籍や他者（講演）・コミュニティにおいて，「省察」という一般に受容されている概念に出会っている。このように，一般に受容され一定の権

威性を帯びた「省察」概念に出会っているが、その中でもE教員やG教員などのように、学術的に源流をたどって「省察」概念を解釈する者や、自己の専門の研究から「省察」概念を捉えている者もいた。またH教員のように、その文献にいわゆる「省察」概念を扱ったものが含まれているかどうかは明確に判断できないが、大学院生時代で出会った先行研究や概念から「省察」概念を捉えている場合もあった。一方、J教員などのように、権威性を帯びた「省察」概念とは距離がある者もいた。このように「省察」との出会いにおいて、一定の権威性を帯びた「省察」概念として出会った場合と、自己の研究経験から意義づけ捉えている場合、そうした概念を明確に意識せずに距離がとられている場合が見いだされた。

第2節　自己の研究や経験を軸にして意味づけられる「省察」という概念

　インタビューの中で調査協力者に省察という言葉との出会いやその際の印象について尋ねると、真っ先に返ってくるのが、省察を「難しい」と捉える概念であることや「容易に説明することができない」という感覚を訴える語りであった。省察を解釈したり説明したりすることの難しさを口にしながらも、その一方で自身のこれまでの研究・実践経験や専門性において大事にしてきた（いる）モノやコトを語ることで、省察の意味や意義を解釈しようとしていく点について述べていく。

（1）自己の研究軸を語ることで意味・意義づけられる教師の省察

　教科教育を専門とする研究者教員であるA教員は、省察を教師教育を専門とする教育学の研究者が中心になって進めていくものの中の一つのキーワードだと思っており、「教師教育的にはあまりそんなに関心はなかった」という。一方、省察はデューイの探究論がベースになっており、アメリカの教科教育学を中心に研究してきた自身の関心との関連から「納得がいくというか共感を覚えた」と印象を語っている。

「教科教育の研究者としての立場としては，やっぱ教科の本質究明というところに関心がありますので，教師教育とか教師の在り方については当然私も職を『経てはいる』んですが，どっちかというと教師教育を専門とする教育学の方々が中心になっていくようなね。そういう仕事かなというふうにも漠然と思いましたし，そういう中で，特にキーワードとして意識されてるんだろうなというぐらいの関心でしたね。あまり自分自身にそこまで引きつけて省察っていうものを捉えてはいなかったかなっていう気がします」

「しかし一方で，省察の概念の中でドナルド・ショーンだけじゃなくて，デューイの探究論というのがやっぱりベースになってるっていうところが言われてましたので。そうすると，それについてはすごく納得がいくとか共感を覚えたというかですね」

　他にも，K教員は，「いわゆる一般的に知られている省察」については福井大学のラウンドテーブルで出会ったと語っている。「今から思えばいろいろこうつながるところはいくつかあって」と，自身の卒業論文研究の際に触れた別の自身の専門分野の中での概念，大学院時代に学んだ成人学習の知見との類似性，自身の調査研究の手法との関係性などと照らし合わせながら，「ああ，これもしかして今まで僕がやっていたことは，そういったところとつながるのかなぁと思ったところがあって」とK教員自身が研究として行ってきたことと省察との接点が語られている。さらに，佐藤学の書籍において「反省的実践家」という概念と出会ったF教員は，「反省的実践家」に共感すると語りながらも，自身が属していた研究室でキーワードとなっている概念と「同じなのか。どういうところが違うのか」と比較することで省察を理解しようとする様相が確認された。このように自身の研究関心と照らし合わせながら語るF教員からは，「省察」概念について現在も整理できていないという実感が語られた一方，授業を通じて「自分の見方を知る」ことの重要性を伝えていく際に，反省的実践家や「省察」概念を紹介しているという。続くインタビューの中でも，F教員は大学院時代に「どういうふうに子どもをみるかっていうこと」や授業を「見るときの姿勢」を学び自身の研究の軸となっていったことを振り返っており，教員養成においても「見方を育てる」ことを重視している。そし

て「そういうことと省察っていうことがつながっているよう」に思うのだという。省察という言葉が曖昧で難しいものであるとの実感はB教員からも語られた。

　「月並みな言い方かもしんないですけど，まずもって曖昧で難しい。ストレートで言うとですね，難しいなと思って。見たことがいっぱいあるじゃないですか。それとどう違うんだろうって反省とか考察とか。それこそ振り返るとか。リフレクションだとか，もういろいろな言葉が，その頃は一応知ってたので，そういう言葉ですね。考察とかですね，（元勤務校）小でも使ってたので。はい，そういうイメージがありました」

B教員は，勤めていた小学校で重視されていたキーワードである「考察」をはじめ，類似する言葉との違いどう違うんだろう」という印象を抱いていたようである。とはいえ，あえて他の概念と省察とを区別して捉えようとしたり，「省察」概念と距離をとったりするというわけでもないようである。
　このようにA教員やF教員らの語りからは，自己の研究軸を語ることで省察の意味・意義を解釈しようとしている姿や，学生に伝えたいモノやコトを伝えていく際に反省的実践家や「省察」概念を参照するという実態が確認された。

（2）「子どもの学び」を語ることで意味・意義づけられる教師の省察
　「元々教師教育的にはあまりそんなに関心はなかったけれども，いろいろ引き付けると子どものことから発展すると教師にもあてはまるっていう。そういうような位置づけ，そうですね。やっぱり（教科名）科の授業で当然，その延長に子どもをどう育てるかがあるのでその中で使われていた色んなキーワードが教師も当然一人の人間として成長していく学びを作っていくっていう発想からすれば，当然共通項あるよねっていう，そういう意味では，なるほどねっていうところは，腑に落ちたというかですね。それが自分自身がどう，これからそのキーワードを軸に授業するか，カリキュラムを作るかとか，そこまでには至ってないっていうとこかなと思います」

A教員は，大学院の頃から教科教育におけるそのような学習を通じて「子どもたちに選択・判断する力」の育成や「子どもの価値観形成」を軸にして，そのための内容構成や方法，論理や思想的な背景も含めて研究してきた。その中で，子どもたちがリフレクティブシンキングを通じて「自身の学びをつくっていく」ということから発展して，そのような学び方は「教師にも当てはまる」ものだと受け止めたのだという。自身の研究関心に引きつけて「合点がいった」「腑に落ちた」という感覚を語っている。このように，子どもの学びと教師の学びとの共通項で省察を語ろうとする過程はB教員からも確認された。

　「振り返りのときにそうして子どもたちが自らまとめじゃなくて学習のまとめではなくて，振り返りをしようと成長だとか変容だとか，学んだことを言葉として出そうねっていうようなことを大事だということを言ってたので，省察，教師の省察していく。子どものことだけじゃなくて，先生たちも振り返ることが大事」

　小学校の教員時代に省察という言葉と出会ったB教員は，子どもの学習における振り返りを重要視してきた教員時代において，成長や変容を言葉にしていく省察（振り返り）が「教師も」重要だという。こうした語りに代表されるように，子どもの学びとの共通項を見いだすことで，子どもの学びの論理から教師の省察の意味を解釈しようとしており，そのような省察という教師の学びを意義づける語りであった。ただしA教員は，「省察」概念を理解できたことと実際に実践化することはイコールではない点を指摘している。

（3）「省察」概念の性質から過去の経験への意味づけ

　調査協力者の多くは現在大学教員としての立場から過去を振り返り，大学院や学校現場，講演会等の色んなタイミングで省察と出会い，多くの教員はまったく新しい概念として受け止めたというわけではなかった。それまで実践してきたことの中に「省察」を意識していた／すでにそのようなことを実践してい

たという状況についてC教員の語りを取り上げてみたい。ある教科を担当するC教員は「省察っていうのも，それまでずっと気にせずやっていたことが」，大学に着任して「『あっこれを省察と言うんだ』っていうのに気づいた」と語っている。

　　「正直しょうさつって読むのか，せいさつって読むのかみたいなレベルで，なんていうか大学に来てから，こういう言葉があるなっていうあたりで，（中略）正直そこまで深く捉えてはなかったです。ただ，大学に来てから〈省察の用紙名〉で学生に書かせたりとか，省察であってるかどうかわかりませんけど，振り返りとか，まとめみたいなものは，授業の中で必ずと言っていいほどやってますし，やらせてますので，だから今思えば，それが省察と呼べるのかなっていうぐらいの捉え方です。で，正直，高校教員のときも，これは当たり前のようにやって，レポートみたいな難しいことはやらせませんけど，ちょっとした感想を書かせたりとか。（中略）それはどういう意図だったか，コンセプトとかみたいなものを書かせるんですね。書いてる最中は書けないんですよね。書き終わった後に，これってこういうことだったんだっていうのを，振り返りする，それをもって講評会のようなことをするので，今思えば省察って普通にやってたなぁっていう感じですよね。高校生にもやらせていました」

　C教員は「省察であってるかどうかわかりませんけど」と口にしながらも，これまで行ってきた振り返りの実践が省察という言葉で置き換え可能であることを語っている。また，自身の高校教員時代，学習者自身が自分の意図やコンセプトを振り返り，その後学習者同士が質問や意見を言い合う，双方向性を重視した合評会のような活動を実践してきたという。C教員が実践してきた活動には「一人ひとりの思いがある」「授業者も，（中略）教員によって見方も全然違いますし，評価の仕方も，全然違う」「僕の価値観だけで進めちゃ駄目だな」という思いが根底にあり，教科において「作るだけで終わる」ではなく，「実はそれがゴールではなく，それを見せて，人とそれについて話し合ってようやくゴール」であると語っている。活動を通じて「評価って一つじゃないよ」というその教科の特徴を生徒たちにつかませることを目的としている。C

教員の語りから，自身が過去に実践してきたコトを省察という言葉で置き換えることは問題ないと解釈することができ，省察の性質から自身の過去を意味づけている。

　このような語りは，D教員やI教員からも確認された。指導主事時代に省察という言葉と出会ったというD教員は，リフレクションという言葉が「上の方からこれやれって下りてきて」，「何でカタカナで，ただの振り返りだろうと思ってた」と当時の状況を振り返る。これまで実践してきたことの中ですでに振り返りは「当たり前」に行ってきたことを語っている。このように，指導主事時代に「下りてきた」「省察」概念が，それまでの自身の経験にある振り返りの活動と同じ類のものであるという受け止めが語られた。I教員も，「あんまりこれまで省察っていう言葉を大学に来るまでは使っていなくって」と語り，「自分の中では，普段は『振り返り振り返り』っていうふうに，小学校現場でも使っていたんですが。(中略)形式上，丁寧に表現したりとかするときに省察っていう言葉を使ったりするのかなぁなんていうふうには思っています」と語っている。このように，省察そのものの意味を検討したり意義を再度確認したりする必要はないほど，「省察」概念は自身にとって当たり前（に重要なこと）であり，自身の過去の振り返りに値する経験が省察という言葉で言いかえられていく過程が確認された。

第3節　制度化された省察がもたらすもの

　これまで見てきたように，調査協力者は省察を語るうえで自身が歩んできた文脈から語りを構成していた。他方で，大学教員らがその省察を自身の教師教育実践において，特に今回は省察を重視する教職大学院でいかに実践していくのか。その語りに着目すると，省察を目的とした実践の背景には，さまざまな要因に規定され難しさや葛藤を抱えている側面が見えてきた。

（1）省察をめぐる語りに現れる〈時間的な制約〉による規定性

　省察を目的とした実践を行うことの難しさや葛藤を生じさせている要因に着目すると，調査協力者らは〈時間的な制約〉に規定されながら省察をめぐる実践を行っている実態を指摘していた。本来省察はじっくりと時間をかける（時間がかかる）ものだという捉え方がある一方で，時間がない中で行う省察を学習者に求めてしまうことに難しさを感じている。例えば，省察において自身の教科観を形成していくことを学生に期待しているＡ教員は，教職大学院において授業をする際，教科目標や目的に立ち返り，その教科を担う教師としてのコアの部分まで立ち返ることを重視して実践しようとするものの，〈時間的な制約〉によって自身が重視する省察の時間を確保することに難しさを感じることがあるという。実習から戻ってきたことを例に挙げ，「じっくりみんなで語り合う」「実習のこれまでの歩みをゆっくり語り合う」時間を重視しつつも「なかなか実現できてないっていう実態がやっぱりあるのかな」と語っている。さらにＡ教員の抱く難しさは「ゆっくり語り合う」「一人がじっくり語る」にとどまらない，その先を目指しているがゆえに生じている。

> 「やっぱり実習直後の省察となると，そのときの経験，体験したことをそのときの感情で振り返ったり，そういうところが強いじゃないですか。（中略）その場での捉えってのは共有できると思うんですけど，そこから自分に返すっていうのは，そのとき自分はそういうふうにその場面を捉えたんだけれども，なぜそういう捉え方を自分はしたんだろうと返す必要があるのかなっていう。そうすると自分のこれまでのその授業の捉えとか，子どもの捉えっていうところが，実はそこに現れていてそれは自分のどういう学びの履歴の中でそういうふうになってるんだろうとか，何か自分の履歴に立ち返っていくような」

実習直後に行う省察は感情で振り返る側面が強いが，その振り返りから，さらに「自分に返す」「自分の履歴に立ち返っていく」ことが必要であるという。つまり，Ａ教員は，学生，学生同士が当該場面を振り返り語りあうことを目的とするのではなく，その先にある「自分の履歴に立ち返」り，授業や子ども

の捉え方や「教育観のこだわり」を見つめ直すことを意義づけている。また，それは「時間のかかる作業で」あるという。時間的な制約についてはF教員も同様の難しさを実感していたと考えられる。

　「省察の用紙があって。実習が終わったら省察の記録を書かないといけないので。ただ（省察の概念についての）中身は説明しないですね。なぜなら省察の記録は学校に出すものですから，やっぱりある程度の形式，そこで学んだことっていうことをまとめてもらうっていう。（中略）そこの中で自分が学び取ったことを書いてくださいっていうことは言いますけど，それ以上の自分の今までの考えと照らしてみなさいということは言ってないです。なぜなら終わって2週間で出さなきゃいけないから。ちょっとまたスパンが違うなっていう風にですね。だから省察の用紙とか省察の記録っていうふうにして出すものっていうのは，ちょっと短いスパンのものとしては書いてますね」

　実習期間や実習後の一定期間の中で行う「短いスパン」で振り返る省察を「省察って言っていいかわからない」が，振り返り改善につなげるということを学生には大事にしてほしいと語る一方，長期的にはもう一度振り返り，「いろんな引き出しをもつということじゃなくて，むしろわからないことを開けるようになって自分で自覚できること」を大事にしてほしいとF教員は思っている。このように，短期的なスパンで行われる省察とは区別して時間をかけて行う省察について語られた。

　以上のように語られる省察の実践化におけるやりくりは，カリキュラムにおける〈時間的な制約〉に起因している。調査対象者たちが日々実践の中で抱く「本来省察は長く時間をかける（時間がかかる）ものである」という感覚から，その本来的な実践の追究の難しさを物語っていることがみえてくる。

（2）カリキュラムにおける〈成果〉を意識せざるをえないという難しさ

　〈時間的な制約〉と関わって，カリキュラムの中で〈成果〉という要求に応えようとすることで，本来各大学教員が省察において重視する営みや視点と

〈成果〉を意識せざるをえない中で行われる省察との間で乖離が生じていた。

　例えばB教員は，カリキュラムとして位置づけられる省察の時間の中で学生に省察の〈成果〉を求めてしまうことに葛藤を抱いている。

　「どうしても難しさって言えばですね，省察っていうと結果を求めてしまうんですね。どうしてもやっぱ待つ姿勢が自分にはまだ足りないな。プロセスであるならばやっぱりずっと1年後，下手すれば卒業後，おじいちゃんおばあちゃんになったときに気づくことそんなことがあってもいいはずなのに，せっかちなのか」

上記のように葛藤の背景には，省察という営みは人それぞれの変容のタイミングがあるというB教員の思いが読み取れる。B教員の葛藤は，「待つ姿勢が自分にはまだ足りない」というB教員個人の力量の問題というよりも，無自覚的にカリキュラムとして求められる〈成果〉を意識し，学生に対して「結果を求めてしまう」状況が生じているようにみえる。つまり，B教員はカリキュラムや授業の中で位置づけられる省察により，学生による省察の結果や成果を意識せざるを得なくなっていると考えられる。省察によって生じる変容のタイミングは人それぞれであり，学生によっては時間をかける（時間がかかる）ものであるという感覚は他の大学教員にも同様の語りがみられた。他方で，次のF教員の語りでは，"学生が"「『成果にまとめること』を意識せざるをえない」状況が指摘されており，目の前の学習者と省察をめぐる実践との間に難しさを感じている。

　「難しさっていうところでは，成果にまとめるっていうことをやっぱり意識せざるをえない。そのときになるべくいい発言とか，いい記録の部分だけをとってきた考察にならないようにしてほしいとは思います。（中略）丁寧に子どもの学びをみたいからとか言ってるけど，結局いいところだけとってきたんじゃ，あんまり意味がないので，なるべくそういうふうにならないように。あと課題の方ですね，しっかり書くようにしてもらうということはやってるんですけど。全体的な傾向のところをきちんと押さえて，よく書けたや

つを出してきて考察するじゃなくて，全体としてはうまくいかなかったっていうところを出してほしい」

　F教員は，省察をめぐる実践において具体的な授業の事実から子どもをいかに理解するかということを重視してきたが，だからこそ，そのような思いとの関係で難しさを感じる部分があるという。それは，学生が〈成果〉にまとめることを意識せざるをえない状況についてである。学生は「成果にまとめる」ことを意識せざるをえないが，その際「なるべくいい発言とか，いい記録の部分だけをとってきた考察」にならないようにどのようにまとめていくかということに難しさを感じている。

　続くC教員は，省察をめぐって評価される側の学生と評価する側の教員という構造において生じる難しさを語っている。

「省察の用紙に書かせるんで，この評価項目に沿って，省察を書かせます。なぜかっていうと，それで評価しなきゃいけない，われわれが。なかなか難しいんです，評価の方法も。で，それぞれこの項目に従ってどれだけできたかっていう省察をさせて，それをもとにこっちが決めます。そういう仕組みにしています」

「なおかつ評価しなきゃいけない。一種こう，エビデンスが（じゃ）ないですけど，何かしらこうないと，この評価の妥当性みたいなこと言われちゃうんで，さっき言った評価項目に沿った省察を学生に書かせていて，それをもとにこっちが評価する，そういった一種，証拠みたいなね，正直いやなんですけど，だけどそれをプラスに捉えて，学生の振り返りの機会のためにってことで，正直その省察の項目もないと，もうみんな自由に書くので，分けて評価すらできない，バラバラなんで，長い子もいればシンプルな子もいれば，だからあえて項目つくって」

　C教員は，教職大学院において学生が自分自身を評価するために項目が設けられているといい，評価項目に沿って省察をさせることに抵抗があるとしつつも，項目を設けることについては前向きに捉えようとしていた。なぜなら，振り返りにおいて学生が自由に書くようにしてしまうと記述の厚みに個人差が出

てしまい，教員の評価が難しいからである。また，それが〈成果〉と結びつくことで教職大学院としての〈成果〉という一種の「証拠」にもなるからである。注目すべきは，教職大学院の「乗っからなきゃいけないっていう縛り」によって，カリキュラムの中で学生が行った省察に対して教員が「評価しなきゃいけない」状況が生まれており，カリキュラムの計画やその評価のために，省察が言説化する土壌が存在しつつあるということである。

（3）正しい省察の在り方に規定される自身の語り

　指導主事時代に「プライドを捨てる」ことが必要であることを教師には伝えてきたB教員は，そのために省察が重要だと考えており，インタビューの中で何度も省察のよさを学生に感じてほしいと語っていた。しかし，省察の概念について「年齢とか経験でわかったっていうようなところもあるかもしれ」ず，教職大学院のカリキュラムにおける「省察の仕方だとか定義だとか」をしっかり学ばないと，省察の重要性を伝えることができないという思いも語られている。カリキュラムの中で学習者に伝える立場である自分が，省察を経験し，定義や方法をしっかり学んでいかなければならないという。自分には「確固たるものがないんで」と省察に関する正しい定義や方法を持ち合わせていないことが度々語られていた。B教員は，「省察っていいでしょう」「省察自身の良さを感じられる」と省察が〈よいもの〉であることをわかってほしいとしながらも，「省察っていう言葉がこれで合ってんのかなとか，あるいはレスポンスの仕方」「反応の仕方とか働きかけだとか，これでいいのかなっていうのは不安に常にあります」と自身の実践を不安視している。そのような状況は，カリキュラムの中で扱う「省察」概念には正しさが求められることを意識しているがゆえに生じていると考えられる。インタビューを続けていくと，省察の定義やカリキュラムの主たる目的として掲げられる省察の意味への理解の不安定さが語られるようになった。

　「それから大学のカリキュラムの中の〇〇（科目名）で大枠の中で設定され

てるんですけど，それについてもですね，自身がやっぱり十分認識できてな
いなっていうのはあります。省察のカリキュラムだって15回分の何かあるん
ですけど，それって何なのかなっていうのは正直。○○（科目名）のこれは
何をする時間，これは何をする時間といったつながりとか，定義の意味がわ
からないので，自分の勉強不足だろうっていうことは正直難しさを感じてい
るところ」

　制度化された省察によって生じる概念理解との葛藤には，実務家教員として
のB教員自身の立場が影響している。「自分の役目としては，理論と実践の実
践のところなので」どのように省察を「学生に落とし込ませるか」ということ
を実務家教員の立場で意識している。そして，「教職大学院のコンセプトが理
論と実践の往還だとしたら，理論を理解しておかないと，実践でも語るとき
に，そこに齟齬があったら学生もかわいそうだなって思いますので，まずは研
究者の方の言っている意味とか，意義を理解しないといけない」と語ってい
る。この「齟齬があったら」という語りが意味するものは，自身の思う，学習
者に伝えていく省察の意味や方法が，研究者の示す正しい理論からズレてしま
うことへの不安である。B教員はインタビューの中で一貫して，研究者が「大
事だ」と言うことが「私は大事だと思う」と理論に対する考え方を語ってい
る。例えば文部科学省が示す「主体的・対話的で深い学び」を一人ひとり自分
の言葉に置き換えるように，省察も「腑に落ちる言葉に置き換えたい」「自分
で落とし込みたい」という。これは，さまざまな新しい概念と出会い，学び，
学校現場においてそれらを自分なりにかみ砕いて伝えてきたこれまでの指導主
事経験でのB教員自身の姿勢と関係していると考えられる。一方，インタ
ビューの最後には，「研究者の方からやっぱりこうだ，こう考える，研究して
きてこうなんですっていうのを最後に言っていただけると納得もするし，何か
励みにもなりますよね」，「それぞれが捉えては，やっぱりあまりよくない，間
違っている可能性もありますので」と修正しており，改めて正しい省察の在り
方に規定される語りが確認された。「省察」概念については，それぞれの捉え
方でよしとするのではなく，研究者からの明確な意味の発信が重要だというこ

とがB教員の語りの中で強調されていた。

　以上を踏まえると，B教員がこれまでの経験の中で自身の軸を形成し，それに基づいて省察を自分なりの言葉に置き換え理解しようと試みてきたにもかかわらず，省察という言葉が教職大学院やカリキュラムに据えられ強調されることによって，自身がこれまで大事にしてきた思いに基づく省察への理解では十分ではないと感じたり，省察の解釈の正否を考えたりしている現実があることが読み取れる。つまり，B教員にとっては省察が絶対的理念と化す一方で，カリキュラムに掲げられる省察に含まれる権威的な性質から葛藤が生じていた可能性があると考えられる。

第4節　困難や葛藤を通じた「省察」概念の再構築の可能性

　本節では，制度的要因に規定される実践の状況がありながらも，個々で多様な実践の再構築があり得る，という教師教育実践の可能性について述べる。省察の成果をどのようなものとして捉えるか，またどのようにまとめるかといった難しさや，具体的な授業の事実を通して学生と教員とがともに考えていけるようなプロセスの構築について思いを語っていたF教員は，学生が授業の記録を扱うときには「あんまり実は改善してほしくはない」「改善のところまでいかなくていい」のだという。というのも，「自分のやった授業を振り返って書く」「そういうことをまとめる」必要があるとき（制度化された省察）には自分の改善点，課題を出してもらうが，「みんなで記録を読むときは，私はその授業中にとにかく入り込んで，こことつながってるんじゃないのとか，（中略）あんまり違うものを持ってきて議論するんじゃなくて，とにかくその授業記録の中だけで何とか自分の考えをまとめる」「考察して，こういうことに気がついたっていえるのが一番いいなと思う」と語っている。だからこそ，省察による自身の変容を「何かを表現してほしいとかそういうふうには思ってない」という。また，F教員は省察をめぐる実践のなかで，例えば1時間の授業について学生が「こういうふうに考察できる」ということと「自己変革する」という

ことを区別しておらず，「授業の記録を読んで，こんなふうに思って自分が思ってたのと違うなっていうのが，それがレベルが低くて，もうちょっと客観視してみたいのがレベルが高いっていうふうにはあんまり思わない。違わないんじゃないかな」と語っている。そういうレベルの区別ではなく，むしろ見方の獲得や「わからないことを開けるようになって自分で自覚する」といった自分への気づきを重視しているのである。それは，特定のゴールイメージや学生が変容するという成果に向かって学習機会を提供していくこととは異なるものであるという点で特徴的である。成果を意識しながら省察を行わなければならない実態の中でも，学生が成長，変容したという事実ではなく，学生が真摯に実践と向き合い，そこにあるものを読み取り，かつ面白さを発見するということが一番であるというF教員は，「何か結論ありきじゃなくて，こういうふうにもっていこうじゃなくて，全然うまくいってない実践なんだけど，何か出てこないかな」と語っている。そこでは，「それが自分の省察っていうことに，結構ゴールなんじゃないかなと楽観的におもっている」と表現されるように，学生による「自分の省察」を「無理やりじゃなく」可能にしていけるような実践の再構築が試みられている。

　このように調査協力者の多くは，制度化した省察に規定される中での「省察」概念を実践化しつつも，葛藤や難しさをこえ，学生や他の教員との相互作用を通じて自分たちの新しい視点を見いだしている，見いだそうとしていると考えられる。本調査を通して描かれるのは，調査協力者が単に「省察」概念を受容したり，制度的要因に規定されながら実践したりするだけでなく，いかに折り合いをつけながら自らの省察をめぐる実践を行い，「省察」概念を再構築していくのか，という柔軟な教師教育実践が展開されている可能性である。

第5節　「省察」概念の受容と実践化をめぐる葛藤

　本章では，「省察」概念がいかに受容され，どのように実践化しているのか，またそこでの困難や葛藤はいかなるものかを横断的に明らかにした。

まず本事例から明らかになったことは，各大学教員のこれまでの経験の中で構築されてきた研究や実践に関わって大切にしてきたコトやモノが，「省察」という言葉に出会い，省察という概念に対する解釈を自ら生み出したことである。それらの解釈には，ショーンやデューイなどの示す意味や定義が参照されることもあった。ただし，それらを一方的に受容しているというよりも，個々の経験や文脈に基づいて自身にとって適合的な解釈を試みていた。それゆえに受容のされ方は多様であり，個々の研究や経験が反映されていた。

　次に，省察をめぐる実践は，制度的な要因に規定されながら進められている実態があることである。省察には十分な時間が必要であるという認識がある一方，カリキュラムの時間的制約の中で学習者に省察を強いざるをえない状況や，カリキュラムの計画やその評価のために成果を求めてしまう状況がある等，制度的要因に規定されながら実践がなされている語りが確認された。

　ただし，単に制度的要因に規定されるといった受動的な側面だけではない。むしろ，大学教員はそれぞれの置かれた状況の中で，カリキュラム等の制度的要因との葛藤だけでなく，省察という概念理解との葛藤，学習者の実態との葛藤などさまざまな困難や葛藤を抱え，試行錯誤しながら，より本質的だと考える省察を実践化しているという主体的な側面が明らかになった。

　「省察」隆盛の現状から，言葉そのものが聖性をもち，教育の認識・判断の枠組みとして機能する言説として，「省察」は理念的にも実践的にも大学における教員養成にとどまらず，学校，教育行政，研究者コミュニティの認識をも覆っている（本書第3章参照）。そのため，これまで「省察」が自明視され，その内実が問われることはなかった。しかし本調査により「省察」概念が受容される過程や，省察にまつわる思いや実践上重視していることがある一方で「省察」概念への理解の不十分さに対する不安が存在していること，制度化された省察の営みに対する違和感の具体的な内容の一部が顕在化された。今後の課題として，言説化した省察のもとで実践化されていることによる課題とその背景を明らかにすることを通して，「省察」概念が日本の教師教育実践に何をもたらしているかをさらに追究していくことが求められよう。

【引用・参考文献】

今津孝次郎（2019）『いじめ・虐待・体罰をその一言で語らない―教育のことばを問い直す』新曜社。

佐藤郁哉（2008）『質的データ分析法―原理・方法・実践』新曜社。

第6章

教師教育に携わる大学教員の省察をめぐる問い直しと新たな視点
―大学教員の語りを起点とした提起―

田中　里佳

第1節　本章の目的

　本章の目的は，「省察」概念が教職大学院における教師教育実践に何をもたらしているかを明らかにし，「省察」をめぐる実践についての課題を超えていくための論点を提起することである。第5章にて示されているように，実践者（大学教員）を対象としたインタビュー調査への横断的分析の結果から，省察の実践化に際してさまざまな葛藤が実践者に生起していること，制度的な要因に規定された実践化による課題（学習者に省察を強いてしまっている状況，その評価のために成果を求めてしまう状況）が生じていることが明らかになっている。本章では，さらにどのような課題と背景が潜在しており，その課題に実践者（大学教員）がどのように向きあっているかを明らかにする。

　この目的に迫るために，調査協力者11名の中から，「省察」を実践化する中で感じられている困難について具体的に語られた2名に焦点化し，佐藤（2008）に依拠して次のように1名ごとにあらためて分析を行った。半構造化インタビュー調査によって得た音声記録を書き起こしたそれぞれのデータから，省察に関する自己の実践についての語り部分を抽出し，語られている内容をオープンコーディングによって切片化し，ラベル付けを行い，関連性があるものを整理した。そして，整理したものを再度，語られた文脈に位置づけ，その意味内容を確認していったものである。分析の結果，共通して明らかになったのが次の3点である。

1点目は，省察自体を成立させることの困難さと，それゆえの「ジレンマ」や「矛盾」が実践に伴って生じていることである。2点目は，そうした「ジレンマ」「矛盾」は，制度的に規定された要因だけではなく，学生・院生の変化や社会の変化からももたらされていることである。3点目は，そうした困難を通じて，省察自体やそれに関連する問い直しが生起していることである。

　これら3点を，第2節ではE教員について，第3節ではG教員について，それぞれ述べていく。そして本章の結論として第4節では，「省察」概念が教師教育実践にもたらしている課題とその背景を考察し，語りから見いだされた視点を起点として，「省察」をめぐる教師教育研究・実践において深めていくことが望まれる論点を提起する。

　なお，提示する「語り」は語られたそのままを用いており加工はしていないが，（　）内に適宜，補足を加えてある。

第2節　事例1　E教員

　E教員はいわゆる研究者教員であり，「省察」については大学院生だった1990年代中頃には「うちのゼミは多分みんな知ってた，早くから知ってたんじゃないかな，リフレクション。」「もうゼミとかで研究会で使ってたし」と述べている。またその時点で，「すぐショーンの，パ〜と読んだときに」「反省的実践家，反省っていう言葉を使ってた」ということから「ドイツの社会学の影響」と考えたが，「読んでたらこれはアメリカのあのプラグマティズムのラインだなぁっていうのはすぐわかって」と，理論的に「省察」を捉えたという。そして現在は，「純粋な省察ができると仮定して，純粋な省察の環境があるとすると，それは実はない。ゆえに，純粋な省察はできない，っていうのが僕の今の基本的な発想。」としつつ，「でも純粋な省察みたいなのが必要だとは思ってるんだけど，それをどうすればいいのかちょっと僕もわからない。」と，省察の実践化の難しさについてE教員は述べている。

　このようなE教員が捉えている省察による成長観は，「簡単に言って自分自

身を変えるみたいな，こと」である。特に現職院生について，E教員は現在の学校現場における課題を次のように述べている。「日本の教員ってこういう場面ではこういうふうに答えなくちゃいけないっていう正答みたいな発言がすごく用意されている」「だから自然と子どもたちにもそういうものを求める」。それゆえにE教員は，文部科学省や教育委員会の「言うことを聞いてくれて，その通りやる校長が必要」であるが，「全員それだと大変なことになっちゃう」「どっかにこれはやばいよとか，これはまずいよとか，こういうふうにした方がいいよっていうふうに言ってくれる校長が隣の学校にいるとか。そういう管理職をここ（教職大学院）から出したい」と思っているという。しかしE教員は，「院生には自分を変えてください，ってのは一言も言ったことない」「それは単に僕の自己満足なだけ」「僕自身はあの皆さんを育てられると思ってないです」と院生には伝えているという。その一方で，「どっかしらでやっぱり認識っていうか成長してもらいたいと思うから。（中略）1回2回追い込む」「追い込むっていうのは真剣に振り返ってもらう」，ともE教員は述べている。

（1）省察をめぐる実践についての課題と問い

　こうした成長観を有するE教員は，省察をめぐる実践について「ジレンマというかアンビバレントなところはある」と述べ，省察をファシリテートする際に「ハラスメント」につながる危険性を経験している。

　E教員は「成長してもらいたいと思うから。（中略）1回2回追い込む」ということを，「この院生にはこのタイミングで」と学生（院生）の状況に鑑みて行っているという。しかしそのように最適なタイミングを計っていても，「学生も思い出したくないトラウマみたいなのがあって，（中略）急にそこに行っちゃうときがあって」，院生に「どうしてそういうふうに考えたのかとか，どうやったのって」E教員が尋ねた際に，「昔実はこういうことがあって（中略），管理職に責められたりとか同僚に責められたりって，思い出しちゃって，で，もう涙ながしちゃって」ということがあったという。「そこまで深刻にこのことを考えていたのかって僕も見誤っていた。でもこれってちょっと間

違えればハラスメント」とE教員は考えたという。そしてE教員は、「人に話して何のダメージもないようなものだったら人に話すし、自分で楽しくて嬉しい成功体験だったら勝手に振り返る。（中略）でも真剣に振り返ってもらおうとすると、もうそういう危険と隣り合わせになる」と省察におけるファシリテートの難しさを述べている。

そして、ハラスメントにつながるかもしれないような危険性に直面したE教員は、「上手に」ファシリテートする心理学の教員の指導が「全部カウンセリングに見えてきた」という。「僕の中ではカウンセリングとリフレクションは違うんじゃないかなって」とE教員は両者の違いを認識しているが、「心理学の先生はカウンセリングの専門家だから、そういうの（学生がトラウマに対峙することの危険性）を先回りしてて学生の指導をやってるな」と気づいたという。

このような省察をめぐる実践から、トラウマや内面を「引きずり出さなくちゃいけないことになっちゃうと、それをリフレクションっていうのか」という大学教育における省察への問いをE教員は有している。それとともに、省察は「自律性」に立脚するものであり、過度に支援するのではなく、本来は自ら省察できるようになるべきであるのに、現在の大学教育がそうではないことへの次のような問いも、E教員は有している。

「自律性のところに、本来のリフレクションがあるんじゃないか。だけど（現状は）何か支援して何か助けて何か与えてやって」
「おせっかい、今の教育学っていうか学校教育そのものが。何でもかんでも支援するし、サポートするし。一方でね、『自律性が重要』だと、だからサポートしよう」
「そういうこと（省察）を自分でできるっていうようなふうにしないで、何か支援、強いらなきゃいけないのか」

しかしその一方でE教員は、「教育そのものの支援がいらないのかっていうと、もちろんそうじゃないし、それでもってリフレクションを助けてあげるっ

ていうことが必要じゃないのかっていうと必要」とも捉えている。

このようにE教員は，振り返る行為をファシリテートする際の危険性に直面した一方で，省察を導くために「助けてあげる」ことや教育における支援の必要性を認識している。同時に，自律性を育てることを阻害する支援過多の大学教育・教師教育の現状への問い，大学教育における省察の在り方への問いを有し，「ジレンマというかアンビバレントなところはある」中で，省察をめぐる実践をE教員は行っている。

（2）省察をめぐる実践における課題の背景

実践における課題の背景として，E教員の語りから見出されたのは，システム化された省察と現職院生の傾向という実践に直結する背景と，省察の正の側面への傾倒という学術界における背景である。

システム化された省察とは，カリキュラムにおいて省察が成立するものという前提のもと，省察による学生・院生の成長が評価の対象となり，そのための支援が大学及び大学院にシステムとして組み込まれていることである。

E教員は，教職大学院の認証評価について語るとともに，そうした評価が求められるがゆえに省察を学生に強いる現状と，それに伴う省察の在り方についての問いを，次のように述べている。

「やっぱり教職大学院で省察っていうのが必要だとか，実習記録だとか必要だとかっていうのは，（中略）大学院レベルの教員養成っていうか，そういうものの一つの重要なラインだなっていうし，それをエビデンスでも（中略），何らかの形で出さなくちゃいけないっていうのは確かで。だからそれで形として示さなくちゃいけないものをやらせなくちゃいけない」
「何か大学としての説明責任とか，あとそういうアリバイ作りみたいな感じで，（中略）そういうものに利用されているっていうかな。何でも振り返りだ。振り返りのインフレーション。」

そして，そうした評価のための振り返りが，システムとして大学教育や教員養成に組み込まれ，自分もその渦中にいるが，そのシステムを再構築する必要

性をＥ教員は次のように指摘している。

「どんどんシステム化されていって，そういうものを備えてないと，大学じゃないっていうか。認証評価の仕組みがどんどんそうなっているから，そういうので，お墨付きを与えるみたいな仕組み」
「そういう支援とか，そういうものが必要なシステムみたいなものが，どんどんどんどんルール化されてシステム化されて，そういうのが明文化されて，ガイドラインが増えて，それができたかどうか振り返らせて，っていうようなところに，全部，自分も教員養成の歯車の中に入ってるってことは，そういうところの一端を担っちゃってるのかなと思ってるけれども，どっかでディコンストラクションっていうか，そういうことをしないと」

またＥ教員は，そうしたシステム化が，従来，存在していた省察的な関係性を阻害する結果になっている点についても，次のように指摘している。

「本当は普通の授業とか普通のゼミ指導だけで，うん，できてた関係が，（中略）そういう相談機能みたいなもの，仕組みシステムとして入れられて」
「で，学生はそういうときは喋らない。」
「喋らないし距離を取る。だからそういう仕組みを作れば作るほど，（中略）関係を閉ざすきっかけとか，閉ざすように機能しちゃうようなことも，起こってないのかなっていう気はして。」

このように，従来，存在していた「大学の指導教官と，しっかり話し合うみたいなこと」が「システム化されてる」中で，「本当は傷ついてるんだけれども，この要求に応える形で話してる」ような，「省察っていうか振り返らせることの，怖さ」がシステム化された省察の中で生じているとＥ教員は指摘している。

こうした大学教育全体に関わる「システム」という背景の一方で，現職院生の傾向という教職大学院特有の背景についても，次のように見いだされる。Ｅ教員が所属している教職大学院では，「そもそもそれなりに，こう，力，認められてる人（現職教員）しか来ない」という。そうした「プライドも高いし，

見識もあるし，仕事ができちゃう」院生の傾向として，「レポートをやらせて
も全部仕事にしちゃう」一面があるという。「早く自分の仕事を減らしたいっ
ていう発想でやれちゃって，（中略）学びもないし伸びないし，ただ力があれ
ばいずれ振り返りに行くんだけど，何人かはリソース，自分の成功体験とか自
分を動かしたくない」という。そして，こうした現職院生は，児童生徒に対し
て「教師の求める答えを，配当するみたいな」実践や研究を行う傾向があると
もE教員は述べている。こうした「正答」を求めることに現職院生自身もと
らわれており，「『自由に考えていいですよ』とかって言っても，ものすごく警
戒して，『こう答えなくちゃいけない』みたいな」という傾向から，「自分自身
を変える」という意味での省察につながらないとE教員は捉えている。

　このようなシステム化された省察と現職院生の傾向という実践に直結する背
景のみならず，学術界における背景として，省察の正の側面への傾倒があるの
ではないかという点を，E教員は次のように指摘している。

　「省察っていうか振り返らせることの，怖さね」
　「省察を何か必要だって言ってる人たちは，そういう危険なものだっていう
　ふうに言ってないんじゃないか」
　「そういうふうには省察を捉えないで，何か理論的に美しくて，本当に教師
　のいいところを引き出してとか，何かそういう，何か美しいところで省察を
　捉えてるとしたら，それは違うんじゃないか」

　さらにE教員は，「省察」概念が提起された「当初は，だから（教職の）専
門性の自己防衛的なイメージを，もたらす機能としてはあったんじゃないか
な」とも述べており，現代社会では知の再構築の流れが早すぎて，もはや「省
察が必要だと言っていた頃の省察の効果が今ないんじゃないか」とも指摘して
いる。

（3）省察をめぐる実践を通じての新たな視点

　E教員は省察をめぐる実践を通じて，「かつての大学院」と教職大学院を比

較し，省察的な関係性の在り方，「大人の学び」の在り方について提起している。

　教職大学院の教員同士の連携がカリキュラムとして保障されているよさについてE教員は，「僕が教えている以外のところで，教える関係ができて学びがあるっていう，こと」と述べている。その一方で，「かつての大学院」においては「徒弟関係だからこそ，伝わる。人間性みたいなものとかあと微妙なニュアンスみたいな」ものがあったともE教員はいう。またE教員は現職院生については，「自分からしたらもう同年代。同じ時代を生きてきて」「教育してあげるなんてちょっとやっぱおこがましい」という。そのうえで，「研究なら，研究を一緒にやるっていうふうに本当は考えたい。」「考えたいって考えることができるのが，大学院というか，社会人の学びの場っていうことですよね。大人の学びの場」と述べている。こうした点からE教員は，「大人の学び」としての省察的な関係性の質について，権力関係ではない平等な関係性が必要であることを次のように指摘している。

　「一般の人に，省察，みたいなものが開かれるとしたら，何かそういうようなものなんじゃないのかな，どこかに上下っていうか，権力的な関係みたいなね，捉えているとしたら，学部の学生の場合は圧倒的な知識，経験の差があるので，それは権力というよりは，知識差，情報差，経験差，ゆえにそういう省察が省察関係というかな，支援関係が成り立つけども。」
　「何か大学の教員は上で。研究者は上で，現場の教員が下だっていうのがあるとしたら，（中略）それはちょっと昔的な大学，高等教育の考え方。今はもっと，っていうかこれからはもっと，小学校も中学校も高校も大学の教員も，研究者も，発想っていうところは平等でオープンな発想にしていかないと，いけないんじゃないかなぁって。」

　しかし現状として，行政における研修が「整列させて礼させて，教えてください」という「行政発想の，管理主義の発想の延長」にあることから，「日本はなかなかそういう大人の学びの場がダメですよね」とE教員は指摘する。そして，教員免許更新講習に「替わるものをそうやって作って（中略）それで

おそらくそこで省察やらせる」ということをE教員は危惧している。こうした点から、「もっともっと先生たちが楽しく、勉強、自分から楽しく勉強できる環境づくりみたいなものがね、もっと優先なんじゃないかな。」と、E教員はこれからの「大人の学び」の在り方について提起しているのである。

第3節　事例2　G教員

　G教員は、大学院生時代からフリースクールにて実践を行っており、そこで出会った子どもと研究における現象学から自己の省察概念を構築している。そのG教員の考える省察とは、「とっさの、中で枠組みを変えていけるような力」「自分を変えるとか他の枠組みを許容するとか」であり、「リフレクトってのは自分を壊す」というものである。また、省察を通じての成長観について、「一旦許容するっていうか、受け入れて、そして自分の中に対話を起こすような力をつけたくって」「変えられる力っていうことが、すごく大事で、それはそうすることによって子どもも助かるし教師も変わって、要するにその後の授業もよくなる」「こちらが変わるってことが非常に重要で、変われる柔軟性を育てるってことが僕の中では教師教育」と明確に述べられている。

　こうしたG教員の省察についての考えは、「フリースクールではそれ（一旦、許容する・受け入れる、指導者自身が変わること）をしないと（子どもが）帰っちゃう」「一緒に（子どもと）生活しながらね、考えていく」という実践経験から構築されている。同時に、「現象学でも省察って近い言葉はあるんですよね」「現象学的な考え方の中では割と（「省察」概念は）自明」というG教員の専門分野の知見からも、省察についての考えは構築されている。

（1）省察をめぐる実践についての課題と問い

　自己の実践経験と現象学という研究における知見から省察を捉えているG教員は、「ただ事例研究やって、その中で考えればそれが省察っていうわけじゃないと思う」としながらも、大学院において省察を喚起する方法として、

「ケーススタディ」「エピソード記述」を用いているという。これは，G教員の「リフレクトの一番根底にある」のが「子ども理解」だからである。「子どもは絶対（教師やその考えを）超えてくる」「子どもってのは他者性があるから」，「子ども理解」を通じて「ワンパターンしかないような，見方じゃなくてね。それが柔軟に対応できるような見方」になっていくことをG教員は想定している。

　このような実践を教職大学院にて行ってきているG教員は，「教職大学院が難しいし，省察っていうことを中心に動かしていくこと。難しい」「教職大学院の危うさを感じ始めてる」と述べ，次の2点の課題を感じているという。

　1点目は，省察を導く困難さとともに，具体的な方法がないという課題である。G教員は，ケーススタディを通じて省察を導くことに取り組んできたが，近年，それが成立し難いという。それは，現職院生が「最近は研修会とかでいろいろ何か習ってるし，そのどれかを当てはめれば（個別具体的な実践的な課題が）解けると思ってやってるから，それで一応解けちゃう」が「その解き方はすごく浅い」からである。こうしたことからG教員は，「本当は揺さぶらなきゃいけないと思うんだけれども」「自分を壊すってことが大事だと思ってんだけど，一方ではそれをするためには何かケーススタディみたいなこととかやってるだけで本当に大丈夫なのかなって」と，「具体的なものから考える」ケーススタディによって省察を導くことに限界を感じているという。

　また，実習後の振り返りにおいても，「ここが課題だとかうまくいかなかった」点について，院生は「あるレベルまでは問う」が，「自分の見方が問われてるわけじゃなくって，見方は固定化してるけど，でもここがうまくいかなかったっていうふうにしか見ない」という。そして，省察を導こうとして「こっちが突っ込む」が「突っ込むとそこで止まっちゃう」と，省察を生起させていくことの困難さをG教員は述べている。他にもG教員は，出版されている実践記録を読むことを通じて「リフレクション・イン・（・アクション）の大切さを伝えようと」したり，「実践研究とか授業記録つくって，それを分析して」という課題をG教員は用意し，「それに対してコメントして」というこ

とを行ったりしている。しかし両者とも，「伝わってない」「それはコメントして終わりだから（その意味内容が院生に）入るとは限らない」という。そのため「何か限界があって，それを超えるために一体どうしたらいいのかっていうのは，ちょっと僕の中ではわからなく」なっていると，G教員は省察を導く困難さに直面している。

　2点目は，1点目に関連して，「負の再生産」という自己の実践への懐疑と「矛盾」である。目指すような実践が実現できない中で，自己の実践が「揺すぶるんじゃなくて今の自分を固定化することにもなりえちゃうんじゃないか」「今までの古い，（中略）教員を再生産してる」のではないか，という懐疑がG教員に生じている。これは，ケーススタディを通じて省察を導く際に，前述のように，習ったことを当てはめ，「その当てはまっちゃった段階で解けただろうって，これでいいんだっていうふうな経験として，整理しちゃう」「実践力っていうのはそういうレベルで捉えて（学校現場に）帰っちゃう」ことからである。こうしたことから，「何か違うものを拡大再生産じゃないけど，しちゃっているっていう，なんか矛盾の中にいます」ともG教員は述べている。

　このような「矛盾」に直面したG教員は，書籍等で提唱されてきた日本における「省察」概念について，「あんまり形式的に（中略）（従来の「省察」概念を）使うのはなんかちょっと危険かなって気が」すると指摘する。それは，そうした「省察」概念と専門である現象学とを比較し，現象学でも「事例から判断する」が，「それが最終バージョンだとは決して言わないで，（中略）相互主観性」を重視し，「それ（省察）を対話の中で」行うからだという。そのため，現象学的に事例を考察する方が，「まだ何か謙虚に，何かやれる気がするんですよね」とG教員は述べている。そして，「どんどん方法的になっちゃうと，どんどんリフレクトしなくなっちゃって」「うまくそこができないと，やっぱりどんどん，自分を変えないで生きてく一つの，まぁ省察が方法として使われちゃうみたいな。具体例ここにあって」と，G教員は現在の自己の実践について批判的に述べている。

　このように，省察を導くことの困難さに，従来の「省察」概念の使われ方に

ついての問いが加わり，省察を中心に進めていく教職大学院においてその省察が「負の再生産」を導いているのかもしれないという懐疑がG教員には生じている。それゆえに，「教職大学院の危うさを感じ始めてる」「教職大学院が難しいし，省察っていうことを中心に動かしていくこと。難しい」という苦悩がG教員には生じている。

（2）省察をめぐる実践における課題の背景

　実践における課題の背景として，G教員の語りから見いだされたのは，協働というものの難しさという実践における背景と，学生の変化・「知の在り方」の変化という現代社会からもたらされている背景である。

　1点目の協働というものの難しさについては，大学教員同士における協働と，院生同士における協働がある。教職大学院においては専任教員の4割以上を実務家教員とするとされており，実務家教員と研究者教員の協働は必須である。G教員も「うまくいってるときはとってもやっぱりいいんですよ，見方が違ってね，つまり僕も勉強になるわけですよね」と述べている。しかし，「感情的だったり，もう自分の枠組み絶対だと対話が成り立たない」場面もあり，「必ずしも僕みたいに問う人ばっかりじゃないから」と，G教員は教員同士の協働の難しさを述べている。また，ストレートマスターと現職院生の協働についても，「一番いい省察の場，なんだと思うんですグループ活動が」「それは期待してるんですよ。だって教師が何か言うよりもピアっていうか，そこでの方が影響力が強いじゃないですか」と，G教員は院生同士の協働の価値を述べつつも，現状については，ストレートマスターが「飲み込まれて行く感じがする」という。それは，「現職の先生が引っ張っちゃうところがある」「結局現職の先生が正しいよねって，（中略）いつの間にか（現職院生が）教えてやろうっていうふうになる」からだという。

　この点に関連して2点目は，院生（学生）や「知の在り方」の変化である。院生同士の協働が対話的にならない点や省察が成立し難い現状について，G教員は「学生たちも変わってきちゃってる可能性もある」「最初の頃の学生はも

うちょっと違う，まだ違った」とし，最近の現職院生について，「全部の現職
（院生）じゃない」が「やっぱあまり問わない，ところで考えようとする」傾
向があるという。G教員が子ども理解について，「例えば宿題ができない子ど
もの思いとか言うと，『いやいや宿題なんかも最近はもう減らす方向になって
る』そういう答え方」をしたり，「最近の教育政策はすごくよくできてるか
ら，子ども理解っていうのはそこに含み込まれてるんだ（中略）それをやって
れば子ども理解っていうのができる」「そんな子ども理解よりも，教師は公務
員なんだから，言われたことをきちっとやるのが仕事だ」と返されたという。

　こうした一部の院生の反応の一因として，現代社会からもたらされている背
景としての「知の在り方」の変化があるとG教員は考えている。その一つの
例として，書籍の変化やその用いられ方が次のように指摘されている。「80年
代とかの，70年代の林竹二とか」の実践記録としての書籍は，「やっぱり自分
を問い直しながら教師をやってた人がいて，そういうふうにして記録も書かれ
てたんですよ，ああでもないこうでもないみたいに」とG教員はかつての状
況を挙げ，それに対して「今なんかスパっとしてるじゃないですか。立派な人
が書いた本も。それをみんな真似するんですよ，みんなあれ，主体的・対話的
で深い学びというのは何かそれをやってる有名な研究者の本を引用して，何か
わかっちゃうみたいな」と，現在の問わなくても済ませてしまうことができる
状況を指摘している。このように，「知の在り方」も深く問うよりは問わずに
成果を求める傾向に変化しており，「非常に社会状況も省察とか，本当の意味
での省察を阻害するような社会状況」に変化していることをG教員は指摘す
ると同時に，「それに大学が逆らえなくなってきた」とその影響についても指
摘している。

（3）省察をめぐる実践を通じての新たな視点

　省察をめぐる実践を通じて，G教員は学問知や大学についての3点の新たな
視点を提起している。

　1点目は，自己の枠組みを揺さぶるものとしての学問知への視点である。G

教員は，ケーススタディによる省察の喚起に限界を感じていたが，それに伴って「何か難しい本と格闘した方がいいんじゃないかって思い始め」たという。それは，ケーススタディや実践が「自分の枠組み壊さないで，何か理解できた気になっちゃう」一面があることに対して，「難しい本読んだら，やっぱり自分問わないと意味がわかんない」「さっきこう考えたけどそうでもねぇかみたいなことが，ぐるぐる自分が揺さぶられる」「自分というものの限界，小ささ」を感じることが省察につながるとG教員は捉えているからである。こうしたG教員の学問知による揺さぶりという視点は，「本当に哲学系の」書籍にあたったという自己の直接的な経験と，「難しいものに挑戦して，やっぱりすごくいい感じになって」修了したかつての修士課程院生への指導経験から導き出されたものである。

　2点目は，大学がもともと対話の場であるという視点である。G教員は「僕の中では省察ってことと対話っていうことは（中略）すごくつながってるんです」と述べ，「対話，っていうことを，どういうふうに。学生たちもそうだけど，僕らもそうなんだけど，成立させるかって」と，省察における対話の重要性を指摘している。そのうえで，「大学というのは対話の，ゼミじゃないけど，対話の場だった」と，大学が有する「場」としての価値をG教員は指摘している。

　3点目は，2点目に関連して，大学の在り方やその教育への視点である。G教員は「省察の問題はすごく大きな大学の在り方の問題とつながるという気がする」という。それは，「実践」重視の傾向についての次のG教員の問いからである。

　「実践，理論との往還なんだけどね，実践ってことが大事だっていうことになっちゃったときね，そのことが，やっぱり大学教育をすごく浅いものとして，位置づけざるをえないっていうか」
　「大学とは何かって，よく考えないと。結局道具になってて，大学って何だろうっていうことが，まさに問いが深くなっていっちゃうというか」
　「やっぱり時代的にも変わってきちゃってるような気がしてしょうがないん

ですよね。（中略）本当に大学の在り方として本当に正しい方向なのかってことまで考えちゃってますね，最近」

こうした問いから，あらためてG教員は大学の在り方を指摘している。

「省察だけじゃないんだけど省察をめぐって，まぁ揺さぶるってことは大学の役割だと思うんですよ。教養をつけるっていうのもそういう意味で，本物と偽物が見分けられるようなね，センスをどうつくっていくか。別に知識なんかは今，知識，単純な知識をたくさん得られるわけじゃないですか」
「だけどやっぱりそこに人がいて，揺さぶって問い直しが起きたりっていうことが，僕は教養でもあると思うし，別に教育学部とか教員はずれてもね。そういう役割を（大学が）持たなきゃいけないのが，何かこう，うまくいかなくなってきてる」

同時にG教員は他者や現状を批判するだけではなく，「省察ってことを言うには（大学）教員同士がやっぱり対話して省察し合えないと」「本当に修士のときより（教職大学院の）授業がよくなっているか，本当に（中略）学生たちにインパクトあるものになっているか」「授業を本当にどう変えていくか，こっち大学の」と，自己を含めて教育を行う側についても問い直しているのである。

第4節　省察をめぐる実践を通じての問い直しと今後の検討課題

冒頭に述べたように，本事例において，省察自体を成立させることの困難さとともに「ジレンマ」や「矛盾」が生じていること，その背景には制度的に規定された要因だけではなく，学生の変化や社会の変化も存在していることを示してきた。本章で示したのは二つの事例であり，日本全体の教職大学院の実践を広く捉えているわけではない。しかし，現実に生起している事例から本節ではあらためて，「省察」概念が教師教育実践にもたらしている課題とその背景について述べ，実践者が「ジレンマ」「矛盾」を通じて見いだした視点や提言を起点として，今後，深めていくことが望まれる論点を提起したい。

本事例分析から明らかになったのは，学生に省察を強いると同時に，大学教員もまた省察を成立させることを強いられているという現状である。E教員とG教員が置かれた文脈や語られた内容はそれぞれ異なるが，両者とも，区切られた時間（期間）の中で，教職経験が豊富な現職院生とそうした経験をもたないストレートマスターの双方に対して，省察的な関係性を構築しながら，省察を成立させるという困難な課題を強いられていたのである。さらに，経験を振り返れば省察が成立するという前提のもと，授業のみならず大学教育全体としても「振り返り」が一種のシステムとして組み込まれ，大学教育としての成果が求められる中で，実践者（大学教員）は省察を強いることになりながらも省察の成立を強いられているという課題が生じている。

　この課題の背景として，評価制度の存在がすでに語りから明らかになっている。それに加えて，振り返りを行えば省察が成立するという前提のもと，その効果のみに期待し，省察が有する性質を切り離して，都合のよい道具としての一面のみから省察を捉えているという背景があるのではないだろうか。省察は，単に過去の経験を振り返るだけではなく，事象を文脈に即して多角的な視点から考察し，自己をも批判的に問うことが求められる。そうした省察の行為は，E教員が述べていたように何らかの痛みを伴う行為である。ゆえに，こうした行為を強いることはできないし，仮に他者が強いたとしても成し遂げるのは本人である。そのため，省察によって事象との決着や折り合いがつくまでには，時間を要するものである。そうした省察が有する性質から，省察を成立させること自体が容易ではなく，そのためには，他者との省察的な関係性を基盤とした，省察にふさわしい場と機会が必要である。それにもかかわらず，過去の経験を「振り返る」という行為のみが切り取られ，評価制度のもと，ある一定期間内に，成果を求められるということが，学習者にも，実践者にも省察行為を強いるという課題となっているのである。さらに，「システム化」の中で，本来，大学という場が有していた省察的な関係性が失われ，実践志向の中で学問知によって省察を喚起する機会が失われる結果ともなっている。そうした状況が累積される中で省察を強いるという課題は，「振り返り」を行うこと

のみを目的化させていく危険性をもはらみ，表層的な省察行為が経験として学生・院生に蓄積されていくことにもつながる。そして場合によっては，現在の自分を固定化させてしまうという，省察を行う意義とは反対の結果になっていく危険性さえある。

　こうした課題を超え，省察をめぐる実践を検討していくうえで求められる視座は，省察の行為のみを単体として切り離して捉えるのではなく，教師教育を担う大学とその教育の在り方との関連で検討していくことではないだろうか。本事例分析において示したように，実践に伴う「ジレンマ」や「矛盾」を通じて，省察とは自律性に立脚しているのではないか，という省察の在り方自体への問い直し，大学とはなにを行う場であるのかという，大学とその教育自体への問い直しが提起されていた。これら E 教員・G 教員の実践を通じての提起は，理論と実践の往還・融合の一つの手段として位置づけられた「省察」概念を超える，より上位の問題提起である。

　事例においては，研究の場である大学として，省察を導く際に反射させる軸としての学問知が提起されていた。リフレクション（reflection）には反射という意味もあることから，欧米諸国においてはなにを反射させるのかという点から省察が語られることがある。すなわち G 教員の提起は，鏡に反射させるように自分やその実践を振り返るのではなく，学問の知見に反射させることで省察を導いていくという提起である。また E 教員においては，現職院生という実践経験の豊富な大人の学びの場として，立場の違いを超えて発想していくことやその際の場の在り方・関係性の質について提起されていた。本調査においては，現職院生に特化して語ってもらったわけではないが，生涯学習の場としての大学の役割とその実践の難しさが，あらためてクローズアップされた。そうした役割において，教職という専門性を有し，実践経験豊富な大人の学びにも応えていくために，研究を基盤として教師教育を行っている大学は，省察における反射軸としてどのような軸を提供し，どのような刺激を提供し，どのように学びの機会と場を構築していくことができるのであろうか。

　省察における反射軸については，例えば，米国における社会正義を軸とした

教師教育についての知見がある（本書第2章・第10章）。この教師教育においては，社会正義が大学のカリキュラムに貫かれ，教師教育の目的は児童生徒への教育を通じての社会正義の実現であり，教師は社会の変革者として位置づけられている。ゆえに，その中で行われる省察は，社会正義という軸に反射させての省察である。他方，新しい実践から新しい視点が見出されることによって，省察が喚起されることも明らかにされている（例えば，田中，2019：本書第2章）。すなわち，教師教育における省察をめぐる実践においては，過去の経験を振り返ることだけではなく，振り返る対象としての経験がなされる前にどのような反射させるべき軸を提供するのか，新たなアクションを起こすためにどのような刺激を提供するのか，このような点について探究していくことが必要ではないだろうか。そしてこうした探究は，教師は学校教育の変革者のみならず，これからの社会においてどのような存在であるのかという論点とも結びついていくだろう。

　わずか二つの事例からではあるがE教員・G教員の提起は，研究を基盤とする大学教育とそこにおける教師教育がなにを目指すのかについての重い問題提起であった。「省察」概念がインパクトをもって提起されて久しい現在，こうした論点を深めていくことが，「省察」を強いる・強いられるという課題を超えるためにも，豊富な実践経験を有す現職院生のような大人の学びに応えていくためにも，必要と思われる。

【引用・参考文献】
佐藤郁哉（2008）『質的データ分析法―原理・方法・実践』新曜社。
髙野貴大（2023）『現代アメリカ教員養成改革における社会正義と省察：教員レジデンシープログラムの展開に学ぶ』学文社。
田中里佳（2019）『教師の実践的知識の発達：変容的学習として分析する』学文社。

第7章

教師教育に携わる大学教員が向き合う「省察」言説の特徴と展望

髙谷 哲也

第1節　本章の目的

　本章では，各大学教員自身の専門性や経験を軸にして意味づけがなされている省察の内実と，それが具体的にどのように実践として具体化されているかを確認する。そこから，教師教育に携わる大学教員が向き合うことになっている「省察」言説の特徴について論考する。また，各大学教員が自身の専門分野との関係で省察の実践化に対して抱いているこだわりや問題認識から，教師教育の実践と研究に求められる課題と今後の展望について検討を行う。

第2節　大学教員が向き合うことになっている「省察」言説の特徴

　自身の実践と省察概念の関係に関する各大学教員の語り方には，特定の特徴がみられた。それは，主に次の2点である。

　1点目は，第5章で詳細に確認されたように，省察概念を話題にしている際に，その概念の捉えがたさや理解の難しさ，省察概念を扱うことに対する不安や自信のなさといったたぐいの表現がなされた点である。また，実践上では「省察」という概念を特に意識しておらず，本調査がきっかけとなって考えたといった語りもみられた。表7.1に，それらの語りの代表的な表現を示した。

　2点目は，自身の実践における省察について尋ねた際に，「省察をどのように実践しているか」というよりは，自身が教師教育実践において「振り返り」として具体的に行っていることや重視していることが語られ，それを「省察と

表7.1　自身の「省察」概念の理解や実践上での扱いに関する語り

A教員	改めてこのインタビューを受けるにあたって，「やっぱり難しいよね『省察』概念って」っていうのを，すごく思ったところで。なかなか一言で言うのが難しいなぁとは思うんですけれども。
B教員	えっと，もう少しやっぱりこの。「省察っていいでしょ」って言えないんで。なかなか。自分たちが学ぶ場が欲しい。もっと知ってないといけないなっていうのは，正直あります。言葉の節々で，「省察っていう言葉，これであってるのかな」とか。あるいは，レスポンスの仕方。さっき言いましたけども発問の仕方とかはたらきかけだとか。「これでいいのかな」っていう不安は常にあります。 だから，どこかで，この省察自身の良さを感じられる勉強の場を持ちたいというのはありますね。その定義だとか内容だとか方法（についての）。
E教員	省察っていうのは何か省察っていう言葉じゃないんだけど，あえて言うとそういう勉強して，次の方略を考えてっていうのを，省察とは言わないんだけども，省察と呼んでいいのかわからない。
F教員	（省察について説明されている文献等で）言っておられることとか，読んで書いておられることはよくわかる，共感することがベースにあるんですけれども。自分が属していた研究室の言葉でいえば，それはそれと同じなのか。どういうところが違うかっていうのは，ちょっとわからないまま。今もそのあたりは自分でも解明できていない部分ではあります。
I教員	きっと何かその省察っていう言葉を使うことによって，ちょっと自分がもし捉え違いをしていたら，どうしようっていうのもありますし，「振り返り」と言った方がしっくりくるというか，はい。 まあ，その言葉自体がうまく自分の中で消化できてないというか理解できていないというところがあるかもしれないです。 （中略） 教育原理とかいくつかのテキストを読んでいく中で，省察的実践とかっていう言葉が出てくると「どういうことなんだろう」って読みながらわかったようなわからないようなところはあるから。まだまだそういうあたりは勉強していくと面白いだろうなというのをチラッと思うし，していかなくてはいけないんだろうなっていうのが「大学に来た以上は」っていうのは思うんです。
J教員	言葉自体意識し始めたのは正直言ってこの調査の依頼を受けたとき。（省察という言葉を使っていた記憶はあるけれど），自分で意識して（明確な意図をもっては）なかった。むしろ他の先生方と話してる中で省察っていう言葉が出てきて，（キーワードとしてだんだん意識するようにはなっていて）「あ，省察って言うんだ」って。 その後，いろいろ本を読んだりする中で，「振り返り」っていう言葉が出てきたり「省察」っていう言葉が出てきたり。正直自分の中では区別はしてなかった。学生さんとか院生さんに向かって話すときに使い分けを意識してはいるけれど，自分の中では渾然一体としてますね。 （省察とはこういうものだという説明をすることは）できていないですね。（その理由は）自分自身でもまだよくわかってないと思っているから。 世間で言ってる省察っていうのも，本当に企業が使ってる言葉と，世間，一般社会で使ってる言葉と，教員養成の中で使ってる言葉ってちょっと微妙に違う気がして。 （これこそが教員養成における省察だという）自信がないんですよ。正直言うと。果たして一般的に耳にする省察という考え方でいいのかっていう気がしていて。あんまりだから省察っ

は異なるかもしれない」と位置づけ語られたという点である。「振り返り」を行うことはもともと重視していたという主旨の語りや，自身の専門分野ではその重要性は自明であるといった語りが複数みられ，例えば表7.2に示すように表現された。また，そのため，授業等において省察の概念や方法について説明する際には，自身の専門分野での「振り返り」の定義や方法を基盤とした説明を行っていると語られるケースや，特に省察という言葉や概念自体を直接説明したり解説したりはしていないと語られる事例もあった。

　表7.2に示した以外の教員の語りにおいても，自身が「振り返り」として学生に取り組んでもらっている具体的な方法が，「それが省察かどうかはわからないが」「他の（同僚の）先生が考える省察とは違うかもしれないが」といった表現がみられた。そこでは，自身が実践している「振り返り」と必ずしも一致しているとは限らないものとして，「あるべき」省察や「本来の」省察（第5章の「正しい」省察に該当し得るもの）が位置づけられ語られている。

　このように，省察についてはその概念があるからそれを実践しているというよりも，もともと「振り返り」を重要なこととして行っており，その営みとの関係で省察という概念が受け止められている実態がある。

　以上の結果からは，各実践現場の営みを一律に規定することが危惧されるほどに「省察」が聖性を帯びている状況が生じているとはいえないかもしれない。各大学教員は，「省察」概念を基盤とした実践化ではなく，それぞれの専門分野で重視してきた教師教育実践や「振り返り」を基盤として実践の具体化を追究しているからである。また，それを，制度的に導入が求められた「省察」の中に位置づけ，問われれば両者の共通点を考えるといった形で「省察」概念と向き合っており，そこには一定の距離があるといえるからである。

　しかし一方で，「省察」という言葉が広がっているからこそ生じていると思われる問題もある。例えば，第5章で確認されたように，これまで自身の実践

表7.2 自身の実践上の「振り返り」と省察の関係に関する語り

A 教員	どういう目標を立てるか。(当該教科)の目的をどう考えるかで,かなり内容が変わってくるし,学習方法も変わっていく教科なんですね。で,そういう意味では,「(当該教科)の目標や目的に常に立ち返って考えてください」っていうのは,常々語ってきたことだし。(現場の)先生達にも意識していただいてたことではあります。 ただそれは,「教師としての」っていうそこまでの,根本的な「学校の一員として」とか「職業人としての」っていうところまでは,なかなか射程は届いてなかったかもしれないんですけれども。その「教科を担う教師」という側面でのところは,常々語ってきたところかなとは思います。
	(省察概念の学生への直接の説明については)少なくとも私は正面切って概念定義をしてないかもしれないなっていうのはあります。
B 教員	「省察」って言うより「振り返り」っていう言葉で使っていたので。ちょっと意味合いが異なるかもしれないんですけど。
C 教員	「振り返り」とか「まとめ」みたいなものは,授業の中で必ずといっていいほどやってますし。やらせてますので。だから,今思えば「あ,それが省察と呼べるのかな」っていうぐらいのとらえ方です。 (中略) 今思えば省察って普通にやってたなっていう感じです。高校生にもやらせてました。
	振り返り,まとめ,情報共有,いろいろな言い方があると思うんですけど。でも結局それは省察なのかなと思ったりしますね。
	「さあ省察しましょう」とは言いません。毎日やってます。それを省察と呼ぶならそうだっていう感じですかね。
D 教員	指導主事時代に,研修が終わった後にリフレクションっていう言い方で,省察っていう。カタカナで。あんまりカタカナが好きじゃないので。「なんだそれ」っていうような感じだったんですけど。「振り返りね?」っていう。で,「振り返りは大事なんだろうな」っていうのは,それは間違いなくあると思うんですよ。
	なにカタカナで。ただの「振り返り」だろって思ってたので。(中略)当たり前じゃないかと。
	よく授業では,「学んだ事はなんですか?」っていうふうなことと,「感想を書いてください」っていう。この二つに分けて書かせるんですよね。(中略)感情と事実は分けた方がいいのかなって。最近ですけどね。もともと分けて書かせてたんですけど。それが事実と感情っていう部分だなって認識したのは大学に来てからかもしれません。
G 教員	そんなに目新しい感じも,ごめんなさいこんなこと言ったら怒られちゃうけど,しなかったですかね。何かちょっと後からリフレクションだとか聞いても,そうだよなっていう感じで。
	この教職大学院では子供理解から出発する。それはもうしょっちゅう言います。子ども理解から出発する。(中略)それをどういう何か,道具を使ってるかっていうと子供理解。その理解は,心理学でいうような,例えば発達障害の子はこうだからとか,ツッパリにはこう対応したりとかそういうんじゃなくて,その子をとにかくみて,みて自分がそこで何か変わっていけるようなことっていうこと。は,言うけど。あまり省察っていう言葉を使って説明はしてないかな。した方がいいですかね。わかんないんですよ。

H教員	省察ってのはもうもともと重要だっていうのはもちろんなんていうか，研究で重要だっていうよりは，もともと自分を振り返ることとかは重要だと思ってはおりまして。 （中略） 省察というか，メタ認知とかですかね。やっぱり多いのは。メタ認知系の先行研究もいろいろと読んだことがありますので。そういったとこでやっぱり教育においてこういう振り返って，自己を振り返って次の学習にいかすっていうところは，（自身の専門教科）でも当然重要なんだろうなっていうふうには，文献を通してわかってはいまして。
	省察って言葉を聞いたときに教科であんまり見たことないですね。どっちかっていうとごくごく教育的な一般的な概念として捉えてることが多くて。教科としての立ち位置っていうのは実はあまり意識したことはないですね。どっちかっていうと本当に「それは当然大事だよね」「教育では大事だよね」っていう，そういうような認識でどっちかというと取り扱ってますね。
I教員	自分の中では，普段は「振り返り振り返り」っていうふうに，小学校現場でも使っていたんですが。（中略）形式上，丁寧に表現したりとかするときに省察っていう言葉を使ったりするのかなぁなんていうふうには思っています。 大学に来ても「振り返り会」っていうふうに言っているので普段の授業の中とかでも省察っていう言葉はあまり使わないんですけれども。
J教員	省察っていうことを丁寧に「（抽象的概念として）こういうもんだ」って言って授業を始めたことはまだないです。どちらかというと（中略）学年間で振り返りを共有したりするときは，もう少し具体的に振り返る内容と意図を話してますよね。例えば，教育実習を終えた3年生が2年生に対して，「これから教育実習に初めて入るんだけど，自分の反省をとにかく2年生に聴いてもらって」といったように。

において重視し実施してきた「振り返り」があっても，それが「省察」としてふさわしいか否かがわからない状態で実施しているという心象を生じさせている側面がある。つまり，「省察」という言葉が，従来使用されていた「振り返り」という言葉よりも教師教育実践上の重要概念として上位に位置づき，個々の「振り返り」実践に不安を生じさせる形で機能している。その意味で，一定の「権威性」を帯びた自明の「前提的枠組み」として「言説」化が進んでいる側面があるといえるだろう。

　また，第6章で確認した「システム化された省察」の問題や，省察が制度的に要求され学生に「省察することを強いる」構造が生じている問題も確認しておく必要がある。J教員は「省察は強いられた時点で何か違うような気がして」と，省察が強いられるとしたらそこには違和感があると表現している。E教員は，本来のリフレクションと異なり，丁寧に支援しすぎる仕組みが制度的に増えてきている中で，「何か支援して何か助けて何か与えてやって，座って

るだけで口開けてればあなたたち大丈夫ですよ。そういうものと何か，このリフレクションみたいなものは，何か，私は結託っていうか，変に結びついちゃう」と，危機感を表現している。それは，本来の大学での学びが変質してきていることに対する危機感をもっている大学教員が，「システム化された省察」の担い手として位置づけられ，それに加担したり変質を促進したりする役割を担わされることになってしまう問題が，省察の言説化のもとで生じ得ることを意味する。

第3節　各大学教員の実践において重視されていることやこだわり

　そこで次に，その問題を教師教育実践上の課題ならびに教師教育研究上の論点としてどのように考えればよいか，そして今後の展望をどう見いだせばよいかについて論考していく。

　第5章で確認したように，各大学教員の実践においては「自身の専門性や経験を軸にした『省察』概念の意味づけ」がなされており，多様性が認められた。また，制度化された省察の中でも，さまざまな困難や葛藤を抱えたり試行錯誤したりしながらより本質的であると考える省察を実践化していっているという主体的な側面が明らかとなった。

　そこで，本調査が対象とした大学教員が，各専門分野での教員養成・教師教育実践においてどのようなこだわりや思いのもとに実践化を行っているか，その具体的内容に着目する。そこにどのような特徴があるかを論考することを通して，今後の展望をどのように見いだすかを検討していく。

　各大学教員から振り返りや省察との関連で自身の教師教育実践において育むことを重視しているものや，実際の実践化において工夫していることや力点を置いていることとして語られた内容を再度確認し，その特徴が強く表れていた表現やそこで語られた主な内容を要約した表現を，表7.3に整理した。

　そこからは，自身を問い直す力や新たな視点を獲得すること，自身の変容や次の実践にどのようにつなげていくかといった学び方やスタンスを学生に育む

表7.3　自身の教師教育実践上のこだわりや重視していること

A教員	・自分自身の教師としての核，コアの部分を問う ・自分の教科観に「立ち返る」 ・「なぜ教師を私はやっているのか」「なぜその教科の教師をやっているのか」に立ち返って，改めて実践をみつめる ・「どんな子どもの姿を期待しているのか」「どんな成長を期待しているのか」がないと，自分の授業をみつめ直すことはできない ・理論的に省察の概念を伝えるというよりは，実際にさまざまな活動を通して実感してもらう ・授業をつくる段階，授業に向けて準備をする段階で自分の教科観を問うことを重視している
B教員	・現職の先生にはプライドを捨ててほしい ・一緒に省察をしたい ・省察においては対話を重視している ・省察をする目的を忘れないでほしい ・学校に戻ったらどういかされるかを常に考え，省察はみんなの時間でもあるということを意識してほしい ・大学で経験した省察を自分でできるようになってほしい
C教員	・「振り返り」や「まとめ」は授業の中で必ずといっていいほどやっている ・専門は深めるけれども，それをいかす場所は，最終的にやっぱり学校教育の場 ・単にその教科で専門的に求められる技術のみを鍛えているわけではなく，それを通して社会を見る力といったものを鍛えているつもり ・省察する機会は，内側だけを見るのではなく，省察することで外に目を向ける機会になる
D教員	・「知らないことはできない」 ・自分が知らないこと，できないこと，「至らなさを知っている」ことは重要であり，できる人を認めたり頼ったり自分で学ぶことが必要 ・振り返る際に感情と事実は分けた方がよいと思う ・与えられる学びではなく，自分で振り返りを通して意味づけを自分でできるようになってもらいたい ・現職研修も同様で悉皆でも個人研修でも自分で学ばなきゃならない，職能を高めなければならない部分については同じ
E教員	・大学でこんなに省察っていうか振り返りが必要なのか ・自分は省察や教育学などに対する不満や不信感みたいなものがすごい（教育における支援は必要だが，何でも支援するおせっかいな教育学，学校教育に対する問題意識） ・自分の中でなるべくあんまりシステマティックにしない ・「しっかり省察してください」とか「しっかり振り返ってください」とか「しっかり書いてください」とかはほぼ言ったことがない ・成長してもらいたいから，1回2回は追い込む（しっかり振り返ってもらう）ということは院生のタイミングを直感的に鑑みて行う ・真剣に振り返ってもらおうとすると，本人は振り返りたくない，話したくないことを強制するような危険性とも隣り合わせになる ・教育してあげるなんてちょっとおこがましい ・研究を一緒にやるっていうふうに本当は考えたい ・考えたいって考えることができるのが，大学院，社会人の学びの場

F教員	・自分の見方を知るっていうことを大事にしてほしいっていうことを話す際に反省的実践家などの言葉を少し紹介する ・先生が学ぶということは，教え手としての教師ではなく，学び手としての教師ということを話す ・どういうふうに子どもをみるかっていうことや，授業を見るときの姿勢のようなものを学生にはやってほしいと思っている ・子どもを理解するということを中心に据えて，授業を省察するときに大事にしてやっていきたいと思っている ・授業記録を読むことで，流れている授業がさかのぼれる
G教員	・リフレクトは「自分を壊す」という側面が必ず入ると思う ・こちらが変わるということが非常に重要で，変われる柔軟性を育てることが私の中では教師教育 ・自分を振り返る，学校という枠組みを振り返るような力が必要 ・子ども理解を軸にして，省察をすすめられると思う ・こちらの世界を超えた子どもに対して自分を問うということで自分の関わりを考えていく ・とっさの中で枠組みを変えていけるような力が本当の意味での私の中でのリフレクト ・難しい本と格闘した方がいいんじゃないかって思い始めている（難しい本を読むと，自分を問わなければ意味がわからないから）
H教員	・もともと振り返りをすることが重要だと思っていた ・自身がいろいろと読んだのはメタ認知系の先行研究（メタ認知や自己調整学習） ・教育において振り返って次の学習にいかすということは自身の教科においても重要だろうと思ってきた ・省察という言葉はごくごく教育的な一般的な概念として捉えている（当然それは大事，教育では大事という認識） ・省察を行うときは対面だからこそできる対話が重要だと感じている ・即時性を大事にしたい ・相手とのやり取りの中で生まれる感情を大切にしたい ・省察は過去のことを振り返って今の自分を捉えて次につなげていく ・いろいろな生活場面や社会場面に考えられる
I教員	・学校ボランティアの振り返りの会への参加は自由にしている ・ボランティア自体も含めてなるべく強制にしたくない ・学生がやってみたいと思うところに学びもついてくると思う ・振り返りを行うにあたっては，自身の成果と課題を洗い出して，他者と共有する中で新たな課題が見つかり，自身のテーマが見つかればいいというねらいが名目上はあるが，学生が活動して感じたこと，それを大切にしてほしい ・以前の概念が崩れたり，現場の先生がすごく温かくてよかったといったような今までの感覚を強化したりといった，本当に素直に感じたことを振り返りでもう一度再確認するところに振り返りの成果があるように思っている ・振り返りは，最終的には「自分に戻す」「自分に返っていく」ことが重要だと思っている
J教員	・世間一般の省察と教員養成の省察は異なると思っている （自分の寛容性を高める，多視点になる，すぐには役に立たない。自分の研究課題には役に立たないかもしれないけれども，とりあえず「あ，それは面白いね」って感じることなど）

J教員	・一般的に世間で言われているPDCAサイクルを教員養成に当てはめる弊害が言われていると思うが、その辺りのズレが、省察という言葉にも何か関係している気がする ・自分だけで反省してても多分効率が悪くて、人に語っていく中で受け止めてもらえた瞬間に何か気づくんじゃないかと思う ・学年をこえた振り返りの交流の中での対話がコミュニティでできてくると、集団としての省察という文化が生まれると思う ・教員養成の中の省察文化を育てたい（世間一般の省察とは異なる） ・むしろ言葉を作っていくことこそ教育だと思う
K教員	・「書く」こと「語る」こと「聴く」ことの三要素を大事にしたいと思っている ・省察の概念を説明する際には、今年度メンタルモデルを掘り下げていくことを取り入れている ・振り返る過程を重視し、書き方などの形式は自由にしている ・他者に自分の思いを伝えやすい書き方をしてもらっている ・現職院生には経験を相対化することを重視してもらう ・自分の教育観が何かを2年間通して考えてもらう ・自己決定を意識している（支援はするけど最後は自分で決めてもらう／自分の人生）

ことを重視していることが確認できる。各大学教員の語りからは、大学（や大学院）は、丁寧に面倒をみてもらう学習の場ではなく、学生自身が自分で選択し、学び、振り返り、意味づけ、成長につなげていく場所であり、それこそが大学だからこそ提供できる学びであるといった学習観が前提として重視されていることが共通して確認される。例えば、D教員はそれを直接的な言葉で表現しており、省察は「大学の授業こそやるべきなのかなぁっていう気はしたりします」という語りに続けて、学生の「教えてくれない」や「やってくれない」といった言葉に対して、「『自分が勉強しに来てるんだろ』っていう。『いつまで甘えてるんだ』っていうのは、結構強くありますけど」との思いを語っている。同様の、大学は「自分で学ぶ場」「大人の学びの場」といった前提は、学生の実態や育てる学生像等に関する各大学教員の語りの根底に共通していた。

　また、振り返りや省察の実施、実践化においては、他者との対話の実現と、学習したことや実習等で経験したことの相対化や意味づけ、自分自身の問い直しへとつなげていくことが目指されている。第2章において、「省察の諸方法はそれぞれの独自性を有しているものの、傾向としては、体験場面の設定、省察の諸観点の明示、他者との対話、理論による経験の相対化、そして、以上を

効果的に行う教師教育者の支援が重視されている。これら共通項が見いだせる
ほどに，教員養成における省察方法の実践研究は成熟しているといえる」状況
が指摘された。本調査では，各大学教員の自身の専門分野での実際の実践にお
いて，特に，他者との対話を通した振り返りの重要性がほぼ共通して語られた
点が特徴的であった。例えばB教員は，「本当に省察を一緒にしたいなという
のは，やっぱり期待しているところです」と表現し，自分も含めた他者との対
話を通して省察をする際に本音を言えるよう，特に現職教員にはプライドを捨
ててもらいたいと指摘している。またH教員は，「即時性っていうのは大事に
したいと思う。話すときの，何て言うんですか，相手とのやり取りの中での相
互作用によって生まれる感情ですよね。そこはやっぱり大事にしたいですね」
「自分一人でやる省察もいいんですけど。自己調整的な観点からやってもいい
と思うんですけれども。やっぱり相手に聞いてもらう。相手に指摘してもら
う。そういうので，そういう方が，何か，深いというかね。質の高い省察にな
るんじゃないかなって」「相手とのやり取りの中，相互作用の中で省察するっ
てことは，私は，大事にしたいなっていうふうに思いますね」と語っている。

　以上の実態から，今後の教師教育実践と研究の進展には，各専門分野の学び
において重視されていることとの関係で，自分で学ぶ場としての大学における
「振り返り」にはどのような要素が必要だと考えられており，具体的にどのよ
うな実践が蓄積されてきたかを明らかにしていくことが求められるといえる。

第4節　各大学教員の実践にみられる特徴から見いだされる研究課題

　そこで，次に本節では，今後の教師教育研究の課題となるひとつの試行とし
て，各専門分野の学びにおいて重視されていることとの関係で省察がどのよう
に実践化されているか，そこからどんな課題が見いだされるかを論考する。こ
こでは，各専門分野の学びにおいて重視していることと，具体的にどのような
「振り返り」を追究・模索しているかが語られた，3名の大学教員の事例を対
象とし，教師教育実践や教師教育研究として何が課題となり論点となるかを検

討してみる。

　まず，A教員の実践においては，授業づくりの段階における振り返りも重視されている点が特徴的である。A教員は，自身の担当している教科の指導法の科目において，学生が自身の実践経験を振り返ることから始めている。以下の語りは，実践後のリフレクションの段階での振り返りとともに，授業づくりの段階での振り返りを重視していることが語られた部分である。

　「リフレクションの段階でそれをやるのも一つの方法だと思うんですけど。私，結構授業をつくる段階で，特に大学院の学生なんかは，授業に向けて準備をする段階で結構そこは語るな，伝えるなっていうふうに思います。
　結局，よく言うのは，『結局何がしたいの？』っていうね。『子どもにどうなってほしいの？』っていうとこ。そこが曖昧だとやっぱり授業もうまくいかないことも多いし。子ども自身に伝わっていかないっていうところがあるので。その目標や目的っていうところについては，かなり働きかけるかなっていう感じがしますね。」

　A教員は，教科教育に関する自身の授業実践の中で追究してきた，学生が自身の教科観に「立ち返る」こと，自身の観を捉え直していくことを重視して教師教育実践を具体化している。現場の教員に省察を説明する場合，どのように伝えるかを尋ねた際には，「自分自身の教師としての核，コアの部分って何だろうなっていう。『なぜ教師を私はやっているのか』っていう。そして，『なぜ（その教科）の教師をやっているのか』っていう。ここに立ち返って，改めて実践をみつめるっていうかね。（中略）省察を伝えようってときには，そこの部分をお話しするかなっていうふうに思いますね」と語られた。しかし，A教員は，「少なくとも私は正面切って概念定義をしてないかもしれないなっていうのはあります」と，本調査がきっかけで，自身の授業等において省察概念の説明や解説は行っていないことに改めて気づいたと語っている。その営みを体験することで学生に省察を「実感してもらう」ことを実践の中心としていることに気づいたという。

つまり，A教員の実践上のこだわりは，省察というよりも，学生が自身の教科観に「立ち返る」と表現された部分にある。そして，その振り返りを支援するシートも開発されている。しかし，学部の段階では，授業の目標がうまくいったかどうかの「手立て」の議論にどうしてもなってしまい，なかなか教科観に「立ち返る」ことが難しいことも実感されており，どうすれば「立ち返る」ことができるか模索がなされている。

　そんなA教員からは，「一番の悩み」として，教職大学院における実習を介した省察の方法が未確立であることが，以下のように語られている。

　「修士から教職大学院に変わって，探究のベクトルがやっぱり実習を介して，実践を介してっていうところに変わってきているので，一番悩んでいるのは，実践研究って何をするのっていう。その方法論ですよね。

　　これを，私自身も悩むし，学生はもっと悩んでるんじゃないかなっていう気がしていて。

　　それはもちろん実践をとらえる質的研究の方法とかね。多様なものがあるっていうのはわかるんですけれども。その学生の省察をより進めていくためにマッチした方法論って何だろうなっていう。そのへんを学生自身がどう取捨選択するために我々はどういうアプローチができるかっていう。そこはなかなかわからないなぁっていうのが実感としてあるので。これをどういうふうにこれから教職大学院のカリキュラムとして組み立てて行くのかっていうのは。大きな課題だなっていうのは。」

　第6章において，G教員が教職大学院における省察を中心に動かしていくことの難しさやそれに対する危惧を指摘していることを具体的に確認したが，A教員から「一番の悩み」として語られた上記の内容は，その省察の方法論が重要であり難しく時に危険でもあるという点で関連するところがある。今後の教師教育研究においては，「システム化された省察」の中で，各専門分野で重視され目指されている学びや振り返りの具体的な内容を，いかにその本質を損なわずに構築していくかを追究する開発的な研究の蓄積が求められる。

　次に，K教員は，省察には「いろいろなやり方があるなぁ」「やりかたはい

ろいろ流儀があるんだなぁっていうのは感じつつも」，自身は「書く」こと「語る」こと「聴く」ことの三要素を大事にしたいと語っている。

　K教員は，自身の学部時代からの専門分野における経験から，「書く」段階での振り返りにも重要な意味を見いだしており，そのうえで他者に「語る」ことで生じる振り返りと，その際に聴いてもらう第三者がいることの効果から，この三要素を重視した省察の実践化を追究している。その中で，調査を実施した当該年度に始めたメンタルモデルをリフレクションと重ねた実践についての話題において，リフレクションが本人にとって負荷となる問題について語られた。

「そこで難しいなぁって思うのが，どこまで語るかっていうことですね。特にメンタルモデルになればなるほどあんまり知られたくない過去とか，話したくない過去と向き合わざるを得なくなってくるので。
（中略）
　書きたくないこととか話したくないってことは『話さなくていい』っていうふうには，前提で言っているので。なかにはもうちょっとここを掘り下げると見えてくるんだろうけど，『何かふたをしてるんだろうな』っていうのもみえて。それはそれでもう深追いをしないようにはしているのと（中略），あと，他の授業でも振り返る活動は結構多いみたいで。特に教職大学院の前期ですかね。『いろんな授業で振り返った』って言ってて。まぁそれはそれでみなさん価値があるみたいなんですけど。だけどマイナスのところって振り返るのはやっぱり辛いみたいで。（中略）特にこう，マイナスの時のことを俯瞰して，しかもそれをレポート課題で書くのかな。『それをなぜ大学教員に見せなきゃいけないのか』みたいな。
（中略）
　まあそういう意味でちゃんと説明しておかないと。嫌なことと向き合うことの価値も説明しつつ。無理せず。僕は『無理しなくていい』っていう立場なんだけど。そのへんってどうなってるのかなぁって。いうところは。僕もちょっと知りたいなって思ってるとこですかね。」

　この問題は，第6章においてE教員のケースから論考された，「省察を強いることの問題」と共通するところがあり，その問題自体がまだ研究の対象と

なっていないことが喫緊の課題として教師教育研究では引き取られる必要がある。また，K教員は，自分の教育観を相対化することについての語りの中で，「先生たちって『変えたくない』っていう意識も結構強いのかな」との実感を述べており，「なかにはそれを『揺らがせた方がいいんじゃないか』って言う人もいなくはないけども。それも結局自分がそれをどう捉えるかっていう（話になる）」と，本人の意思や意向を尊重することが基本であり，自身は慎重な姿勢をとっていることを語っている。そして，その問題を大学教員側でどう共有していくか，方法論をどう確立していくかといった課題については，「今のカリキュラムと時間の中で，一大学教員として言うところはちょっと難しいかなぁと思ってますかね」と述べている。加えて，それらの問題と関連すると思われる重要な課題として，省察を促す役割としてのファシリテーターの存在に困っていることが指摘された。ここからは，システムとしての省察が学部や学科，コース単位で形になっていく中で，「強いることになる省察」とは異なる省察を実現するための組織としての方法論が具体的に追究される必要があるという教師教育研究上の課題が見いだされる。

　最後に，省察概念についての理解を深めるために書籍等での学習や試行錯誤を重ねているJ教員は，「教員養成の中の省察っていう文化を育てたいっていう気持ちがあったのかな」と自身のこだわりを表現している。その背景には，省察という言葉について，「世間，一般社会で使ってる言葉と教員養成の中で使ってる言葉ってちょっと微妙に違う気がして」「果たしてそれでいいのかっていう気がしていて」「省察って言葉を使っていくうちに，一般社会でいう省察の方に学生さんが引っ張られちゃうの嫌だなっていう気がするんですよね」といった問題意識がある。J教員は，学生たちが教員養成での学びを通して，「『ああそれを省察っていうんだ』っていうふうにひとくくりにされるよりは，教員養成でやってきたこういう営みっていうのを，『世間一般でいう省察はちょっと違うよね』みたいな意識で言葉を使ってほしい」と述べている。そこには，大学の教員養成ではPDCAサイクルの文脈での省察や目標達成型の省察とは異なる省察の文化を学生とともに醸成していくことで，それを経験した

学生がやがて社会の側の省察を問い直していくイメージがもたれている。それ
は、「何か言葉があって何かが動かされるんじゃなくて、自分たちが言葉を
作っていくようなものが本当の文化醸成みたいなところがあると思うので」と
いった表現や、「むしろ言葉を作っていくことこそ教育だと思うので」「特に省
察とかそういう概念についてはこれから作っていくような印象を私は持ってま
す」といった表現でも語られた。

　この J 教員の事例は、第 6 章で確認した、学問知や対話によって自身を問う
といった大学が本来有していた省察的な関係性が失われつつある問題とあわせ
て考えると、次のような教師教育研究の課題として表現できる。それは、実践
志向が強固に進み PDCA サイクルや目標達成的な文脈での省察へと大学の学
びが変質していく可能性がある中で、各大学・学部が「大学における」教員養
成ならではの省察の文化を学生とともに構築していく営みとはいかなる営みと
なるのかを、理論的な論考と実践開発の両面から追究することである。

第 5 節　今後の教師教育研究の発展に向けての展望

　以上、本調査では、「省察」という言葉がある意味で高尚な言葉として位置
づき実践に一定の影響を及ぼしている可能性が確認された。そして、「システ
ム化された省察」のもとで生じている大学での学びの変質と、「省察を強い
る」役割を大学教員が担わされていく構造が生まれていることを指摘した。

　そのような中で見いだされる教師教育実践上の課題は、教師教育に携わる大
学教員が省察概念に関する理解を深める機会をいかに創出するかと、具体的な
省察方法の確立である。ただし、この実践上の課題についての検討には、少な
くとも二つの方向性があり得る。一つは、省察概念の理解が教師教育に携わる
大学教員によってバラバラであったり曖昧であったりする状況を問題視し、正
しく理解する機会と統一的な省察方法を構築する方向性である。そしてもう一
つの方向性は、各専門分野で重視されてきた「振り返り」と省察概念の関係を
整理・明確化し、各専門分野の特性に応じた「振り返り」の具体的方法を構

想・開発する方向性である。

　この二つの方向性については，各大学教員の語りに共通する学習観からは，後者の方向性での検討が妥当ではないかと考えられる。それは，大学（や大学院）は，丁寧に面倒をみてもらう学習の場ではなく，学生自身が自分で選択し，学び，振り返り，意味づけ，成長につなげていく場所であり，それこそが大学で提供できる学びであるとする学習観である。各専門分野にはその分野での教師教育としての力点の置き方と学び方において重視されている「振り返り」の方法が存在している。それらが重視・尊重される学習環境においてこそ，学生は自身が身を置いている状況や環境にあわせて自分で学び自律的に成長していく必要性を実感でき，そのようなスタイルを獲得していくことのできる機会が保障されると考えられるからである。

　本章第4節では，その方向性での試行的な論考を試みた。その結果見いだされた今後の教師教育研究に求められる課題を整理すると，次の2点に集約できるだろう。1点目に，教師教育に携わっている大学教員の各専門分野において重視されてきた「振り返り」の質的な内実の調査研究蓄積の必要性である。2点目は，制度的な省察が要求される中で，大学における教員養成に独自の省察文化をいかに構築するかに関する理論的研究と実践的開発である。その際に，「大学における」省察の具体化の追究というからには，そこに「学問をする」ということや「研究をする」ということが具体的にどのように関連し得るのかについての論考が不可欠な要件となるといえるだろう。

第8章

教職大学院生の省察
—国立教職大学院を対象とした質問紙調査から—

菊地原　守

第1節　問題の所在

　1980年代の専門職研究では壮大なパラダイムシフトが生じた。既存の知を適用して問題解決を図る「技術的熟達者」と異なる専門家像として，「省察的（反省的）実践家」が提唱されたのである（Schön, 1983; 1987）。これは複雑で不確実な状況の中で，問題を設定し探究する専門職の在り方を指す。そしてショーンは実践の観察を通して，状況のもつ不確実性に対応するために専門職が実践してきた暗黙知の〈わざ〉を「省察（Reflection）」として描出した。

　その後「省察」は，佐藤学らによる紹介・翻訳を通じて日本に輸入される（佐藤, 1992; ショーン, 2001; 2007; 2017）。そして今日，教師教育研究ひいては専門職研究において，「省察」は人口に膾炙した概念として扱われてきた。

　しかし，ここで立ち止まって考えねばならないのは，「省察」が用いられるとき，それは何を意味しているのかという点である。海外の研究でも言及されているように，省察的実践は理論的・概念的な明瞭性を欠いたまま俎上にあげられてきた（Collin, Karsenti, & Komins, 2013）。使用者によって「省察」の解釈が異なってプラスチックワード化しているきらいがあり（岡村, 2017），またショーンの所論が抱える曖昧性によって，日本で広められた「省察」の限定的性質は拭えない（髙野, 2018）。ショーンが「省察」を提唱して40年経った今，改めて「省察」とは何かを問い直す必要性に迫られているといえる。

　加えて，「省察」を捉え直す研究は，省察的実践の行為者である教師や教員志望学生の認識まで敷衍することも求められる。近年の省察的実践研究では，

養成段階における模擬授業とその検討会（渡辺・岩瀬, 2017; 渡辺, 2019）や授業観察（木塚, 2009），教育実習（羽野・堀江, 2007），現職教員における同僚性コミュニティ（椿井, 2017）や教職大学院での学び（有井ほか, 2021）など幅広い対象や場面に射程が及び，重要な知見を積み重ねてきた。しかし，従来の研究で「省察」とみなされてきたものは，研究者や教師教育者による分析視点（レンズ）を通して見た実践である点を看過できない。すなわち，省察的実践の行為者が抱く「省察」への認識に迫る試みはなされてこなかったのである。

　教師教育において「省察」は広く流布し，言説として構築されてきた。「省察」することは暗黙知としての次元を超え，専門職における自明の行為となりつつある。それゆえ，省察的実践の行為者もまた，構築された言説を受容し，ときにそれに方向づけられながら省察的実践を営んでいると考えられる。だからこそ，行為者における「省察」への認識を照射することが肝要だといえる。

　本章はその解明を担うべく，教職大学院の院生を省察的実践の行為者として分析対象に据える。それは，教職大学院では「理論と実践の往還」に重きが置かれて「省察」との関連が深く（竺沙, 2016），そのカリキュラムの下で学ぶ院生たちは，教師教育に広まる「省察」言説を身体化しながら，行為者として省察的実践を営んでいると考えられるためである。そこで本章では，教職大学院の院生を対象とした質問紙調査をもとに，①「省察」はいかなるものとして認識されているのか（第3節），②どのような経験が「省察」として語られているのか（第4節），の2点について明らかにする。

　なお分析にあたって，対象の特徴に留意する必要がある。教職大学院には，新規学卒院生（ストレートマスター。以下，ストマス）と，学校現場で勤務する現職教員院生（以下，現職院生）がいる。両者の間では，実践経験の多寡のみならず，卒業後に求められる実践力や，院生の実態にも差異があることが指摘されている（竺沙, 2016）。そのため，教職大学院の院生として二つの立場を括って過度な知見の一般化を図ることがないように留意し，それぞれの立場での認識と経験の違いに注視しながら見ていく。

第 2 節　調査の概要

　本書第Ⅱ部の冒頭でも示したように，質問紙調査の調査項目は，フェイスシート（学年，年齢，ストマス／現職院生の別，所属コース・分野等，ストマスの場合は希望進路，現職院生の場合は所属学校種や勤続年数など）を設けたうえで，「省察」に対する認知の状況，これまでに経験した「省察」の内容や方法，教師の力量形成にとって重要な事柄などで構成されている。調査は，五つの国立大学の教職大学院生（M1及びM2）を対象に，Google Forms を利用したWeb調査として2023年10月に実施した。

　調査協力者（$N=154$）の属性は表8.1の通りである。調査時期と教育実習の

表8.1　調査協力者の属性

項目		人数		
		全体 （$N=154$）	ストマス （$N=64$）	現職院生 （$N=90$）
年齢	20代	42.2%	100.0%	1.1%
	30代	16.9%	0%	28.9%
	40代	32.5%	0%	55.6%
	50代	8.4%	0%	14.4%
学年	1年生	63.0%	64.1%	62.2%
	2年生	37.0%	35.9%	37.8%
所属コース	学校経営・管理職養成系	27.9%	6.3%	43.3%
	教育実践開発・教育方法系	29.2%	23.4%	33.3%
	教科教育系	32.5%	59.4%	13.3%
	心理・発達支援系	5.2%	4.7%	5.6%
	特別支援系	2.6%	3.1%	2.2%
	その他	2.6%	3.1%	2.2%
学校種 （ストマスは希望進路）	小学校	44.8%	40.6%	47.8%
	中学校	33.8%	39.1%	30.0%
	高等学校	13.0%	12.5%	13.3%
	特別支援学校	3.9%	1.6%	5.6%
	その他	4.5%	6.3%	3.3%
在職年数 （現職院生のみ）	10年未満	—	—	3.3%
	10年〜20年未満	—	—	62.2%
	20年〜30年未満	—	—	34.4%

期間が重なっている大学や，2年生の現職院生が所属校に戻っている大学も
あったため，協力者は1年生にやや偏っている傾向にある。

　また先述のように，調査協力者にはストマス（*N*=64）と現職院生（*N*=90）
を含んでいる。ストマスは全員20代で，「教育実践開発・教育方法系」「教科教
育系」に所属する者が8割以上を占めていた。回答者のほとんどは大学院を修
了後に学校教員となることを希望していたが，なかには博士後期課程に進学す
ることを希望する者もいた。現職院生の年齢構成では40代が最も多く，勤務年
数も10～20年未満の中堅層が最も多くなっていた。そのため所属コースも「学
校経営・管理職養成系」が4割に及んでいる。また現職院生の勤務校は，小学
校の割合が最も高かった。

第3節　「省察」「リフレクション」の認識

　本節では，教職大学院の院生における「省察」「リフレクション」の認識を
検討していく。まず，これらの言葉がどれほど認知されているのかを確認した
い。次の図8.1は，「あなたはこれまで，『省察』や『リフレクション』という
言葉を聞いたことがありますか。」と尋ねた質問に対する回答結果を立場別（ス
トマス／現職院生）にまとめたものである。

　図8.1からわかるように，教職大学院の院生における「省察」の認知度は高

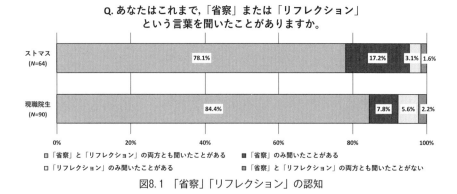

図8.1　「省察」「リフレクション」の認知

い。調査協力者全体のうち，144名（93.5%）が「省察」を認知しており，「リフレクション」も含めればその数は151名（98.7%）に及ぶ。

立場ごとでみると，ストマスは「『省察』のみ聞いたことがある」と答える者の割合が相対的に高くなっており，現職院生と比べると「リフレクション」という言葉への認知はわずかながら低かった。ただし，総じて「省察」は教職大学院の院生に広く流布している言葉であるといえるだろう。

それでは，かれらが認知する「省察」とはどのようなものなのだろうか。まずは「省察」という言葉に触れる場面から確認していきたい。次の図8.2は，大学・大学院と学校現場などに絞って，「省察」や「リフレクション」という

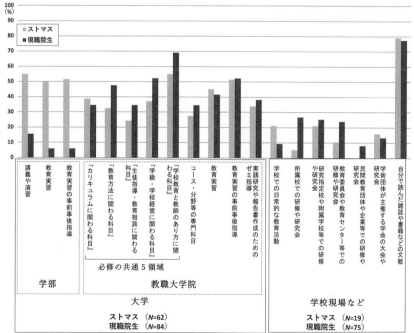

注：学校現場などについての質問では，ストマスは無回答であっても良い旨を記載したため，回答数が少なくなっている。

図8.2 「省察」「リフレクション」を聞いた場面（複数回答）

言葉を聞いたことがあるかを尋ねた質問への回答結果である。

　回答結果から、「省察」は学校現場などで耳にする言葉というよりはむしろ、自発的な学習や教職大学院での学習において触れられる言葉であることがわかる。現職院生であっても「所属校での研修や研究会」は26.7％しか選択しておらず、「学校での日常的な教育活動」を選択した者の割合は9.3％にとどまっているのだ。他方、「自分で読んだ雑誌や書籍などの文献」を通じて触れている現職院生は77.3％に及んでおり、ストマスにとってもこの項目は最も値が高くなっていた（78.9％）。加えて、どちらの立場でも教職大学院の授業や実習で「省察」に触れている院生が多い。必修の共通5領域（特に「学校教育と教師のあり方に関わる科目」）や教育実習（事前事後指導も含む）において、その値は相対的に高くなっていることがわかる。

　また学部段階での学習では、立場による違いが顕著にみられた。ストマスは、学部段階で「省察」という言葉に触れていた者が半数以上に及んでいたのに対し、現職院生ではその割合は1割前後であった。調査協力者の現職院生に中堅層が多いことを踏まえると、養成教育を受けた年代の違いが一つの要因であろう。したがって、20代のストマスたちの半数程度がすでに学部段階で「省察」を耳にしているという点は、「省察」という言葉が学部段階の養成まで広がってきていることを示していると考えられる。

　続いて、「省察」がどのような意味として認識されているかをみていきたい。ここでは言い換え生成の課題を作成した。言い換え生成とは自然言語研究において蓄積が豊富な研究分野の一つであり、「意味を保存したまま他の言語表現に変換する作業」を指す（乾・藤田, 2004, p.161）。調査協力者たちが「省察」をどのような言語表現に言い換えるのかを検討することで、かれらが「省察」をいかなる意味で捉えているかを解明していく。まず調査協力者には、「省察」や「リフレクション」の言い換え生成の可否について、「わからない」も含めた単項選択（3択）によって尋ねた。

　「省察」や「リフレクション」という言葉を聞いたことがある回答者150名（無回答を除く）のうち、「他の言葉で言い換えることができる」と答えたもの

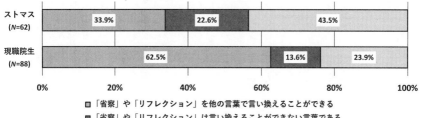

ストマス
(*N*=62)　33.9%　22.6%　43.5%

現職院生
(*N*=88)　62.5%　13.6%　23.9%

0%　20%　40%　60%　80%　100%

□「省察」や「リフレクション」を他の言葉で言い換えることができる
■「省察」や「リフレクション」は言い換えることができない言葉である
□わからない

図8.3　「省察」「リフレクション」の言い換えの可否

は76名（50.7％）となった。ただし，回答傾向は立場での違いが大きい。図
8.3を見ると，現職院生では「他の言葉で言い換えることができる」と答えた
者は62.5％に及んでいたのに対して，ストマスでは「他の言葉で言い換えるこ
とができる」と答えた者（33.9％）よりも，「わからない」と答えた者（43.5％）
の方が多かった。ストマスの学生は「省察」を知っていても，それを別の語で
表現することに困難さを感じているようである。

　この違いは，「省察」や「リフレクション」をどのような言葉として認知し
ているかという点とも関わっていると思われる。次の図8.4は，「省察」が使用
される場面への回答結果と，言い換え生成の可否の結果を立場ごとにクロスさ
せたものである。これをみると，現職院生では，用語の認知とかかわらず言い
換え生成の可否の回答傾向が類似していた。一方でストマスにおいては，「学
術の場面で使う用語」として認知している者の方が「言い換えることができ
る」と答えた割合は低い（20.8％）。学術の用語として「省察」を認知するこ
とで，聞き馴染みのない難解なものとしてその概念が捉えられ，そのことが言
い換え生成に障壁を感じさせていると考えられる。

　それでは「言い換えることができる」と答えた者は，いかなる言葉に言い換
えるのか。表8.2は，「他の言葉で言い換えることができる場合，どのような言
葉で言い換えることができますか。」という質問の自由記述に見られた頻出語
及び文章での回答の典型例をまとめたものである。

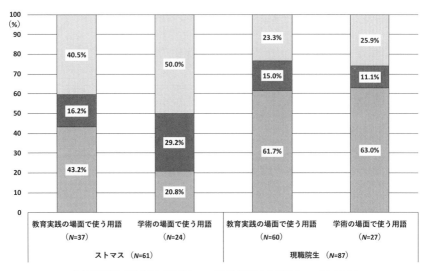

図8.4 「省察」「リフレクション」を使う場面と言い換えの可否

　表8.2の頻出語からわかるのは，「省察」や「リフレクション」の言い換えで
は語のバリエーションがほとんど見られず，「振り返り」や「反省（内省）」に
収斂していることである。

　広辞苑（第7版）によると，「振り返る」や「反省」「内省」という言葉はそ
れぞれ，「過去をかえりみる。回顧する。」「自分の行いをかえりみること。自
分の過去の行為について考察し，批判的な評価を加えること。」「深く自己をか
えりみること。反省。」という意味をもつ。すべてに共通するのは，行為に対
して時間的に遅れて，その行為をかえりみるということである。すなわち院生
の認識においては，実践と「省察」の間に時間的順序が存在しており，先行し
た教育実践を事後的に振り返るものとして「省察」が位置づいているといえ
る。

　そして表8.2の文章の典型例では，自らの実践における言動が「どうあると
よかったか」を考えて「良い点や改善点を見つめ直す」ことで，「次への足が
かりを見出」したり「次により良い成果を生み出すにはどうしたら良いかを検

表8.2 「省察」「リフレクション」の言い換えにおける頻出語と典型例

頻出語	ストマス (N=21)	現職院生 (N=54)
振り返り	76.2%	74.1%
反省（内省）	47.6%	40.7%
考察	9.5%	3.7%
メタ認知	0%	3.7%

〈文章での回答の典型例〉
【現職院生】自分の授業や指導を振り返り，どうあるとよかったか考えること
【現職院生】自らを省み，良い点や改善点を見つめ直すこと。また次への足がかりを見出すこと
【ストマス】プロジェクトについて振り返りを行い，行動一つ一つについて考え，次により良い成果を生み出すにはどうしたら良いか検討すること

注：回答者の中には複数の語句で言い換えた者もいた。

討」したりすることが述べられている。「省察」という行為には，未来の実践を改善するという志向性もまた孕んで認識されているのである。

　以上を踏まえると，教職大学院の院生における「省察」の認識が浮かび上がってくる。かれらにとって「省察」とは，実践の事後において振り返る（反省する）ことであり，次の実践の改善に向けた未来志向の営みであった。

第4節　「省察」「リフレクション」の経験

　本節では，調査協力者たちが語る「省察」経験について検討していく。図8.5に有効だと思う「省察」経験の有無を，立場及び学年ごとに区分した回答結果を示した。回答結果では，全体で94名（62.3％）の院生が有効な「省察」を経験しており，その内訳は立場と学年で顕著な差異が見られた。ストマスよりも現職院生の方が，そして1年生よりも2年生の方が有効だと思う「省察」を経験していたのである。特に，現職院生の2年生では，その8割以上が有効だと思う「省察」を経験していた。

　次に，有効だと思う「省察」が生じた場面をみていく。図8.6には「あなたがこれまで経験した「省察」や「リフレクション」で有効だったと思うものを一つ思い浮かべてください。その『省察』や『リフレクション』は，どのよう

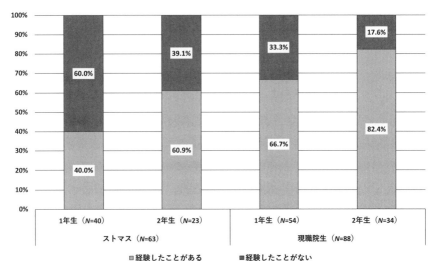

図8.5 「省察」「リフレクション」の経験と学年・立場の関連

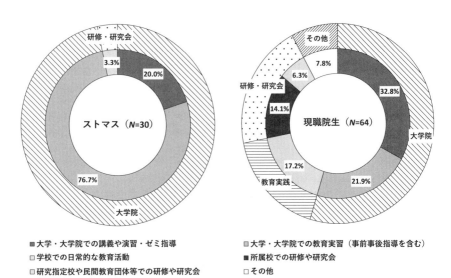

図8.6 「省察」「リフレクション」を経験した機会

な場や機会で行われたものですか。」という質問に単項選択で答えた結果を示した。図内の内側の円はそれぞれの場や機会を選んだ割合を表しており，外側の円はそれぞれの場や機会を四つの項目（「大学院」「教育実践」「研修・研究会」「その他」）に集約したものである。

　回答結果を見ると，「省察」を経験する場面は立場によって大きく異なっていることがわかる。ストマス全体では，20.0％が講義や演習など，76.7％が教育実習（事前事後指導を含む）を選択しており，回答者のほとんどが「大学院」で行われる「省察」を挙げていた。一方で現職院生はさまざまな場面で「省察」を経験している。「大学院」の場面を挙げる者が54.7％であり，それ以外に「教育実践」と「研修・研究会」を挙げる者がそれぞれ17.2％と20.4％ずつおり，有効な「省察」の経験は多様性に富んでいた。

　それでは，かれらは何を「省察」経験として語るのだろうか。調査では「省察」経験の場面を聞いたのちに「その『省察』や『リフレクション』は具体的にどのようなものでしたか。自由記述で記入してください。」という質問を設定している。その自由記述の内容を基に KH Coder（樋口，2020）で抽出した立場ごとの頻出語の一覧及び，各立場に見られた典型例を表8.3に示した。

　自由記述の結果を立場ごとの類似点と相違点から見ていく。まず類似点では，「実習」「授業」「自分」「省察」「振り返る」の語句が立場を問わず共通していた（表内太字）。前節で確認したように，実践を事後的に振り返るという「省察」の認識が，経験を語る両者の根底にあることが読み取れる。そして「省察」経験における他者の存在も共通していた。ここでいう他者とは，「現職の先生方やストマスの学生」であったり，「指導教官」であったり，勤務校の「他の先生方」であったり，公開研究会の「別の学校の先生」であったり，院生の「深い本音で話ができる友人」であったり，場面に応じてさまざまである。しかし，一緒に「省察」する他者の存在を多くの者が言及しており，協働的な「省察」を有効な経験として述べていた点は興味深い。

　一方で，立場での相違点も見られた。それが「省察」による気づきである。ストマスは勤務校があるわけではない。それゆえ対象とするのは，「実習」「授

表8.3 「省察」「リフレクション」経験の自由記述の頻出語と典型例

出現順位	ストマス (N=26)		現職院生 (N=61)	
	抽出語	頻度	抽出語	頻度
1	**実習**	15	**授業**	52
2	**授業**	11	**自分**	38
3	**自分**	9	**振り返る**	24
4	**省察**	7	実践	16
5	改善	5	**実習**	15
6	意見	4	研究	11
7	考える	4	行う	10
8	行動	4	指導	10
9	**振り返る**	4	**省察**	10
10	模擬	4	先生	10

【ストマス】模擬授業を行う機会があった際に，模擬授業の悪かったところだけを洗い出すのではな
く，良かったところについてもどうして良かったのかをしっかりと考えることができ
た。〈**大学院**〉

【ストマス】実習した授業の指導案や記録などをもとに，大学の振り返り会を報告し，現職の先生方
やストマスの学生から意見をもらった。その意見をもとに次の実践で改善を意識した。
〈**大学院**〉

【現職院生】自分の教職経験を振り返った内容を発表し，それを聞いた聴衆が質問したり，コメント
したりすることで，自分も意識していなかったこと（自分の性格）を表す言葉に気づく
ことができた。〈**大学院**〉

【現職院生】自分の教育実践（教科教育活動）について具体的に指導教官とやり取りする中で自身の
教科観や授業の在り方を見つめなおしたり，それを今後の授業実践へ生かそうとする活
動。〈**大学院**〉

【現職院生】他の先生方の日常の実践から自分の実践を振り返ったり，真似たり自分なりにアレンジ
したりする。〈**教育実践**〉

【現職院生】公開の授業研究会でそれぞれの授業を参観し，その後の事後研究会で授業の方法や内容
などについて，いろいろな立場の人から意見をもらい，それをもとに自分の授業での視
点を見直した。〈**研修・研究会**〉

【現職院生】市内の公開研究会で授業を公開して，市内の別の学校の先生に公開授業を検討しても
らった。今までの自分の授業のスタイルを見直すきっかけとなった。〈**研修・研究会**〉

【現職院生】教職大学院での友人との授業後や日常のリフレクション。授業内よりも親しいメンバー
で深い本音で話ができる友人がいるため，そこでの対話を通して，自分自身を省察する
ことが有効であると感じている。〈**その他**〉

注：典型例の〈 〉は，省察を経験した場や機会の4項目を表している。

業」「模擬」という言葉から見られるように，教育実習や模擬授業など機会が限定された実践の営みであった。そして実践への「省察」を通じて，「どうすべきだったか」を検討し，次の実践の改善へとつなげている。対して，現職院生においても「授業」は頻出語となっていたが，そのイディオムが異なる。かれらが「授業」という言葉を用いる時，公開検討会などの機会が限定された授業のほかに，主として日々の継続的な実践を指して使っていた。そしてこれらを「省察」することは，「自分も意識していなかったこと（自分の性格）」や「自身の教科観や授業のあり方」「自分の授業での視点」「今までの自分の授業スタイル」を見直す機会となっていた。すなわち，現職院生の「省察」による気づきは行為レベルにとどまらず，その行為を規定する自身の視点や価値観にまで至っており，相対的に深いレベルでの「省察」が経験されていたといえる。

第5節　まとめ

　本章では，教職大学院の院生を対象とした質問紙調査を基に，「省察」の認識と経験について，ストマスと現職院生を区分しながら検討してきた。調査を通じて明らかになったのは以下の点である。

　教師教育において「省察」が人口に膾炙した概念となっているなか，教職大学院の院生にとっても「省察」は，立場を問わず広範に知れ渡っていた。それは勤務校や研修の場面よりはむしろ，自主的な学習や教職大学院での授業・実習において触れられる言葉である。ただし，「省察」を別の語彙で表現する際には立場での違いもあり，特に「省察」を学術的用語として捉えているストマスにとっては，「省察」は言い換えることが困難な言葉であった。

　また，院生たちに認識される「省察」は，「振り返り」や「反省（内省）」という言葉に収斂されるように，実践の事後において自らの実践をかえりみる行為となっていた。ショーンの理論と照らして解釈するならば，「行為がその状況に変化を与えることのできる時間帯の制約」の外で行われる点で，「行為についての省察（reflection-on-action）」といえる（ショーン, 2007, p.64）。それは専

門職の〈わざ〉として描き出された「行為の中の省察（reflection-in-action）」とは異なる。教職大学院が学校現場から空間的に分離している場所であるからこそ，「行為についての省察（reflection-on-action）」に焦点化した「省察」の言説が構築され，院生たちはそれを受容して方向づけられながら，実践後の振り返りを「省察」経験として語っていたのだろう。

　しかしながら，このことは決して「省察」の意義を矮小化するわけではない。ショーン（2001）で秋田喜代美が解説しているように，「行為についての省察（reflection-on-action）」は「行為の中で瞬時に形成してきた理解の意味を問い，実践の構造や問題を捉える自らの『枠組み』（frame）を発見するとともに，それを捉えなおし，『枠組みを組み変えていく』（reframing）機会」となるのである（p.217）。そして院生たちの「省察」認識の中にも，次の実践への改善に向けた未来志向性を孕んでいたことを踏まえると，かれらが認識する「省察」は，「枠組みを組み変えていく」機会ともなり得ているのである。さらに，かれらの「省察」経験には，ともに「省察」する他者も言及されており，「枠組み」を発見する際にも他者の存在は重要な役割を果たすと思われる。

　ただし，「省察」によって組み変えられる枠組みに関して，立場による相違がある点を看過できない。ストマスは機会が限定された実践の行為を「省察」し，自分が「どうあるべきだったか」を考えることで，今後の実践を改善する資源としていた。他方，現職教員は日々の連続的な実践の背後にある自身の価値観や暗黙知にまで「省察」の対象が及んでいた。その意味で実践経験の多寡は「省察」に質的な差異をもたらしており，特に経験の浅いストレートマスターにとっては，「省察」によって発見されて組み変えられる枠組みが限定的になりやすいといえる。

　こうした本章の知見は，近年の教員養成政策に対する示唆をもつだろう。教師教育で「理論と実践の往還」が強調される中で，学部段階の教員養成でも「省察」することが議論されてきた。しかし，大学で「行為についての省察（reflection-on-action）」が形式的に行われることが企図されるならば，そこで学生によって営まれる「省察」とはいかなるもので，また捉え直されている「枠

組み」とは何なのかを慎重に議論し続けなければならない。とりわけ，教育実習しか経験していない学部生の「省察」においては，自らの枠組みを発見したり，組み変えたりすることに障壁があると考えられる。それゆえ，広範に流布する「省察」を無批判に受容するのではなく，その在り方を吟味しながらこれからの教師教育を考えていくことが求められる。

【引用・参考文献】

有井優太・鞍田竜生・吉田沙織・吉田さやか・今村健大（2021）「教師の生涯発達における教職大学院での学びの意義と構造：教職大学院を修了した現職院生による学びの意味づけ」『教師学研究』24(2)，pp.79-89。

乾健太郎・藤田篤（2004）「言い換え技術に関する研究動向」『自然言語処理』11(5)，pp.151-198。

岡村美由規（2017）「D. A. ショーンの reflection-in-action 概念の再検討：実践についての認識論に着目して」『日本教師教育学会年報』26，pp.64-74。

椿井大輔（2017）「同僚性コミュニティを軸とした授業力量に資する省察の実践的研究：小学校の学年集団による書き言葉による省察に焦点をあてて」『日本教師教育学会年報』26，pp.124-134。

木塚雅貴（2009）「授業観察とその省察を中心とする教員養成の方法に関する研究」『日本教師教育学会年報』20，pp.122-134。

佐藤学（1992）「反省的実践家としての教師」佐伯胖・汐見稔幸・佐藤学編『学校の再生をめざして2　教室の改革』東京大学出版会，pp.109-134。

ショーン，D. A. 著，佐藤学・秋田喜代美訳（2001）『専門家の知恵：反省的実践家は行為しながら考える』ゆみる出版。(Schön, D. A. (1983). *The reflective practitioner: How professionals think in action.* Basic Books.)

ショーン，D. A. 著，柳沢昌一・三輪建二訳（2007）『省察的実践とは何か：プロフェッショナルの行為と思考』鳳書房。(Schön, D. A. (1983). *The reflective practitioner: How professionals think in action.* Basic Books.)

ショーン，D. A. 著，柳沢昌一・村田晶子訳（2017）『省察的実践者の教育：プロフェッショナル・スクールの実践と理論』鳳書房。(Schön, D. A. (1987). *Educating the reflective practitioner: Toward a new design for teaching and learning in the professions.* Jossey-Bass.)

新村出編（2018）『広辞苑（第7版）』岩波書店。

髙野貴大（2018）「現代の教職理論における『省察（reflection)』概念の批判的考察：ザイクナーとリストンによる『省察的教育実践』論を手がかりに」『日本教師教育学会年報』27，pp.98-108。

竺沙知章（2016）「これからの人材育成と教職大学院の課題」『日本教育経営学会紀要』58，pp.24-35。

羽野ゆつ子・堀江伸（2007）「実践のサイクルをコアとした教員養成：芸術系私立大学における教育実習の事例を中心に」『日本教師教育学会年報』16, pp.142-152。

樋口耕一（2020）『社会調査のための計量テキスト分析：内容分析の継承と発展を目指して（第2版）』ナカニシヤ出版。

渡辺貴裕・岩瀬直樹（2017）「より深い省察の促進を目指す対話型模擬授業検討会を軸とした教師教育の取り組み」『日本教師教育学会年報』26, pp.136-146。

渡辺貴裕（2019）「協働的でより深い省察を伴う授業検討会に向けての話し合いの様相の変容：教職大学院における模擬授業検討会の取り組みの事例を手がかりに」『日本教師教育学会年報』28, pp.96-106。

Collin, S., Karsenti, T., and Komins, V. (2013). Reflective practice in initial teacher training: Critiques and perspectives. *Reflective Practitioner*, 14(1), pp.104-117.

Schön, D. A. (1983). *The reflective practitioner: How professionals think in action*. Basic Books.

Schön, D. A. (1987). *Educating the reflective practitioner: Toward a new design for teaching and learning in the professions*. Jossey-Bass.

第III部

教師教育における「省察」をめぐる
海外での展開動向
—米・英を中心に—

第Ⅲ部　序

　第Ⅲ部では，「省察」をめぐる海外での動向について検討することによっ
て，日本の省察をめぐる展開過程を相対化し，本書の主題である「『省察』を
問い直す」に迫る手がかりを得ようとしている。対象とするのは，日本に先ん
じて「省察」が広まるとともに，そこから生じる問題が自覚されて「省察」概
念の検討が進んだ欧米，特に米国とイングランドである。第Ⅲ部は，総論的な
位置づけとなっている第9章，米国を対象とする第10章，イングランドを扱う
第11章の三つの章で構成されている。

　第9章は，諸外国の研究と政策における省察概念の展開に着目しながら，省
察の隆盛がどのような問題を内在させているのかを考察している。

　欧米では省察の広まりとともに，早い時期から省察概念の自明化がもたらす
「他律化」「技術化」「矮小化」「個人化」が問題視され，ショーンの「行為の中
の省察」に対する批判がなされた。それとともに，教職の専門性・自律性と教
育が営まれる社会状況を結びつけた議論の中に省察概念を位置づけようとする
「批判的省察（critical reflection）」の理論化・実践化が，ショーンとは異なる系
譜で積み上げられてきた。にもかかわらず，本来は対立するはずの政策と制度
の中に省察概念が組み込まれてきている状況が存在する。この矛盾状況が形
成・維持されてきた要因を，第9章では，新自由主義的政策の台頭の中での
ニューパブリックマネジメント NPM 型改革の進行と教師の省察概念の相互関
係という視点から，特に NPM 型の教育政策が専門職性を変容させていく象徴
といえるスタンダード政策の展開に着目して分析している。

　NPM 型改革の影響によって，各国の教職スタンダードでは教師個人の能
力・成果を重視する行為遂行的（performative）な立場に親和的な形で省察概
念が位置づけられてきたこと，省察概念の理論的・実践的な議論と同時進行的
に専門職像が変容し（新しいプロフェッショナリズムの出現）教職スタンダード

の活用において規制的アプローチが強まったことが析出され，省察が教職の統制システムに組み込まれて巧妙な「自己統制」言説として機能していることに警鐘が鳴らされる。

　第10章では，米国における政策動向及び研究動向を検証し，脱文脈化された「省察」が広がることへの危惧を指摘するとともに，それとは異なる動向として展開されている「社会正義」志向の教師教育プログラムについて，大学訪問調査を踏まえてその意義と課題を明らかにしている。

　米国では，1980年代以降，他の既成専門職を意識した「教師教育の高度化」動向の中で「省察」が注目を集めるようになり，「省察」概念は，教師の専門性を指し示す概念であると同時に，構成主義的な志向性から専門職性確保を主張する言説となった。2000年代以降，連邦政府主導の施策が展開される中で，米国の教員養成全体にアカウンタビリティが浸透し，パフォーマンス評価の理念に位置づく「省察」が標準化する（ただし，政策，スタンダードに表立って位置づいているわけではない）ことで，脱文脈化された「省察」が展開する。

　これに対して，「批判的教授学（critical pedagogy）」に立つザイクナーとリストンは，「社会的アクター」としての教師の専門性の育成を重視し，文脈依存的かつ複合的要因で発生する公正性の課題への応答との関係で「省察」を位置づけた。第10章で取り上げるカリフォルニア大学ロサンゼルス校・センター X の教師教育の取り組みはこの系譜に位置づくものであり，脱文脈化された「省察」とは異なる今日的動向である。

　センター X では，「教員は非常に厳しい省察的（reflective）な仕事をしなければならない」との認識にたちつつも，現在では省察という言葉そのものはあまり使われなくなっており，「市民主体としての教師（public intellectual）」を用いることが多いという。注目すべきは，社会正義志向の省察が教員養成だけではなく，教員の職能発達や学校改革までをも視野に入れて展開され，それが，大学のミッションの再定義につながっていっていることである。省察をめぐる1980年代以来の動向は，大学を中心とした「伝統的な」教員養成プログラムの独占的地位が代替的な教員資格取得ルート拡充によって脅かされるプロセ

スと並行していたが，ここでは，省察が起点となって大学の役割が位置づけ直されるという逆の動きが生じていることが読みとれる。

　第11章では，「省察的実践家」「省察的教師」が，イングランドにおいては，大学が自らの教員養成に対する批判を意識しつつビジョンを託して提起したものであったこと。その後，学校が教員養成課程の提供者（プロバイダー）として大学と並立する存在となり，NPM型の教員養成行政システムが成立した段階で，「省察」関連項目が教員養成・資格の基準に（数は少ないものの）取り入れられて定着し今日に至っていること，を明らかにしている。米国でスタンダード化されたスキルが重視されるようになっている状況については，「（行動主義的な教師教育の見方においては—引用者注）誰がこれらのコンピテンシーを提供するかはほとんど問題とはならない。大学教育学部は，学校や政府が利用できる一連の『提供者 provider（公的，私的）』の一つであるとみなされる。通常，必要とされるコンピテンシーは，政府によって指定されるか，または政府によって承認された他の機関に委ねられる」（Hartley & Whitehead（eds.），2006, p.3）との指摘があるが，イングランドでもまさにそれと相似形の状況が成立する中でスタンダードに「省察」が組み込まれたのである。

　「省察」をこのような文脈変容の中で捉えるべきことを指摘したうえで，次に二つの調査に基づいて2023年時点での「省察」をめぐる現状事例が明らかにされる。成功裏に学校「改革」を進めているアカデミーへの訪問調査からは，評価システムが学校での教師教育やその省察の質を規定しており，省察としてのインストラクショナル・コーチングが語られる実態が示される。大学教師教育者への聞き取り調査では，"省察的な実践は善いものである"という前提に立つのでは自己言及的な行為にならざるをえないことや，政策的に推進されることによって省察概念が脱文脈化されているという問題意識のうえに，主体の変容を迫る「批判的省察」の重要性が強く語られる。

　英国では学者の省察言説と政府のそれとが「『自己改善』に焦点を当てることを過度に強調」する点で「意図せざる共通点」をもつとの指摘がされていた（第9章参照）。第11章で紹介される大学教師教育者の「批判的省察」の議論

は，その問題を超えていくものであるだろう。ただし，すでに，批判的省察が多義的に用いられ，教員個人の変容に焦点化して社会変革を視野に収めない批判的省察が流布しているとの指摘もある（第10章参照）。第Ⅲ部の三つの章を通して，公共性に開かれた専門職という視点と，批判的省察そのものの批判的検討とが欠かせないことが浮かび上がってくる。

　日本の省察論議に対して第9章が提起した課題─省察論議を教師個々の専門性・資質能力の議論から一度引き離して専門職としての在り方を問う議論に定位し，さらに，その専門職性を規定する社会・経済政策の文脈に位置づけること─にとって，米英の議論がたどった経緯とその現在地の有り様は示唆に富む。

　なお，第9，10，11章は，学会・自由研究発表において行った途中経過報告と議論（2021），それを踏まえてとりまとめた共同論文（2022-a）をベースに，その後の研究・調査の成果を大きく加えて修正・組み直しを行ったものである。第10章については，学会・自由研究発表における報告と議論（2023）をも踏まえている。また，いずれの章も学会・ラウンドテーブルでの報告と議論（2022-b）の内容を前提認識として共有している。

※朝倉雅史・高野和子・高野貴大・田中里佳・三品陽平（2021）「英米の教師教育における『省察』言説の生成と展開（1）─NPM型改革下の教師教育政策・スタンダードに着目して─」（日本教師教育学会第31回研究大会自由研究発表）

※朝倉雅史・高野貴大・高野和子（2022-a）「教師教育における『省察』言説の生成と展開に関する海外動向と予備的考察：英米のNPM型改革下の教師教育政策・スタンダードに着目して」『筑波大学教育学系論集』第47巻1号，pp.29-52。

※髙野貴大（2022-b）「国外の教師教育における『省察』概念の受容事例」（日本教師教育学会第32回研究大会・ラウンドテーブル「教師教育に携わる大学教員の実践と『省察』概念」）

※髙野貴大（2023）「米国カリフォルニア大学ロサンゼルス校における社会正義に資する教員養成に関する一考察」（日本教師教育学会第33回研究大会自由研究発表）

【引用・参考文献】

Hartley, D. & Whitehead, M. (eds.) (2006). *Curriculum and Change (Teacher Education: Major Themes in Education, Vol.III)*. Routledge.

第9章

NPM型改革下の教師教育スタンダード政策における省察概念

朝倉　雅史

第1節　問題の所在─省察概念の隆盛と展開過程に内在する矛盾

　教師の省察（reflection）は，日本を含む各国の教師教育において重要概念の一つになっている。とりわけ日本では1980年代後半から「実践的指導力の育成」を標榜する教員政策が進展し，実践的知識（practical knowledge）や実践知（practical wisdom）が注目を集めるようになった1990年代以降，教師の実践を捉え，説明するための主要概念として「省察」に関する研究が増加した。論文数の推移からその動向をみると，2000年以降に生じた教師の省察に関する研究の隆盛状況が看取できる（図9.1参照）[1]。

　同時期には，日本教育大学協会（教大協）が「体験」と「省察」を組み込んだ「教員養成の『モデル・コア・カリキュラム』」の検討報告書[2]を公表し，両者をセットにした教員養成カリキュラム改革が全国的に進展した。その後の教師教育政策は，教職課程コアカリキュラムや教員育成指標の策定による養成・採用・研修の一体化あるいは教育行政機関による養成事

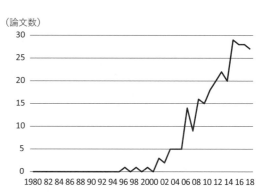

（論文数）

図9.1　教師または教員と省察をタイトルに含む論文数の推移
出典：CiNii Articles を用いて筆者作成

業への介入強化が進み，大きな変化に直面している。そのような変化の中でも，教師の省察は変わらず重要な位置を占め続けており，教職専門性の中核をなす概念とみなされたり，理論と実践をつなぐ重要な行為として教員養成カリキュラムに組み込まれたりしながら，自明化の様相を呈している。

　だが，教師個々の実践的知識や実践知の形成にとって省察が重要視されながら，画一的なカリキュラム・指標の策定を通じて，教育行政機関の介入が強化される状況は，一見，不可解でもある。また，教職専門性の中核や理論と実践を結びつける行為として省察を重要視する概念把握に反するかのように，2000年以降，教職の専門性は安定するどころか，その揺らぎが増大し，危機に直面している（浜田編, 2020）。このような矛盾を孕みながら，なぜ省察概念は自明視されるに至っているのだろうか。

　省察概念が各国の教師教育における主要概念とみなされるようになったのは，ショーン（D. Schön）が省察的実践家論を提起した1980年代以降とみられる（秋田, 1996）。ゆえに，日本における研究と政策の展開は，それを追いかける形で進行したといえよう。そこで本章では，日本における省察概念の自明化と矛盾を孕んだ展開過程を相対化するために，特に諸外国の研究と政策における「省察概念の展開」に着目しながら，そこにどのような問題が潜在しているのかを考察する。

第2節　本章の分析視点―日本と英米圏における批判的検討の対比

（1）国内における省察概念の批判的検討―社会的文脈への拡張

　国内の教師教育において生じている，省察概念を基盤とした理論的・実践的研究の隆盛は，ショーン（1983）による「省察的実践家論」を起点にしている。そのため国内では，この隆盛をもたらした彼の所論に対する批判的考察が試みられてきた。例えば岡村（2017）は，省察概念のプラスチック・ワード化に問題関心を向け，ショーンの省察的実践家論の中核である「行為における省察（reflection-in-action）」概念を再検討した。三品（2017）もショーンの省察概

念を国外の研究知見や解釈に基づいて検討し，省察的実践の射程を社会的文脈としての組織レベルに拡張する理論と実践を試みた。

　また村井（2015）は，ショーンとヴァン＝マーネン（M. van Manen）の所論を対比させながら「省察の仕方を省察する」という高水準の省察の重要性を主張した。そして，それは自明化された前提を保留するような現象学的な態度で子どもの生活世界を捉え，教師と子どもの間で生じた出来事を回顧的に振り返って記述することで可能になることを論じた。深見（2017）も，Van Manen（1977）が反省性（reflectivity）を①技術適用，②実践的行動の志向，③支配性，制度，権威の抑圧的形態への絶え間ない批判の三つのレベルで論じていることを示し，③の議論が日本では限定的であることを指摘した。そして，米国におけるザイクナー（K. Zeichner）たちの取り組みを踏まえて，学校現場における人種・文化・言語等による格差問題の解決を目指す，社会正義と結びつけた省察の必要性を論じた。

　一般専門職論に基づくショーンの省察概念を教職固有の概念として吟味した髙野（2018）も，「省察的教育実践（reflective teaching）」論を展開したザイクナーとリストン（D. Liston）に着目している。そして，教師が目の前の子どもの背景にある社会的文脈への理解と公正の実現に向けて「問題の設定」を行うならば，自ずと教師の「省察」において設定される問題は，学校教育や教師の公共的使命へと押し広がることを論じた。

　これらの研究は，省察という概念がなぜ人口に膾炙するに至ったのか，その生成・展開過程に迫ろうとするものではない。しかし，いずれもショーンの省察概念の流行や無批判的な受容に問題関心を向け，国外における理論と議論を日本における研究の俎上に載せようとした点で示唆的である。とりわけ，省察を教師個人の「行動」や「作業」として矮小化することなく，学校教育や教師の公共的使命，さらに社会正義や社会変革に拡張しようとする視点は，省察の在り方に関する，より広範な文脈を想定した議論をもたらす。ショーンの省察概念を日本に紹介した佐藤（1996）も，教育政策及び学校教育制度を構成している不可視の言説を意識化し，組み替える実践として「反省的授業」を捉えて

いた。国内における省察概念の批判的検討は，このことに立ち返る道を開いたといえる。

（2）欧米圏における省察概念の批判的検討—社会・経済的文脈への定位

　我が国に先駆けて，すでに欧米では省察概念の自明化が問題視されてきた。とりわけショーンの「行為の中の省察」に対する批判は，比較的早い時期から繰り広げられてきた（Eraut, 1995; Van Manen, 1991）。だが省察概念の隆盛はその後も継続した。その著しい流行を評した Rodgers（2002）は，省察概念が「すべての人々にとってのすべてになったことで，見られる能力を失ってしまった」（p.843）と表現している。

　ザイクナーとリュウ（Zeichner and Liu, 2010）によれば，教員養成における省察概念の扱われ方に係る問題は，四つに整理することができる。すなわち，①他者の研究に基づく実践を，教師がよりよく再現できるための支援に重点を置き，その実践の適用について判断を下す準備を怠ってしまうこと，②教師の省察の内容を技術的な問題に限定し，その目的の分析を無視するような手段的思考を助長すること，③教師が自らの教育について省察することを促すことに重点を置き，教育の社会的・制度的背景を無視してしまうこと，④教師が個人的に省察することを助長することである。これらは，省察によってもたらされる「他律化」「技術化」「矮小化」「個人化」と言い換えることができるだろう。

　さらに Hébert（2015）は，ショーンとデューイの思想的・認識論的な系譜を検討し，その複雑な背景に注意を払う必要があることを主張したうえで，例えば教員志望者が省察を求められるとき，その省察はどの学者の伝統を反映しているのか，その起源は明示されているかを問う必要性を指摘した。この点については，秋田（1996）が「ショーンらの立場が，自らの経験を自らが実践の中で形成したフレームに基づいて省察することの重要性を指摘し，教師教育において早期からの実践経験を重視するのに対し，ハバーマスの影響をうけたバン・マネンやザイヒナーらは，省察の捉え方や教師教育の方向性を異にしてい

る」(p.459) と述べているように，省察概念を系譜的に捉える視点は，我が国にも存在する。

　なかでも，社会的文脈に視野を広げた多文化的・社会的正義の教師教育を指向する批判的省察（critical reflection）の理論化・実践化（Zeichner and Liu, 2010; Gorski and Dalton, 2020など）は，ショーンとは異なる系譜をたどっており，だからこそ，これらはショーンの省察的実践家論の相対化や批判を伴って進められてきた。このように，教職の専門性・自律性と教育が営まれる社会状況を結びつけた議論の中に省察概念を位置づけようとする知見は，日本における省察の批判的検討にも少なくない影響を与えてきた。

　ただし，欧米では省察概念そのものを検討する視角とは別に，1980年代以降の教育を取り巻く社会状況及び経済政策の動向を踏まえながら，省察が教師教育にとって不可欠な概念となる，あるいはなってしまう背景が検討されている（Kemmis, 1985; Smyth, 1992; Zeichner and Liu, 2010; Glasswell and Ryan, 2017; Dinham et al., 2021など）。例えばスミス（Smyth, 1992）は，なぜ省察的アプローチに対する熱狂の波や愛着が生まれたかという問いを，マクロな経済動向，資本主義の論理，国家の役割などの文脈の中に位置づけて検討した。そして彼は「1970年代後半から1980年代にかけて，教育への省察的アプローチへの関心が高まったこと（主に，アメリカにおける技術主義的な能力主義的アプローチや，情報処理者としての教師に対する認知主義的な見解への対抗として始まったこと）が，ニューライトによって支持された，所有的で競争的な個人主義のより一般的な強調と重なった」(p.278) と主張した。さらに Zeichner and Liu（2010）は，新自由主義と新保守主義の台頭によって世界各国で教職の脱専門職化と公教育への疑念が生じていることを指摘し，折しもショーン（1983）の著作が出版される直前に新自由主義政策の影響力が拡大・加速し始めたことを踏まえ，世界の政治的・経済的状況の中で，教師の省察が，教師をより巧妙に統制するための道具と化す傾向を論じた。

　以上の視点は，グローバルな市場競争とその国家的対応に端を発する新自由主義や「標準化」と「説明責任」に基づく学校教育・教師教育改革の状況に目

を向けて，省察概念が人気を博した背景に迫ろうとしている。とりわけ，公共部門の専門職性を再構築し，管理主義にシフトさせることを基軸とするニューパブリックマネジメント型改革（以下，NPM 型改革）の中で，省察概念がいかに位置づけられ，機能したかが批判的に考察されている。つまり，省察概念を社会的文脈に拡張するという視点のみならず，社会・経済的文脈に省察概念を位置づける視点に立脚しているのである。

　本章ではこの点に注目して，グローバルな社会・経済政策と教師の省察の相互関係を考察してきた欧米の議論から示唆を得ることを目指す。具体的には，NPM 型改革下の教育政策における専門職性の変容とその象徴ともいえる教員の専門職基準（以下，教職スタンダード）に基づく政策展開に着目して教師教育の在り方を捉え，そこにおける省察概念の位置づけや問題に関する議論を検討していくこととする。

第 3 節　NPM 型改革と教員政策・スタンダードにおける省察概念の位置

（1）NPM 型改革と「新しいプロフェッショナリズム」

　1980年代以降の新自由主義政策は，教育に関わる新しい政策ネットワークを形成し，教育専門職以外のアクター（ベンチャー，シンクタンク，財団，国際機関，私企業など）の論理によって，公教育政策を推し進める流れをつくった（Anderson and Herr, 2015）。NPM 型改革は，この潮流における新たな経営管理制度として構築された改革の枠組みである。もちろん公共組織は常に管理の対象ではあったが，NPM 型改革の特徴は，ルールを守るまたは守らせる「行政的・官僚的管理」から，成果を重視する「起業家的企業モデルによる管理」へのシフトとともに，企業部門のアイディアを積極的に公共部門へ移入しようとした点にある（Anderson and Cohen, 2015）。その改革論理は，いわば市場主義と管理主義の混成体とも表現でき，具体的には，以下の方策を導入するものとして要約される（Anderson and Cohen, 2015, p.3）。

1）市場や擬似市場の導入によって公的機関や民間団体間の競争を生じさせること

2）パフォーマンスの明確な基準と尺度の重視

3）アウトカムの重視と定量的データによる測定

4）標準化と実践の「スケールアップ」（規模拡大）をさらに推進すること

5）公共サービスの民間業者委託とコンサルティング会社の利用拡大

6）行政の分権化と自律性の制限

7）資源の使用における規律と簡略化の強化

8）成績の悪い公的組織や部門の閉鎖と地方の民主的管理の及ばない「新興企業」の設立（例：チャータースクール）

改革の結果，現在に至る約10年の間に教員の専門職性は，説明責任，基準，パフォーマンス評価，教師向けテストの増加と関連づけられてきた一方，教職専門教育が軽視され，教科の内容に関する知識や仕事を通じて学ぶ機会の重視，専門家養成の代替ルートの設定が進んだ（Mayer and Mills, 2021）。このような改革は，Evetts（2011）が提唱する「新しいプロフェッショナリズム」または「上からのプロフェッショナリズム」という，専門職の新たな統制言説を公共部門に出現させ[3]，専門職自身の職業に対する統制の衰退とは裏腹に，仕事上の組織管理者による管理・統制を増強させたといわれる。Anderson and Cohen（2015）によれば，教育における「新しいプロフェッショナリズム」は，以下のような状況として描かれている。

教師がテストのために教えるようになる一方で，リーダーはテストのために導くことが求められている。市場規律とハイステークスなテストによって教室での出来事がコントロールされるようになったため，校長にはますます多くの「自律性」が与えられるが，リーダーシップを発揮できる範囲は狭くなっている。学校の能力を高めるために「分散型リーダーシップ」という言葉がよく使われ，職場では集約して水平方向に分散するように仕事が再設計

される。一方で，カリキュラムや指導に関する政策は，重大な結果を及ぼすテストや首長のコントロールによって集中化され，権力は上方に分散されていく。（中略）新任の教師や管理者は，専門的な訓練や協会，組合ではなく，市場やテストに基づく説明責任に方向性を見出さなければならない立場に置かれている。 (p.5)

（2）NPM 型改革のインパクト―管理媒体としての規制的スタンダード

　NPM 型改革による専門職の変容は，教員の資質能力や職務内容を規定する教職スタンダードを介して，教師教育の在り方に影響を及ぼす。このようなスタンダードに基づく教師教育は，"Standards Based Teacher Education" (SBTE) と呼ばれる。SBTE では，特定の種類のパフォーマンス，成果，能力が包含され，かつ教員の認定要件に関連づける形で承認された外部基準 (Beyer, 2002) を通じて，教職を統制することになる。

　教職スタンダードは，教師の職務と自律性を拘束し，他律性や画一性を助長するものとして批判されることもあるが，肯定的な側面も有している。すなわち，教職スタンダードをはじめとする専門職のスタンダードは，教職の公共的責務を担保する「外部規範構造」(external normative structures) として，優れた教育実践に関する強力な専門的・社会的規範構造を創り出し，どのくらいの数の教師たちが，優れた教育実践にどのような能力レベルで迫りつつあるかを評価する土台になる（エルモア, 2006）。また，幅広いステイクホルダーを対話に参加させ，さまざまな意見が交わされることで，共通の語彙を持ち，共同のミッションを描くことにも寄与しうる (Berg et al., 2014)。つまり，その策定や活用如何によっては，専門職の職務や地位に関する議論を公共的な場に開いていく基礎になることが期待できるのである。

　ところが，教職スタンダードには教員の「パフォーマンス向上」「地位向上」「継続的な学びへの貢献」が期待されながら，資格取得・認定の自己目的化や教師の多忙化などを助長するものとして，疑義が呈されている (Sachs, 2003)。米・英・豪の教職スタンダードを分析した Sachs (2005) によれば，ス

表9.1 教職スタンダードに関するアプローチに違い

開発的アプローチ	規制的アプローチ
（特徴）教師のさらなる専門的学習機会を提供するものであり，キャリアを通じて教育の質を向上させることを目的とする	（特徴）システム，制度，個人の効率性や有効性を測定するための管理主義的ツールとして使用する
・生徒中心の教育・学習アプローチ ・説明責任を果たすための体系的モニタリング ・教師は生涯学習者であるべきという考え方 ・教師の専門的知識と実践の向上への取り組み	・説明責任への焦点化 ・教育に対する技術的アプローチ ・教師のパフォーマンスの監視 ・政府機関による基準の対外的な押しつけ

出典：Sachs（2005）p.583をもとに筆者作成

タンダードに対する理解（肯定的評価）と批判（否定的評価）は，「開発的アプローチ」と「規制的アプローチ」という二つの視点から捉え直すことができる。そして彼女は，前者から後者への移行が生じていると主張した。「開発的アプローチ」から「規制的アプローチ」への移行は，上述した「新しいプロフェッショナリズム」の出現と符合し，教職に対する「上からの」統制を強化すると考えられる[4]。

　以上を踏まえると，NPM型改革の進行による統制的・規制的な専門職の管理と教職専門性の中核をなす省察概念との結びつきは，教職スタンダードにおける省察概念の位置づけに具体化されると考えられる。そこで次節では，省察概念が各国の教職スタンダードでどのように捉えられ，描かれているかを検証した先行研究を検討していく。

第4節　教職スタンダードにおける省察概念の描かれ方

　Glasswell and Ryan（2017）によれば，省察的実践に関する研究と理論は，教職スタンダードをはじめとする教育政策文書に確かに反映されており，優れた教師の必須属性として流通（commodification）し，もはや義務的な実践（mandatory practice）となっている。ただし，ここでいう省察的実践（reflective practice）と能力・成果重視の管理主義的視点（managerialist perspectives）と

の間には緊張関係が存在する。彼女たちは，このような緊張関係があるにもかかわらず，スタンダードにおいて省察が必須化・義務化するのはなぜかを探るため，英国及び米国を含む6か国の九つのスタンダード文書における，省察概念の記述のされ方を内容分析した（表9.2）。彼女たちの分析結果によれば，教職スタンダードにおける省察関連語（reflection family）の使用は想定していたよりも多くなかった（p.11）。ただし，省察の記述内容を「評価プロセス（evaluation）」

表9.2　Glasswell and Ryan (2017) の文書資料と作成者

国	文書作成機関	文書
オーストラリア	Australian Institute of Teaching and School Leadership (2012, 2013)	Australian professional standards for teachers
		Reflection on practice tool
シンガポール	National Institute of Education, Singapore (2009, 2012)	A teacher education model for the 21st Century. A Report. The report includes Graduand Teacher Competencies for initial teacher preparation programs
		A teacher education model for the 21st Century. NIE's journey from concept to realisation. An implementation report
イングランド	Department for Education (2012)	Teacher standards
スコットランド	General Teaching Council for Scotland (2012)	The standards for registration: Mandatory requirements for registration with the General Teaching Council for Scotland
ニュージーランド	Education Council of Aotearoa New Zealand (2016)	Practising Teacher Criteria and Graduating Teacher standards
アメリカ	National Board for Professional Teaching Standards [NBPTS] (2016)	Five Core Propositions for Teaching
アメリカ	Council for the Accreditation of Educator Preparation [CAEP] (2013)	CAEP Accreditation standards

出典：Glasswell and Ryan (2017) p.8のTable1.1を一部翻訳して筆者作成

「適応プロセス（adaption）」「協働プロセス（collaboration）」「変容プロセス（transformation）」に分類したところ，批判的省察（critical reflection）と関連し，教師を変革の主体として捉える「変容プロセス」は，多くのスタンダードで重視されていなかった。このことから彼女たちは，教室で問題とされる教育目標や方向性に関する複雑な問題を教師が認識するどころか，むしろ不明瞭にするスタンダードの存在を指摘している。

　同様に Sams and Dyches（2016）は，米国の四つのスタンダード—特に教員養成の評価に関連する文書5)を対象にして，Van Manen（1977）が提示した，1）経済性・効率性・効果性に着目する「技術的省察」，2）実践の理解や解釈によって指導の調整を導く「実践的省察」，3）それらを統合し社会政治的・倫理的な次元を加えた「批判的省察」の三つのレベルに分けて，該当の「省察」が記述される頻度を検討した。その結果，技術的省察に関わる記述はなく，実践的省察の記述が圧倒的に多く，批判的省察の記述はまれであった。だが彼らは，技術的省察は実践的省察に包含・連動していることから，批判的省察の欠如を問題視した。すなわち，実践的省察が頻出する教職スタンダードでは，教師は常に考え，実行する専門家として，決して満足することなく，生徒の学問的な可能性と成功のために努力するように描かれているが，批判的倫理観に関わる省察の欠如によって，省察的実践の空虚さが隠蔽されているという。そして教員志望者が，カリキュラム，学問的知識，正義，社会変革の関係を概念化できなくなり，どのような知識やスキルが最も重要かという問いに対する答えが，常に他者によって導出されてしまうことを懸念した。

　また Dinham et al.（2021）は，中央政府が公教育事業を管理する国としてオーストラリアとマレーシアに着目し，両国の教育システムにおける教師の省察的実践の在り方に関する先行研究をレビューした。この研究は教職スタンダードに焦点化したものではないが，両国では2010年前後に省察的実践を重要概念とする教職スタンダードが策定されており，省察的実践家が効果的な教師像になっていた。そして，省察の機能が公式の評価プロセスと昇進，順位に結び付けられていること，そのことが内発的な省察への動機づけと外発的な省察

の要求との間に，緊張関係を生じさせていることを指摘した。

最近では McGarr and Emstad（2022）が，省察的実践の批判的・解放的な意義を覆すように，新自由主義的かつ行為遂行的（performative）な言説が増え続けるなか，教師教育政策において省察的実践がどのように概念化されているかを教職スタンダードとその他の政策関連文書に着目して検討している。この研究では，英米の新自由主義思想に影響を受けているアイルランドと，社会民主的な福祉モデルに基づいて政策形成が行われてきたノルウェーを対比することで，異なる文脈における概念化の異同が分析された。その結果，アイルランドの文書における省察の対象は，教師自身による授業実践の改善に向けられていたが，ノルウェーでは個人の実践改善だけでなく学校やコミュニティの発展に貢献するものとして，省察的実践が強調されていた。しかし，個人的か集団的かの違いはあるにせよ，両国の省察的実践は課題の克服と実践の改善に向けられている点で共通していた。批判的省察の対象は限定的であり，社会変革と結びつく解放的な省察的実践への言及がない点で，省察は行為遂行的な言説の広範な影響下にあることが主張されている。

これらの研究から得られる示唆は，NPM 型改革下の教員政策において展開された制度の中に，省察が組み込まれてきた実態が確かに存在することである。さらに，その展開過程で省察概念の複雑さや深遠さは捨象され，単純化・道具化（ツール化）していることが教職スタンダードの記述から読み取れる。もとより SBTE（スタンダードに基づく教師教育）自体が，技術的・合理的な教育アプローチに基づいており，社会的・政治的・哲学的な理解がほとんど無視されているという主張もある（Beyer, 2002）。NPM 型改革は，教職スタンダードの在り方を開発的アプローチから規制的アプローチに転換するだけでなく，そのスタンダードに描かれる「省察」を，専門職に対する統制的・規制的な管理に適合する操作的な概念として位置づけることで，「新しいプロフェッショナリズム」を促進しているともいえよう。意図されたか否かは定かではないものの，このような概念操作によって，省察概念が「上からの」統制と結びついたり，脱専門職化と結びついたりしていると考えられる。

第5節　まとめ―省察概念の展開と道具化による自己統制の強化

　欧米では1980年代から，省察の「他律化」「技術化」「矮小化」「個人化」が批判され，社会的文脈に拡張する意義と必要性が主張されてきた。にもかかわらず，各国の教職スタンダードでは教師個人の能力・成果を重視する行為遂行的（performative）な政策と制度の中に，省察概念が組み込まれてきた。冒頭で述べたように，日本における省察概念の研究的・政策的展開にも同様の矛盾が内在している。本章では，そのような展開が形成・維持されてきた要因を，グローバルな社会・経済政策とりわけ新自由主義的政策の台頭によるNPM型改革の進行と教師の省察概念の相互関係に着目して検討した。そして見えてきたのは，教師教育における省察概念の理論的・実践的な議論の傍らで，超国家的に進行した専門職像の変容―新しいプロフェッショナリズムの出現と教職スタンダードの活用における規制的アプローチの強化であり，そこにおける省察概念の操作であった。最後に，省察概念の隆盛がいかなる問題を生じさせるかを改めて考察することで，本章のまとめにかえたい。

　Connell（2009）は，2003年にオーストラリアで作成された教職スタンダードの全国的枠組を取り上げて，スタンダードの中に「省察的実践家」の用語が含まれているものの，それが企業の管理主義の影響[6]を強く受けていることを指摘した。さらに，これらの用語によって「良い教師 good teacher」像が，潜在的な利害関係者や市場社会の中で，個人的に道を切り開いていく起業家的イメージとして構築されたと主張している。

　Connell（2009）が参考にしたMoore（2004）は *The good teacher* を著した際，競合しながら英国に存在している三つの「良い教師」の言説として，政府が好む訓練言説（training discourse）に基づく「有能な職人（competent craftspersons）」モデル，大学で広く普及している「省察的実践家（reflective practitioners）」モデル，そして大衆文化やハリウッド映画などで流布する天性の「カリスマ的（charismatic subjects）」教師モデルを示した。その中で「省察的実践家」は，学者が著す豊富な出版物の存在によって言説としての地位を高めており，政府

の公式文書の中で検証・普及された「有能な職人」とは一線を画しているとした。しかしながら，両者の言説は完全に対立することなく，むしろ「特定の形態の主体性―社会の改革に向けて『外』に目を向けるのではなく，『自己改善』に焦点を当てることを過度に強調している」（p.104）という点で，共通していることを鋭く指摘した。

　政府と学者の言説における意図せざる共通点の背景は，NPM 型改革が勢いを増した90年代に「教師教育は，省察的アプローチに対する一見不可解な熱狂の波に巻き込まれている」（p.268）と捉えた Smyth（1992）の批判に遡ることができる。彼は，当時流布していた特定の省察的実践の形態すなわち省察の個人化が，教師を解放するどころか，実際には教師を閉じ込めてイデオロギーを強化する「鉄の檻（iron cage）」（p.270）になることを批判していた。加えて，省察のようなプロセスは，外見上は現代性と教師の自主性を演出するが，実際には教師への支配をさらに強めるための隠れ蓑となり得ると批判した。それは，学校の「質」や「卓越性」の問題を，個々の教師の「省察」に委ねて個別化することで，学校教育のどこが悪いのかという複雑な問いを，教師個人が自分自身の問題にしてしまうことになるからである。

　省察概念はショーンによる「省察的実践家論」の提唱以降，盛んに行われた理論的・実践的検討の成果を引き継ぐことなく，むしろ一見対立しそうなNPM 型改革の中で，教職の統制システムに組み込まれていった。そして現在も，教職スタンダードの中で教師の統制を強化している。ただし，その統制は単なるトップダウン型の管理ではなく，授業や学校をより良くしようとする教師の誠実さを，技術的・実践的省察を通じた「自己改善」にすり替える，巧妙な自己統制言説として機能している。その背後には，ショーンが省察概念を中核にして問題を投げかけた伝統的専門職の在り方を，政治的文脈において強力に転換した「NPM 型プロフェッショナリズム」ともいえる専門職像の存在がある。

　本章の検討内容を踏まえると，我が国の研究と政策における省察論議を，教師個々の実践的指導力や実践知を重視する専門性論や資質能力論から一度引き

離して，専門職としての在り方を問う議論に定位し，さらに，その専門職性を規定する社会・経済政策の文脈に位置づけることが課題となろう。そうでなければ，進行する「教師の省察」の推奨や奨励は，この概念が呈する問題や意義を矮小化させてしまい，それどころか，知らず知らずのうちに教師を自己統制させようとする言説の強化に加担することになりかねない。

【注】

1) 国立情報学研究所の論文データベース（CiNii Articles）を使用して「教師」または「教員」と「省察」の2語をタイトルに含む論文数を示している。

2) 日本教育大学協会「モデル・コア・カリキュラム」研究プロジェクト（2004）『教員養成の「モデル・コア・カリキュラム」の検討—「教員養成コア科目群を基軸にしたカリキュラムづくりの提案—」』では「体験至上主義」（p.20）に陥ることが危惧され，「教育学的な理論研究」や「教育学的な見地（授業研究・教育方法など）から省察を行う」ことなどが提案されていた（p.80）。

3) Evetts（2011）はこの「新しい専門職性」を「職業的専門職」（occupational professionalism）から「組織的専門職」（organizational professionalism）への変化として捉える。

4) もちろん教職スタンダードが存在することだけで，自動的に管理主義が強化されたり，あるいは専門職性が担保されたりするわけではない。教職スタンダードの性質は，専門家団体によるものか行政によるものかという策定主体の違いや（佐藤学, 2015），誰のどのような考えが盛り込まれるものかによって異なるからである（佐藤仁, 2020）。ただし，スタンダードが国家的な教員養成・採用・研修の評価・認定制度に組み込まれている点では，教師教育への影響はトップダウンになりやすいと考えらえる。

5) ここでは Teacher Performance Assessment（edTPA），Secondary English Language Arts Assessment Handbook, Praxis Performance Assessment for Teachers（PPAT）Candidate and Educator Handbook, PPAT Reflective Practice Handbook が対象とされている。

6) Connell（2009）は，「課題」，「目標」，「ステイクホルダー」，「パートナーシップ」，「戦略」，「コミットメント」，「キャパシティ」，「達成可能な」，「効果的な」，「柔軟な」，「機会」といった言葉が多用されていることを指摘している。

【引用・参考文献】

秋田喜代美（1996）「教師教育における『省察』概念の展開—反省的実践家を育てる教師教育をめぐって」『教育学年報』5巻, pp.451-467。

エルモア, R. F. 著作，神山正弘訳（2006）『現代アメリカの学校改革—教育政策・教育実践・学力』同時代社。（Elmore, R. F.（2004）. *School Reform From The Inside Out: Policy, Practice, And Performance*. Harvard Education Press.）

岡村美由規（2017）「D. A. ショーンの reflection-in-action 概念の再検討—実践についての

認識論に注目して―」『日本教師教育学会年報』26号，pp.64-74。

佐藤仁（2020）「教員養成・採用・研修の一体化と教師の多忙化」雪丸武彦・石井拓児編『教職員の多忙化と教育行政：問題の構造と働き方改革に向けた展望』福村出版，pp.46-60。

佐藤学（1996）『教育方法学』岩波書店。

佐藤学（2015）『専門家として教師を育てる―教師教育改革のグランドデザイン』岩波書店。

高野貴大（2018）「現代の教職理論における「省察（reflection）」概念の批判的考察―ザイクナーとリストンによる「省察的教育実践」論を手がかりに―」『日本教師教育学会年報』27号，pp.98-108。

浜田博文編（2020）『学校ガバナンス改革と危機に立つ「教職の専門性」』学文社。

深見俊崇（2017）「教師教育におけるリフレクションに関する『批判的』検討」『大阪府立大学教育学会教育学論集』6巻，pp.25-31。

三品陽平（2017）『省察的実践は教育組織を変革するか』ミネルヴァ書房。

村井尚子（2015）「教師教育における「省察」の意義の再検討：教師の専門性としての教育的タクトを身につけるために」『大阪樟蔭女子大学研究紀要』5巻，pp.175-183。

Anderson, G. and K. Herr (2015). New Public Management and the new professionalism in education: Framing the issue. *Education policy analysis archives*, 23, p.84.

Anderson, G. and M. Cohen (2015). Redesigning the identities of teachers and leaders: A framework for studying new professionalism and educator resistance. *Education policy analysis archives*, 23, p.85.

Ball, S. J. (2008). *The Education Debate*. Bristol: policy press.

Berg, J. H., Carver, C. L. and Mangin, M. M. (2014). Teacher Leader Model Standards: Implications for Preparation, Policy, and Practice. *Journal of Research on Leadership Education*, 9(2), p.195.

Beyer, L. E. (2002). The Politics of Standards and the Education of Teachers. *Teaching Education*, 13(3), pp.305-316.

Connell, R. (2009). Good teachers on dangerous ground: towards a new view of teacher quality and professionalism. *Critical Studies in Education*, 50(3), pp.213-229.

Dinham, J., Choy, S. C., Williams, P. and Yim, J. S. C. (2021). Effective teaching and the role of reflective practices in the Malaysian and Australian education systems: a scoping review. *Asia-Pacific Journal of Teacher Education*, 49(4), pp.435-449.

Eraut, M. (1995). Schon Shock: a case for refraining reflection-in-action?, *Teachers and Teaching*, 1(1), pp.9-22.

Evans, L. (2011). The 'shape' of teacher professionalism in England: Professional standards, performance management, professional development and the changes proposed in the 2010 White Paper. *British educational research journal*, 37(5), pp.851-870.

Evetts, J. (2011). A new professionalism? Challenges and opportunities. *Current Sociology*, 59(4), pp.406-422.

Gorski, P. C. and Dalton, K. (2020). Striving for Critical Reflection in Multicultural and Social Justice Teacher Education: Introducing a Typology of Reflection Approaches. *Journal of Teacher Education*, 71(3), pp.357-368.

Glasswell, K. and Ryan, J. (2017). Reflective practice in teacher professional standards: Reflection as Mandatory Practice. In Brandenburg, R. et al. (eds.), *Reflective Theory and Practice in Teacher Education, Self-Study of Teaching and Teacher Education Practices*, 17, pp.3-26.

Hébert, C. (2015). Knowing and/or experiencing: a critical examination of the reflective models of John Dewey and Donald Schön. *Reflective Practice* 16(3), pp.361-371.

Kemmis, S. (1985). Action research and the politics of reflection. Boud, D. et al. (eds.), *Reflection, turning experience into learning*. Routledge, pp.139-163

Mayer, D. and M. Mills (2021). Professionalism and teacher education in Australia and England. *European Journal of Teacher Education*, 44(1), pp.45-61.

McGarr, O. & Emstad, A. B. (2022) Comparing discourses on reflective practice in teacher education policy in Ireland and Norway: critical reflection or performance management?, *European Journal of Teacher Education*, 45(3), pp.395-413.

Moore, A. (2004). *The good teacher : dominant discourses in teacher education*. Routledge.

Rodgers, C. (2002). Defining Reflection: Another Look at John Dewey and Reflective Thinking. *Teachers College Record*, 104, pp.842-866.

Sachs, J. (2003). Teacher Professional Standards: Controlling or developing teaching?, *Teachers and Teaching*, 9(2), pp.175-186.

Sachs, J. (2005). Teacher Professional Standards: A Policy Strategy to Control, Regulate or Enhance the Teaching Profession? *International Handbook of Educational Policy*, 13, pp.579-592.

Sams, B. L. and J. Dyches (2016). Is This Reflection? Examining Reflective Discourse in Teacher Education Standards and Performance Assessments. *SoJo Journal: Educational Foundations and Social Justice Education*, 2(1), pp.75-85.

Schön, D. A. (1983). *The reflective practitioner: how professionals think in action*, Basic Books. (佐藤学・秋田喜代美訳 (2001)『専門家の知恵』ゆみる書房。及び柳沢昌一・三輪建二監訳 (2007)『省察的実践とは何か』鳳書房。)

Smyth, J. (1992). Teachers' Work and the Politics of Reflection, *American Educational Research Journal*, 29(2), pp. 267-300.

Van Manen, M. (1991). Reflectivity and the Pedagogical Moment: The Normativity of Pedagogical Thinking and Acting. *Journal of Curriculum Studies*, 23, pp.507-536.

Van Manen, M. (1977) Linking ways of knowing with ways of being practical. *Curriculum Inquiry*, 6(3), pp.205-228.

Zeichner, K. and Liu Y. (2010) Critical analysis of reflection as a goal for teacher education. In N. Lyons (ed.), *Handbook of Reflection and Reflective Inquiry: maping a way of knowing for professional reflective inquiry*. Springer, New York,pp.67-84.

第10章

米国の教師教育における 「省察」言説と「社会正義」志向

高野　貴大

はじめに

　米国では1980年代以降，教員養成の高度化，教職の専門職化を企図した政策が全米規模で展開し，「臨床経験（clinical experience）」重視の教員養成プログラムが隆盛した。これは，大学を中心とした「伝統的な」教員養成プログラムに揺さぶりをかけた。この中で，教員養成の実践と研究の双方で注目を集めたのが「省察（reflection）」であった。すなわち，大学での「学修」と「臨床経験」との関係性に焦点が当てられ，その両者の媒介としての「省察」が重視された。

　本章は，米国の教師教育における「省察」をめぐる言説の現状と課題を詳らかにし，「省察」の問い直しを図るうえでの示唆を得ることを目的とする。そのために，以下では二つの視点から検討する。

　第一に，1980年代以降の米国の教師教育における「省察」の取り上げられ方を，政策動向及び研究動向から詳述する。その際，まず，1980〜90年代の教職の高度化，専門職化動向における「省察」概念の位置づけを検討する。次に，2000年代以降のアカウンタビリティ重視の改革動向下における「省察」概念を，edTPA（Educative Teacher Performance Assessment）を事例として取り上げながら検討する。これを通して，2000年代以降の米国で，教師教育における「省察」概念が脱文脈化していることを課題として取り上げる。

　第二に，脱文脈化された「省察」とは異なる今日的動向として，「社会正義」志向の教師教育プログラムを取り上げ，その意義と課題を明らかにする。

具体的には，カリフォルニア大学ロサンゼルス校（University of California, Los Angeles：以下 UCLA）・センター X の「社会正義」志向の教師教育プログラムにおいて，省察がいかに位置づいているかを明らかにする。センター X は，UCLA の機関として，教員及び校長の資格認定を伴う養成プログラムや，専門能力開発プログラムを展開してきた。プログラムはいずれも社会正義を体現することを原則としている。

第1節　1980〜90年代における教師教育改革の推移と「省察」

（1）教員養成の高度化と教職の専門職化政策

　1983年の『危機に立つ国家』において，教員養成の高度化と教職の専門職化が打ち出され，教師教育では，他の既成専門職を意識した「教師教育の高度化」動向で「臨床経験」が重視されるようになった。「臨床経験」とは，医療専門職養成における「実習」を表す概念であり，教員養成における「臨床経験」とは，養成段階における学校での実習を指す。1980年代以降，この概念は，大学の科目履修での学修（coursework）と，学校での実習をいかに接続するかという課題を乗り越え，大学での理論・論理の学修に終始するそれまでの「伝統的な」教員養成の在り方を再構築しうる概念として注目された。

　「臨床経験」重視の教師教育改革は，連邦法制にも影響を与えた。1965年制定の高等教育法は，教員養成にかかる事項として競争的補助金の枠組みと報告システムの二つの視点から1998年に修正が行われた（佐藤, 2012）。これにより，「臨床経験」重視の改革が補助金によって推進され，なおかつ連邦政府が各州の教員養成の質を把握する体制へ変化する先鞭がつけられた。

　他方で，1980年代後半以降，都市部や農村部において，代替の教員資格取得ルートが拡充した。これは，教員不足が顕著な地域において教員資格を緊急的に授与する仕組みであり，1990年代には，「伝統的な」教員養成プログラムが機能していないという批判も相まって，拡大した。これにより，1960年代からの大学による教員養成プログラムの「実質的な独占」状態は切り崩された

（Zeichner, 2012）。代替の教員資格取得ルートの拡充は，教員養成プログラムにおける大学の意義を相対的に希薄化させた。

（2）「省察」概念の流行と教師の専門性への応用

　ショーンによる「省察的実践者」論の提起（Schön, 1983）により，専門職像の転換が図られた。それは，技術的合理性に基づく専門職像から，専門職は実践の状況と対話を行いながら，問題状況を問題へと設定し，実践を展開しているとする「省察的実践者」としての専門職像への転換である。そして，教職を専門職化しようとする動きの中で，「省察」概念が教職理論へ応用された。米国の教師教育を時期区分した研究（Tatto & Clark, 2019）は，1976年から2000年を「省察的専門職としての教師」の時期であったとしている。

　「省察的実践者」像への専門職像の転換は，近代科学に基づく知識・技術の習得とその適用から，不確実性への対応へと専門職の在り方を構成主義的に問い直した。教職にとっては，教師による実践的知識を拠り所に，教職の専門性の再定義がなされたといえる。さらに，「省察」概念を通じて教職の専門性を問い直すことは，教職の専門職性確立を意義づけた。つまり，「省察的実践者」像としての教職論の提起は，他専門職（特に，医師，弁護士等）と比しても遜色ない専門職であることを主唱することになり得たのである。

　ただし，「省察」が教職理論に移入された1980年〜90年代当時から，その多義的な使用に対しては「何も意味をなさない状況」との指摘がなされた（Calderhead, 1989）。また，「流行としての省察的教育実践（bandwagon of reflective teaching）」といえる状況で，多くの教師教育者はその教育的指向性の違いに関わらず，流行に乗り，何らかの省察的教育実践を促進することにエネルギーを注いでいたとの指摘もある（Zeichner & Liston, 2013）。

　そのため，1990年前後から，社会理論を用いた教師の「省察」概念の把握（Calderhead, 1989）や，教師の「省察」概念の分類（Zeichner, 1994; Liston & Zeichner, 1991）といった研究がなされてきた。

（3）臨床経験と教職固有の「省察」論の提起

　1980年代以降，不確実な状況で省察的実践を展開できる教員を養成するために，「臨床経験」が重要だとする知見が生み出されたが，大学での理論・論理の学修を重視する立場からは，学校の既成パターンに受講者を当てはめるだけだと批判された。一方で，こうした批判には「臨床経験」の「質」を高める必要性が提起され，「臨床経験」と学問的知識の両者を重視して教員養成プログラムを構築すべきとした（Zeichner, 1981）。

　ザイクナー（K. Zeichner）とリストン（D. Liston）は，ウィスコンシン大学マディソン校の教育実習実践で，臨床経験と教育学的知識を接続させることを重要視した。彼らは，「批判的教授学（critical pedagogy）」の立場から，教員志望学生が自身の前提とする社会的通念に注意を払い，学校教育やそれを取り巻く社会の現状に対する適切な認識を促すことができるよう，大学での科目履修と実習経験を連関させる重要性を提起した（Liston & Zeichner, 1991, p.59）。これらを通じて，ザイクナーとリストンは，教職固有の「省察」概念の提起を試み，社会的に不利な立場に置かれがちな子どもに対して公正な教育機会を保障する存在として教師を位置づけ，教師にとっての「省察」を，「社会的アクター」としての自身の役割を把握しながら不確実な状況で行われる教育実践において「問題の設定」を行い，実践することと定義した。その理論では，大学での学修と実習のサイクルの意義が強調され，大学の教員養成課程，特に教育実習を重視した。そこでは，教員志望者が学校教育の社会的条件や社会正義に焦点を当てるアクション・リサーチを目指した（Gore & Zeichner, 1991）。

第2節　アカウンタビリティ重視の今日的改革と「省察」

（1）2000年代以降のアカウンタビリティ重視の全米的教師教育改革

　2000年代以降，連邦政府によるアカウンタビリティ重視の改革が展開し，教師教育における大学の役割が問い直された。特に No Child Left Behind Act（以下 NCLB 法）制定の2002年以降，教員政策への連邦関与が強化された。

NCLB 法は，学力格差是正に向けた「高い資質を有すると認定された教員」の確保が条項に設けられ，州の正規免許状と学士号を保持し，なおかつ教科専門の能力を証明できる教員の量的確保が全米的施策として展開した。

また，2008年の高等教育機会法改正により，州政府は，教員養成プログラムの状況を連邦政府に報告することを義務づけられた。他方，2009年のオバマ政権下の「頂点への競争（Race to the Top)」政策により，学力テストのスコア向上に資する教員が「効果的」と評価されることとなった。州の教員養成プログラムの状況を連邦教育省に報告する義務が州政府に課される一方で，児童生徒の成績向上というエビデンスに基づいて州に対する連邦政府からの補助金が交付される状況となった。

連邦政府主導の施策が展開するなか，米国の教員養成全体にアカウンタビリティが浸透している。コクラン–スミスらは，その事例に四つを挙げた（Cochran-Smith et al., 2018)。それは，①州政府の連邦教育省へのレポートカード提出，② CAEP（Council for Accreditation of Educators Preparation)，③ NCTQ（National Council on Teacher Quality)，④ edTPA である。①は，州政府から連邦政府への教員養成プログラムの報告義務である。②は，教員養成機関のアクレディテーション団体で，既存団体（NCATE と TEAC）が2013年に実質的に統合された（佐藤, 2015)。③は，教員養成プログラムの評価を隔年で行っている。④は，教職志望者のパフォーマンス評価を行うものである。

コクラン–スミスらは，上記4事例について，その価値基盤，問題把握と解決策，権力関係という視点から分析した。これらのアカウンタビリティ・システムに共通する特徴として，児童生徒のテストスコアに紐づけた教員の質評価という矮小な教育実践の見方を指摘した（Cochran-Smith et al., 2018, p.151)。加えて，この矮小な教育実践観に基づいたトップダウン型のアカウンタビリティ・システムの駆動により，ローカルな視点（参画，目的，知，コミュニティとの関係）が欠落しているという（Cochran-Smith et al., 2018, p.151)。

（２）アカウンタビリティ重視の改革と「省察」概念～ edTPA を事例に～

　アカウンタビリティ重視の改革のうち，「省察」と深く関連する edTPA を取り上げる。edTPA は，教職志望者のパフォーマンス評価を行うために開発された。2009年から，スタンフォード大学の一部局である SCALE，米国教育大学協会，民間企業のピアソン社で開発され，2013年9月に運用が開始された。2021年時点で41州とコロンビア特別区の966プログラムで導入され，22州とコロンビア特別区では edTPA の完了が教職へアクセスするための条件とされている。

　edTPA では，教室での実践のビデオ記録や指導案等をもとに，教員志望学生の資質能力をパフォーマンスによって評価する。評価は，州横断的な優秀教員の認証評価システムである NBPTS（National Board for Professional Teaching Standards）のスキルとコンピテンシーに対応させた内容で，edTPA 修了者や教師教育担当者の複数名で行われる。また，edTPA は，教職の専門職化を志

表10.1　edTPA の三つの構成要素に対応するルーブリックの観点

	作成する書類等	ルーブリックの観点
計画	・指導案，教材，児童生徒への課題，評価 ・計画についてのコメント	①教授内容の理解に向けた計画 ②児童生徒の学習ニーズへの支援 ③児童生徒に関する知識の活用 ④言語に関する需要（demand）の認識と支援 ⑤児童生徒の学習評価の計画
指導	・編集していないビデオ映像 ・指導についてのコメント	⑥肯定的で積極的な学習環境の例証 ⑦生徒の学習意欲を高める ⑧指導中に学習を深めること ⑨教科等に特化した教授方法 ⑩教授（teaching）効果の分析
評価	・児童生徒が実際に使ったプリントや作品のサンプル ・フィードバックの証拠 ・児童生徒の学習評価についてのコメント ・評価基準 ・児童生徒の自己評価	⑪児童生徒の学習の分析 ⑫学習に向けたフィードバックの提供 ⑬フィードバックの活用の支援 ⑭教科の学習を支援するために言語を活用した証拠 ⑮授業に向けた評価の活用

出典：SCALE（2013）p.11及び佐藤（2017）p.1078をもとに作成

向しており，「高スタンダードによる教職の専門職化」や「真正なデータに基づく教員養成の改善」が価値基盤にある（Cochran-Smith et al., 2018, p.118）。そこには「他の専門職で利用されている真正の場面でのパフォーマンスを問う試験を教員免許に導入することで，教員という職業の複雑性をきちんと評価し，専門職化を進めることが意図」されている（佐藤, 2017）。

edTPA は，教科（体育，音楽，歴史等）や教育段階（幼児，5〜8歳，9〜11歳，12〜18歳）等により，28領域で展開されている。評価項目は，全領域共通が8割，教科や領域に固有のものが2割である。全領域共通で「計画」「指導」「評価」の三つのタスクに対し，15のルーブリック評価の観点がある（表10.1）。

（3）edTPA における「省察」

edTPA で教職志望者はスタンダードやルーブリックの観点に基づき，ビデオ録画と省察で評価される。そのため，「edTPA は教職志望者の専門職的判断，実践，省察に焦点を当てている」（Cochran-Smith et al., 2018, p.122）。「受講者の声」にも，「生徒の状況を省察し（reflect），分析し，検討することを学んだ」や，「毎日のように文章で省察する（reflection）だけでなく，長い時間をかけて省察することが求められた。これは，証拠に基づいた批判的で客観的な考察のことであった。」といった語りがあり（SCALE, 2013），「省察」が意識されている。

また，運用団体である SCALE は，「教職志望者は，edTPA の準備をしながら，教えることについての理解を深め，自分の強みや課題を省察しながら（reflecting），専門職へと進む」（SCALE, 2021, p.2）としており，edTPA の目的に向け，「省察する」ことに言及している。ただし，ルーブリックの観点①〜⑮（表10.1）に「省察」という言葉が直接的に表れているわけではない。

他方で，edTPA の理論的背景には，省察の考え方がある。特に，ルーブリックの観点⑩「教授効果の分析」と関連して「省察」が意識されている。例えば，観点①〜⑮ごとに，関連研究論文のレビューをまとめた SCALE（2015）では，観点⑩の関連論文として15文献中10が「省察」をタイトルに含む論文で

ある。

　以上から，edTPA では評価ルーブリックの観点に「省察」は明示化されないものの，理論的背景に「省察」概念がある。これは，edTPA が「構成主義的な知識と実践の見方に基づく効果的な教育実践」（Cochran-Smith et al., 2018, p.118）を基本的なコンセプトに据えているためと考えられる。

　また，edTPA は，付加価値評価（value added assessment）と対置して捉えられる。付加価値評価とは，「学力テストの点数を上げることに対して教員がどの程度貢献したのかについて，児童生徒の学力テストの点数やその伸長率等を利用しながら，統計的に教員の貢献度を測定するもの」であり，「edTPA は従来の筆記試験型の教員免許試験の対抗軸，もしくは取って代わる試験と位置付けられ」，「加えて，教員志望学生のパフォーマンスを多角的に評価する構造は，学力テストという一面性だけで教員養成機関の成果を捉える付加価値評価の対抗軸としての可能性」（佐藤, 2017）が指摘されている。

（4）アカウンタビリティ重視施策による「省察」の脱文脈化

　以上の特徴をもつ edTPA だが，いくつかの視点から批判が展開されている。

　第一に，ピアソン社との連携によって，米国の公教育の企業化と民営化を助長しているとの指摘である（Cochran-Smith et al., 2018）。

　第二に，スタンダード化を招くとの批判である（Au, 2013）。edTPA はビデオ録画での評価や省察レポートの評価を標準化した。推進者からは省察的探究に向かっていることへの肯定的評価もみられる（SCALE, 2015）。一方で，実践や省察の様子を撮影したビデオなど，パフォーマンスの重要な側面を実際に標準化することができるのか，という疑問が提起されている。

　第三に，公平性に関わる問題が指摘されている。これには，教職志望者のアクセスやコスト，人口集団間のパフォーマンスの偏りなどがある（Cochran-Smith et al., 2018, p.131）。

　このように，2000年代以降アカウンタビリティ重視の教師教育政策において，パフォーマンス評価の重視は，パフォーマンスの標準化と葛藤状況にあ

る。特に，米国の公教育全体が，アカウンタビリティ重視によって，企業化，民営化される中において，パフォーマンス評価の理念に位置づく「省察」が標準化されることで，脱文脈化された「省察」が拡がることが危惧される。州ごとに導入状況は異なるものの，edTPA が免許取得と紐づけられている州では，教員養成プログラムにおけるアカウンタビリティを達成するための一つの「儀礼」として「省察」が存在している可能性もある。

第 3 節　文脈を重視した社会正義志向の「省察」〜センター X の事例〜

　以下では UCLA・センター X における教師教育プログラムのこれまでの展開状況と省察の位置づけを分析する。センター X を取り上げるのは，「社会正義」を軸にプログラムを展開することで，実習生にとっての文脈（児童生徒の社会経済的背景や人種的公正等）を重視しており，脱文脈化された「省察」とは異なる動向が見て取れるからである。

　分析には，センター X の取り組みをまとめた書籍（Francois & Quartz, 2021）及びプログラム関係者（いずれも当該書籍の編者または著者）4 名に対する聞き取り調査（2023年 2 月13日午前実施）の結果を用いる。聞き取り調査の概要は表10.2の通りである。聞き取り調査では，センター X のプログラムの理念や展開状況と，そのプログラムにおける省察の位置づけについて尋ねた。

表10.2　聞き取り調査対象者の概要と実施方法

対象者	センター X での役職等	実施方法
A 氏	執行役員	A, B 両氏と当方の共同研究者 3 名の計 5 名でのグループインタビューで実施（52分間）。
B 氏	コミュニティ・スクールディレクター	
C 氏	PLI 担当者	C, D 両氏と当方の共同研究者 3 名の計 5 名でのグループインタビューで実施（47分間）。
D 氏	TEP ディレクター	

注：1．4 氏は Francois & Quartz 2021の編著者または著者として刊行に携わった。
　　2．実施日は，いずれも2023年 2 月13日午前。
　　3．当方の共同研究者 3 名は，三品陽平，朝倉雅史，髙野貴大である。

（1）UCLA・センターXの取り組み

　センターXは，1992年創設のUCLAの教師教育を所管する機関で，主に三つのプログラムがある。それは，①教員養成プログラム（Teacher Education Program：以下TEP），②校長リーダーシップ研修（Principal Leadership Institute：以下PLI），③学校や教員を対象とした専門能力開発（Professional Learning）である。①，②は大学院修士課程レベルで，教員または校長の州資格と修士学位（Master of Education）を取得できる。③専門能力開発は，学校やカリフォルニア州の教員に向けて提供している。センターXには，100人以上の教師教育者が所属し，大学でのコースワークを担当する研究者教員や実習校でメンター教員として受講者に関わる実習担当者も含まれる。

　センターXの創設30年にあたり，書籍が2021年に刊行された。それが上述

表10.3　書籍PSSJE（Francois & Quartz, 2021）の構成

部	章	章タイトル
イントロダクション		
第Ⅰ部	教育と学習を変革する教育者の養成	
	第1章	レトリックを現実にする　（1996年論稿の再録）
	第2章	コミュニティ・ティーチャーとなるための学習
	第3章	教員養成の学習とアカウンタビリティの枠組み
第Ⅱ部	実践を深め，苦闘を続ける教育者の持続支援	
	第4章	公正性のための相互学習パートナーシップ：批判的に振り返り，破壊し，行動を起こす教育者を支援する
	第5章	教員養成を超えて：学び続ける機会の創出
	第6章	公正志向の理科の専門家養成
	第7章	"サークルである"：UCLAのPLIと社会正義リーダーシップの実践
第Ⅲ部	公立学校の変革	
	第8章	変革をもたらすパートナーシップ：セオドア・ルーズベルト高校とカリフォルニア大学ロサンゼルス校の教師教育プログラム
	第9章	UCLAコミュニティ・スクール：社会正義志向の教育者を維持する職場文化の創造
	第10章	マンUCLAコミュニティ・スクール：近隣の公立学校の再構築と再生
	第11章	私たちはトラブルに向き合ってきた

したFrancois & Quartz（2021）である。『社会正義志向の教育者の養成と持続支援（Preparing and Sustaining Social Justice Educators：以下PSSJEと略記)』と題されたこの書籍の構成は表10.3の通りである。

PSSJEは，3部構成で，いずれもセンターXのプログラムについて展開状況が詳述される。第Ⅰ部ではセンターXの創設背景と現状が示される。第1章は，1996年の論稿（Oakes, 1996）の再掲で，センターXの基本理念と背景が紹介される。第2章では，教員養成プログラム（TEP）の現状を紹介している。TEPでは，受講者が自身の生活体験と，実習校の社会政治的な背景を理解することで，反人種主義的な教育方法を構築し，コミュニティ・ティーチャーの育成が目指される。第3章では，教員の質の測定と評価という喫緊の政策課題が取り上げられている。

第Ⅱ部では，センターXの教師教育の手法やモデルが詳述される。第4章では，メンターと受講者が対等に対話を深める「公正性のための相互学習パートナーシップ」が紹介されている。第5章では，入職後の学習の重要性に触れられ，センターXの理念が教員養成だけでなく，教員の生涯発達支援を目指していることに加えて，学校改革への視点も示される。第6章では，STEM教育充実の側面から公正志向の理科教師の養成が論じられる。第7章では，校長の養成プログラム（PLI）が取り上げられ，センターXのTEP出身者がPLIにエントリーできる等，社会正義志向の教員養成が学校リーダーの養成へつながっていることが示される。

第Ⅲ部では，センターXが推進する公立学校の変革という視点から，「コミュニティ・スクール」の取り組みに焦点を当てて，大学と提携した幼稚園から高校までの三つの学校での事例が詳述される（第8，9，10章）。第11章では，本書の結びとして，各章を小括しながら，第1章で論じられたセンターX創設時の理念と対応させる形で，その展開状況の概括がなされている。

（2）センターXの創設背景・理念・現況

センターXの沿革は，1992年4月のロサンゼルス暴動による社会的混乱に

さかのぼる。ロサンゼルス暴動は，ロサンゼルスのサウス・セントラル地区で起きた暴動で，白人警官がアフリカ系アメリカ人のロドニー・キングに対し暴行を加える事件が起こったものの，白人警官は裁判で無罪となり，これに憤怒した貧困地区の住民が暴動を起こしたものである。

　1993年，カリフォルニア大学の専門教育諮問委員会は「困難な時代の教育：行動に向けて（Education in Troubled Times: A Call to Action）」を公表し，米国の公立学校における不公平な状況を強調し，大学自体の文化を根本的に変え，大学と学校の関係と教師教育を変革し，都市部の学校改革に取り組むとした。

　この報告書を踏まえ，UCLA 教育情報学部の焦点は，社会正義の原則に導かれ，ロサンゼルスの最も支援を要する学校のサポートと協力に変わった。こうしてセンター X が創設され，1995年秋に初めて受講者を受け入れた。

　創設当初から現在まで一貫するセンター X の基本理念は以下の八つである。

①社会正義のアジェンダを体現する。

②専門職としての準備，能力開発，サポートを提供する。

③機関やコミュニティを超えたコラボレーション。

④専門職教育，学校改革，幼稚園から高校までの学校教育とコミュニティ・カレッジに対する UCLA の役割に関する改革に同時に焦点を当てる。

⑤理論と実践の融合（Blend theory and practice）。

⑥内容の深い知識，効果的教授方法，教育や学習に真剣に継続的に取り組める学校文化の構築を通じて，教育者と児童生徒のニーズを結びつける。

⑦自己刷新（self-renewing）を続ける。

⑧組織，職員配置，日々の活動において，多様性に富み，思いやりがあり，社会的責任のある学習コミュニティを形成する。

　PSSJE 第 1 章では，センター X の教師教育の原則として，以下四つの教員像が紹介される（pp.16-17）。それは，①すべての児童生徒にとってのケアリング擁護者，②省察的（reflective）で，探究的な実践者，③コミュニティの形成

者（Builders），④生成的変革者（generative change agent）の四つである。これらの原則は現在まで一貫している。また，これらの原則と呼応して「コミュニティ・ティーチャー」の養成がスローガンに掲げられている。PSSJE の第 2 章（p.34）では，Murrell（2001）の社会正義を実践する教師の育成モデルが参考にされている。聞き取り調査で B 氏は，「コミュニティ・ティーチャーというのは，社会正義の教育者という職業の一員であることを意味する」と語っていた。それは，「世界を変えたいという願望があるだけではなく，非常に戦略的な方法で，この課題に真剣に取り組んでいる専門職の一員であること」を意味するという。社会変革を教員としての専門職実践から図ることが含意されている。

上記八つの理念と四つの教員像は創設当初から現在まで一貫しており，基本構造に変化はない。ただし，以下 2 点の現況は特筆すべきである。

第一に，人種や経済的格差を背景とする社会の分断が改善されていないことである。例えば，PPSJE 第 2 章の冒頭では，2020年に起きたジョージ・フロイド氏への警官による暴行死事件に触れながら，その後の人種差別に抗議するデモが1992年のロサンゼルス暴動を彷彿させたとしている。また，センター X 創設 4 年目に担当者となった A 氏は「現在のカリフォルニアは，センター X が構想された当時と非常に似たような社会政治情勢になっており，（中略）根本的な原因である人種差別など，多くのことが変わっていません。貧困は本当に変わっておらず，私たちの状況はより複雑になっています。」と語っていた。

第二に，アカウンタビリティ重視政策のもと，教員評価システムが展開する中で教員養成を行う必要性である。2000年代以降，カリフォルニア州でも連邦政策に基づいたアカウンタビリティ重視の教師教育改革が進行しており，前述の edTPA 完了も州の教員免許取得条件である。PPSJE 第 3 章では，アカウンタビリティ重視政策への対応が取り上げられ，センター X の IMPACT 教員レジデンシープログラムを対象に，教員の質的評価指針を紹介している。すなわち，教育の複雑性を把握するためには複数の評価指標によって，教育の質の評価がなされるべきとの前提から，評価指標が選択されたという。この評価指標は，カリフォルニア州の教員業績評価基準に沿って厳密化されている。

また，IMPACT 教員レジデンシープログラムは，2009年の「頂点への競争」政策以降推進されてきた連邦補助金プログラムで，州を通じて豊富な資金が提供される。D 氏は，レジデンシープログラムの豊富な資金ゆえに，メンターを充実させたり，受講者への奨学金を充実させたりでき，通常の TEP では実現できないと語っていた。アカウンタビリティ・システムに適うプログラムの展開により，教員養成スタンダードと向き合いつつ，補助金の後ろ盾を得ている。

（3）「社会正義」志向の省察の内実

　センター X では，受講者が「自分自身の知識，仮定，過去の経験（つまり，ポジショナリティ）について省察すること」（PSSJE 第 2 章，p.36）が重視される。この省察は，「私たちの誰もが，自分の周りの世界の見方や理解の仕方を形作る，複数のユニークな経験を持っていることを認識すること」である（同上）。

　これは，「コミュニティ探究プロジェクト」や「親・家族・介護者参加プロジェクト」として TEP 1 年目のカリキュラムに位置づき，エスノグラフィーによるコミュニティでの調査や保護者等との対話を含む。聞き取り調査で A 氏は，「正直言って，UCLA はエリート研究大学で，私たちの学生の多くは，特に有色人種の貧しい地域に足を踏み入れたことのない，主に中流上流階級の白人学生だった」という。「彼らはテレビ画面上の貧困地域や労働者階級の地域を思い浮かべながらやってくる」ため，それを変えなければならなかったという。イメージだけでは変えられないため，「学校の近隣（neighborhoods）にどっぷりと浸かり，近隣の価値に目を向け，メディアが伝えてきた近隣を超えた美しさに目を向けることができるような問いかけをしなければならない」という。

　ただし，A 氏によれば，「コミュニティ探究プロジェクト」の開始当初，受講者は，プロジェクトに参加し，そのコミュニティの価値について学び，ディレクトリの記録を作成するものの，その地域の人々を尊重しながら，その地域で自分たちがどのような存在になれるかまで迫ったものになっていなかったと

いう。より深く掘り下げ，コミュニティに貢献するため，年間を通して，エスノグラフィックな調査を行い，それを受講者が実践するカリキュラムに結びつけるようにしたという。コミュニティの資源を，教科の学習内容と関連づけ，受講者の実践がコミュニティにとっても価値あるものとしたい意図があった。

「親・家族・介護者参加プロジェクト」でTEPの受講者は，家族，地域社会，学校システムの相互関係を探る。具体的には，自分が学級の担任になったことを想定し，家族とともに活動するための指針を得るために，保護者，介護者，生徒，学校関係者と対話することが求められる。このような対話では，教職に就いた際，保護者や家族，介護者に対して，どのように自己紹介をし，どのような意図や期待を伝えるかが試される（PSSJE, 第2章, p.39）。

A氏は，「このように深く潜り込み，長い時間を費やすことで，（受講者が）自分の居場所がここにあると感じられる」とし，この地域の出来事が，コミュニティの住民だけでなく，自身にも影響することを実感できるかが重要だという。この実感のもとに，教員養成課程の第2クオーターでは，近隣について学んだこと，資本，声，物語を授業計画や単元計画に統合することが課される。

他方で，B氏は，センターXの教師教育における「省察」の位置づけについて，「この言葉は，現在では少し流行遅れのような気がする」としたうえで，「20年前のことを思い出すと，私たちはこの言葉をよく使っていたが，言説の中ではあまり（省察という言葉は）使われなくなって」いるという。

ただし，「同じ考えであることは間違いない」という。上記の通り，PPSJE第1章では，センターXの原則の一つに，「②省察的で，探究的な実践者」が掲げられていた。省察は明示されないものの，考え方の基盤となっている。

そのうえで，B氏は，「私たち（センターX）は教師を知識人（intellectual）として認識し」ており，それは「教員は非常に厳しい省察的（reflective）な仕事をしなければならない」との認識であるという。そして，現在では，「市民主体としての教師（public intellectual）」を用いることが多いという。A氏は，「『省察的実践者（reflective practitioner）』は，自分の教室での実践を意味する一方で，『市民主体としての教師』とは，私たちが社会変革の一翼を担ってい

るということであり，それは本当に難しいことであるが，教員もその一員であり，より大きな文脈を反映したものでなければならない」と語っていた。

　なお，PPSJE 第 1 章では，「ヘンリー・ジルーが提唱する『変革主体としての教師（transformative intellectual）』の概念に倣い，私たちは受講者に『リスクを冒し，未来を見つめ，ありのままの世界ではなく，ありうる世界を想像する勇気』を持ってほしいと考えた。そして，想像したことに基づいて行動する能力と自信も持ってほしい。」(p.17) と記述があり，これに倣うと考えられる。

（4）省察の支援体制と「コミュニティ・スクール」での実習

　PSSJE 第 4 章では，「公正性のための相互学習パートナーシップ（Reciprocal Learning Partnerships for Equity：以下 RLP）」というセンター X 独自のメンター制度の考え方が紹介されている。これは，メンターと関わる機会が豊富なレジデンシープログラムで用いられているもので，メンターと受講者が対等に対話を深める。なぜなら，メンター教員も，公正性に対して必ずしもすべて正解を持つのではなく，場合によっては受講者との対話によって，メンターの公正性に対する考え方も刷新される可能性があるためである。例えば，PSSJE 第 4 章では，「休み時間」をめぐるメンターと受講者の考え方の違いが示される。メンター教員にとって，貧困地域の子どもたちを「休み時間」に放置することは問題が生じるという前提があった。受講者は公正性やバイアスの観点からそれに疑念をもっていたが，メンターと受講者という関係性があるためにそれを表明できないでいた。こうした受講者とメンターの関係性を，対等な立場の学習者として位置づけ直すことを RLP では目指す。そのために，メンターと受講者は対話の糸口とする以下 7 類型の質問項目を設けた（表10.4）。

　このように，RLP ではメンターと受講者の対等な関係で社会正義志向の省察が行われる。加えて，PSSJE 第Ⅲ部では，センター X の基本理念の一つである学校改革の対象としてコミュニティ・スクールでの実践が示される。学校の変革に，センター X が寄与することで，社会正義の視点から授業研究の活性化を促し，同僚との対話から実践を探究していくことの重要性が強調されている。

表10.4 RLPで用いられる質問項目

類型	質問内容
①公正性	今，どのような抑圧が繰り広げられているのか。私たちは，それに対して何をするのか。
②互恵性	私たちはどのようにお互いの知識や専門性を高めているのか。私たち二人は，何を変えるために進んでコミットするのか。
③関係性の信頼	私たちはどのように効果的にコミュニケーションをしているか。私たちはどのようにお互いに責任感，説明責任，柔軟性を発揮しているか。
④アイデンティティ	児童生徒のアイデンティティはどのように実践における意思決定に影響を与えるか。私たちのアイデンティティは，児童生徒や学習についての信念にどのような影響を及ぼしているか。
⑤ポジショナリティ	教育者としてのアイデンティティや立場，役割，教室での居場所は，児童生徒や家族，地域住民との交流をどのように認識し，尊重し，あるいは複雑にしているか。
⑥公正性に資する行動	教室や学校における不公平や抑圧に関与し，それを解消するために，私たちは何をするか。私たちは，学校内の多様な文化に対する知識と理解を深めるために，何をしたか。公正性の問題に取り組むため，どのような共同行動をとろうとしているか。
⑦批判的省察	公正な行動の有効性を証明できたか。その修正が必要か。行動を起こすために，さらにどのような知識や情報が必要か。私たちのアイデンティティや立場は，生徒や学習についての信念にどのような影響を及ぼしたか。

むすびにかえて

　1980年代以降，米国で「省察」概念は，教師の専門性を指し示す概念であると同時に，構成主義的な志向性から専門職性確保を主張する言説となった。2000年代以降もその傾向がみられる一方で，政策，スタンダードに表立って位置づくわけではない。edTPAでも，ルーブリックへ直接的に「省察」が記載されるわけではない。しかし，edTPAでは，パフォーマンス評価の背景に「省察」の考え方があり，構成主義的価値志向によって専門職化を図る志向性が看取できた。さらには「省察」関連の文献が紹介されていた。パフォーマンス評価を行ううえで，「省察」という理念が現在でも重視されている。

しかし，アカウンタビリティ重視の政策においてパフォーマンス評価が重視されることは，パフォーマンスの標準化と葛藤状況にあることも確認できた。特に，パフォーマンス評価の理念に位置づく「省察」の脱文脈化が危惧される。

　他方で，ザイクナーとリストンが「社会的アクター」としての教師の専門性の育成を重視したように，最前線で児童生徒の公正性に向き合うことを教職の専門性の中核とする論も展開された。すなわち，文脈依存的かつ複合的要因で発生する公正性に対する課題へ応答する側面で「省察」を教職の専門性に位置づけ，それを教職の専門職性として定位していく試みもみられた。

　以上を踏まえれば，社会正義志向の省察に着目する意義があると考えられる。UCLA・センター X の諸プログラムにおける省察は，社会変革までも視野に入れる省察であり，このことによって，社会正義の体現が目指されている。センター X では，①ケアリング擁護者，②省察的・探究的実践者，③コミュニティ形成者，④生成的変革者という四つの教師像が掲げられた。これらを基盤とするため，B 氏の語りの通り，「省察」は必ずしも言説として表明されないものの，理念として根付いている。また，センター X では，「市民主体としての教師」と表現されたように，コミュニティ・ティーチャー育成の名のもとに，社会変革，特に，カリフォルニアの貧困地域を対象としたコミュニティの変革に教員という専門職として資することが企図されている。Gorski & Dalton（2020）は，「社会変革の省察」が学校内外における抑圧や権力，正義に対する視点を拡げた「批判的省察」であり，教員が自身を社会変革の主体として位置づける省察であるとした。センター X における省察は，公正性実現に向けて，教員が抑圧や排除に向き合う視点を持っており，社会正義を志向している。批判的省察が多義的に用いられ，教員個人の変容に焦点化され，必ずしも社会変革を視野に収めない省察が流布しているとの指摘もある（Brandenburg, 2017）。こうした中で，教員の省察を公共性に開かれた専門職として定位する点は，意義がある。

　加えて，センター X の取り組みには，社会正義志向の教員養成という形で大学の役割が組織化されることによって，大学のミッションの再定義が図られ

る点が看取できる。特筆すべきは，教員養成だけでなく，教員の職能発達や学校改革までも視野に入れており，最も支援を必要とする地区の改善に寄与する教員を継続的に支援していることである。

　他方で，A氏の語りに「エリート研究大学」とあった通り，UCLAの有する資源は豊富であり，社会正義志向の教師教育実践の蓄積もある。IMPACT教員レジデンシープログラムにおいて，RLPの考え方のもと，対等なメンターとの関係を模索できたのも，センターXが有する豊富な資源や蓄積によるものだろう。2000年代以降のアカウンタビリティ重視の教師教育政策を踏まえると，教員養成がスタンダード化されていく中で，資源が豊富で，予めスタンダードに対応し得るプログラムを展開している上位大学は比較的柔軟に対応し得たと考えられる。すなわち，センターXでは，省察が言説として語られずとも，前提として内在化され，それが社会正義と連結し得た。教員養成において社会正義志向の省察を位置づけるためには，綿密で内在的な理念の構築と，それを実現させるための資源の多寡が慎重に検討される必要があろう。

【引用・参考文献】

佐藤仁（2012）「教員養成プログラムに対するアカウンタビリティの制度的構造」北野秋男・吉良直・大桃敏行編著『アメリカ教育改革の最前線―頂点への競争』学術出版会，pp.161-176。

佐藤仁（2015）「米国における分野別質保証システムの事例―教員養成分野―」大学評価・学位授与機構『大学教育における分野別質保証の在り方に関する調査研究報告書』pp.12-21。

佐藤仁（2017）「アメリカにおける教員養成教育の成果をめぐる諸相―付加価値評価と教員パフォーマンス評価に着目して―」『福岡大学人文論叢』第48巻第4号，pp.1069-1087。

Au, W. (2013). What's a nice test like you doing in a place like this?: The edTPA and corporate education "reform". *Rethinking Schools*, pp.22-27.

Brandenburg, R., Glasswell, K., Jones, M., & Ryan, J. (2017). *Reflective Theory and Practice in Teacher Education*, Springer.

Calderhead, J. (1989). Reflective teaching and teacher education. *Teaching and Teacher Education*, 5(1), pp.43-51.

Cochran-Smith, M., Carney, M. C., Keefe, S. E., Burton, S., Chang, W.-C., Fernández, M. B., Miller, A. F., Sánchez, J. G., Baker, M. (2018). *Reclaiming Accountability in Teacher Education*. Teachers College Press.（木場裕紀・櫻井直輝共訳（2022）『アカウンタビリティを取り戻す：アメリカにおける教師教育改革』東京電機大学出版会。）

Francois, A., Quartz, K. (eds.) (2021). *Preparing and Sustaining Social Justice Educators*, Harvard Education Press.

Gore, J. M., & Zeichner, K. M. (1991). Action research and reflective teaching in preservice teacher education: A case study from the United States. *Teaching and Teacher Education, 7*(2), pp.119-136.

Gorski, P. C. & Dalton, K. (2020). Striving for Critical Reflection in Multicultural and Social Justice Teacher Education: Introducing a Typology of Reflection Approaches. *Journal of Teacher Education, 71*(3), pp.357-368.

Liston, D. & Zeichner, K. (1991). *Teacher education and the social conditions of schooling*, Routledge.

Murrell, P. (2001). *The Community Teacher: A New Framework for Effective Urban Teaching*, Teacher College Press.

Oakes, J. (1996). Making the Rhetoric Real: UCLA's Struggle for Teacher Education that is Multicultural and Social Reconstructionist. *Multicultural Education, 4*(2), pp.4-10.

SCALE. (2013). *2013 edTPA field test: Summary report: November 2013* (Issue November).

SCALE. (2015). *Review of Research on Teacher Education: edTPA Task Dimensions and Rubric Constructs*.

SCALE. (2021). *Educative assessment & meaningful support: 2019 edTPA Administrative Report*.

Schön, D. A. (1983), *The reflective practitioner: how professionals think in action*, Basic Books. (佐藤学・秋田喜代美訳 (2001)『専門家の知恵』ゆみる書房。)(柳沢昌一・三輪建二監訳 (2007)『省察的実践とは何か』鳳書房。)

Tatto, M. T. & Clark, C. M. (2019). Institutional Transformations, Knowledge, and Research Traditions in US Teacher Education. In Tatto, M. T.& Menter, I. (Eds.), *Knowledge, Policy, and Practice in Teacher Education* (1st ed.), Bloomsbury Academic, pp.233-253.

Zeichner, K. M. (1981). Reflective teaching and field-based experience in teacher education. *Interchange, 12*(4), pp.1-22.

Zeichner, K. M. (1994). Conceptions of reflective practice in teaching and teacher education. *Action and reflection in teacher education*, pp.15-34.

Zeichner, K. M. (2010). Rethinking the Connections Between Campus Courses and Field Experiences in College- and University-Based Teacher Education. *Journal of Teacher Education, 61*(1/2), pp.89-99.

Zeichner, K. M. (2012). Teacher Education in the United States: Approaches to Improvement., In Banks, C. J. A. (ed.), *Encyclopedia of Diversity in Education*, SAGE Publications, pp.2119-2124.

Zeichner, K. M. & Liston, D. P. (2013). *Reflective teaching: An introduction (2nd edition)*. New York, NY: Routledge.

第11章

イングランドの教師教育における「省察」言説
—「省察」の広がりを問い直す—

高野 和子・田中 里佳・栗原 崚

はじめに

　イングランドの教員養成において，「省察的実践家（reflective practitioner）」「省察的教師（reflective teacher）」は1980年代末以降，顕著な広がりをみせてきた。

　イングランドの教員養成は歴史的にも常に多様で，モデルからはずれる例外的事実に満ちており，全容を理解するのが難しいが，全体像把握を試みる初の大規模調査が1991年，大学の研究者グループによって実施された（通称MOTE 1 調査）。その調査で，教職課程主任に対して「教員養成課程が特定の哲学あるいはプロフェッショナリズムのモデルに基づいているか」を尋ねたところ，「基づいている」が81％であり，そのモデルについては初等・中等教員養成課程の72％が「省察的実践家モデル」と回答したという。その後，1995年に実施された MOTE 2 調査では，自由記述で「省察的 reflective」という語を用いたものが46％（n＝98），「省察的実践家」の語を用いたのが41％（n＝86）であった。また，提示されたリストの中から，自分たちの課程が養成しようとする教師像を三つ選ぶという設問の回答で，上位三つは reflective, professional, competent であったという（Furlong et al., 2000）。1990年代前半の教員養成課程において，「省察的実践家」が主流ともいえるモデルであったことがわかる。

　これと並行するように，教師教育に関わるテキスト的な書籍では，例えば，A. ポラードと S. タンが1987年に刊行した『初等学校での省察的実践：教室のためのハンドブック』（Pollard & Tann, 1987）は，教員養成を行っている大学

図書館で複数冊配架されるような確立されたテキストとして版を重ね，その後，ポラードが監修者となる省察的実践シリーズ *Reflective Teaching Series* として初等学校以外をも対象として展開されてきている。現在，ポラードをシリーズ監修者として，幼児教育から継続教育・成人教育・職業教育（第5版），高等教育（第2版）までをカバーして多数の編著者が執筆する書籍群となっており，2023年には初等学校（第6版），中等学校（第6版）と改訂版が相次いで刊行された。

さらに，1990年代末以降は，「省察」は国が定めるスタンダードに取り入れられ，今日では，2019年制定のコア・コンテント・フレームワーク（Core Content Framework 養成段階対象。詳しくは本章第4節参照）及び初任期教員フレームワーク（Early Career Framework）にも「省察」の記載がある。そして，これらに対応する形で教員志望者向けに市販されている多種多様な手引き書の中では，省察的であることが奨励され省察のワークが設けられている。

また，教師教育研究においても「省察」は重要な位置を占めてきた。2000〜2008年に発表された英国の教師教育研究を対象とするレビューの結果では，ジャーナル論文として刊行された教師教育研究において最も多く用いられていた研究方法が「省察」であった（Menter et al., 2010）。

このようにみてくると，イングランドではあたかも「省察的教師」「省察的実践」が1980年代から一貫して拡大・普及してきたように思える。が，果たしてこれを矛盾なく一貫した「省察」の普及・発展過程と捉えてよいのだろうか？

そこで，本章では，まず，このおよそ半世紀のイングランドにおいて，「省察」「省察的実践家」「省察的教師」等が言われる場合，それがどのような背景の中においてであるのかを明らかにし，「省察」言説を歴史的な文脈変容のなかで捉えるべきことを指摘する。次に，二つの調査結果によって，2023年時点での「省察」の現状を事例として示す。一つは，現場の学校教員によって「省察」がどのように解釈され行われているかを把握しようとした学校訪問調査である。対象校は，近年の学校改革と教員養成改革をかなり成功的に体現していると思われる学校である。もう一つは大学教員に対する聞き取り調査である。

対象者は長年，所属大学で教員養成の責任を担ってきただけではなく，前述の *Reflective Teaching Series* の新刊（中等学校（第6版））の編者の一人である。これら二つの調査によって，イングランドの教員養成の"場"が大学から学校へと移行し，同時に，教員養成が移っていく先の学校そのものが制度改革によって従来の学校とは異なるものへと急激に様相を変えつつある2020年代前半の実態の中で，「省察」が置かれている現状とそこで顕在化しつつある問題状況や課題を事例的に捉えようとしている。最後に，これら調査事例から明らかになった「省察」が直面する危うさと困難も踏まえ，とりわけ今日のイングランドの状況の中であるからこそ見落とされるべきではない，「省察」がもつ可能性・挑戦性について触れたい。

第1節　大学教員養成担当者による「省察的実践家」「省察的教師」の提起

　イングランドの教師教育の歴史について，メンターらは，「制度化（Institutionalization）（1870-1945）」「アカデミック化（Academicization）（1945-72）」「専門職化（Professionalization）（1972-84）」「多様化とスタンダード化（Diversification and Standardization）（1984-2010）」「市場化（Marketization）（2010-2018）」の五つに時期区分している。「省察的教師（reflective teacher）」という用語は，これらのうち「専門職化（1972-84）」の時期に「現代の教職は深い思想に富む知的な基礎（the thoughtful and intellectual basis）をもつというイメージを集約」して造り出されたものであり，イングランドの教師教育において，1980年代は「省察的教師」モデルの全盛期であったといわれている（Menter, et al., 2019）。この「専門職化（1972-84）」の時期の始点となるのはジェームズ委員会（政府委嘱）報告書（DES, 1972）であるが，同報告書は，教職は全員が学位を取得した専門職（graduate profession）となるべきと強く志向し，一般教育ののちに教職への準備と導入教育によって文学士（教育）を取得し，さらに現職教育を継続するという提案を行った。実際には報告書提案は政府に採用されなかったが，しかし，「省察的教師」という用語の造出が，教職モデルとして graduate professionが重要視され，主として大学が主導した「専門職化（1972-84）」の時期であったということには注意が払われねばならない。

　これは「専門職化（1972-84）」の時期が，実はその後の教員養成激変への導火線に火がついた時期でもあることと関わっている。1976年に当時のキャラハン首相（労働党）がラスキンカレッジで行った演説を契機に，教育は他の社会政策分野と同様に，戦後コンセンサスの崩壊の時期を迎えた。キャラハン演説以後の1976-84年は中央からの直接的な指示は（まだ）ほとんどないものの，教員養成のアカデミックモデルへの不満が増大したとも特徴づけられている（Furlong, 2001）。この教員養成のアカデミックモデルへの不満は，1979年のサッチャー保守党政権成立以降に特に顕著となり，以後の教員養成政策形成と実施のダイナモとなっていく。つまり，「専門職化（1972-84）」の時期は，表面的には大学の自律的な教員養成が行われてはいるが，“大学による養成は学校現場の実践には役に立たない”という批判が旺盛に展開されていく起点にあたる時期でもあった。

　この背景の中で，1980年代は，大学の教員養成担当者の間で，教員養成における理論—実践の問題として学校ベース（school-based）の教員養成が論じられ，かつ，オックスフォード大学やケンブリッジ大学などで学校と連携した教員養成の優れた実践事例が生み出された時期にもなる。「省察」は，これら学校ベースの教員養成の実践の中で行われ，実践の報告文献では「省察」関連語が多用して記述されていた（Furlong, 1988; Benton, 1990）。

　イングランドにおける「省察的教師」「省察的実践家」は，大学教員養成担当者たちが，自らの教員養成への批判を意識しつつ，学校とのパートナーシップを実際に発展させながら，あるべき教職像の焦点を結ぶものとして提唱された。そこでは「省察」は，それを取り出してどのようにしてやるのかを学ぶといったものではなく，「教育における省察の最初の瞬間は『常に対立があること（constant struggle）』を意識することだ—葛藤を認識し，エビデンスを吟味し，可能な対応を検討し，戦略的に行為すること。」（Hextall et al., 1991）というように，教育という行為そのものの捉え方と深く結びついたものであった。

第2節　イングランドにおける教師教育改革の推移と「省察」

（1）1988年教育改革法以降の新自由主義的「改革」

　サッチャー保守党政権が成立させた1988年教育改革法は，公教育制度全体の構造を戦後福祉国家的なものから新自由主義的なものへと転換させるものであった。教師の仕事，専門性との関係では，同法によってナショナル・カリキュラムとナショナル・テストが導入されたことが決定的な変化である。また，教員採用の権限が地方教育行政機関から各学校へ移ったことが本章，特に第3節の事例調査を理解するためにも重要である。ここでは，教員養成と関連することにしぼって88年法以降の特徴を指摘する。

　① 大学から学校への教員養成のシフト

　1980年代末以降，教員養成の行われる"場"は大学から学校へと明確に移ってきて，現在では本節（3）①で示すように学校主導の養成が存在感を放っている。この教員養成の学校へのシフトは次の二つを基盤として拡大した。

　一つは，学校が教員養成課程を提供（provide）する権限を有することが法律に明記されたこと（1994年教育法第12条）。これにより，教員養成課程を提供できるという点で初等・中等学校も大学も同等となり，学校は大学と同様に国から教員養成に関わる財政措置を受けられるようになった。例えば，学校のグループが養成課程を設計・運営する「学校における教員養成（School-Centred Initial Teacher Training：SCITT）」は，これによっている。

　もう一つは，一定の条件を満たした者が無資格教員として学校に雇用され，学校で勤務しながら養成を受けて正規の教員資格を得るという雇用ベース（employment-based）の教員養成ルートの創出である。1989年教育（教員）規則で導入された「ライセンス教員」がその嚆矢であった。教員養成課程の在籍者は，大学の学生（student）だけではなくなったため，雇用されて学校で働いている者も含めて trainee（受講生・実習生）とよばれている。

　② 教員養成に関わる教育行政システム

　イングランドにおいて教員養成課程の認定とそのための基準作成が行われる

ようになったのは，サッチャー政権下で1984年に教師教育認定審議会（Council for the Accreditation of Teacher Education : CATE）が設立されて以降である。その後，1994年教育法によって設立された教員養成担当機関（Teacher Training Agency : TTA）が，CATE の機能を引き継ぐとともに，それに加えて教員養成の財政措置に関わる権限をももつようになった。そして，TTA とすでに1992年に設立されていた学校査察機関（教育水準局 Office for Standards in Education : Ofsted）の機能とが連結されることにより，教員養成の課程認定と査察，財政措置が相互に結びつけられることになった。TTA がスタンダードを設定して課程認定を行い，その課程での教員養成の実施状況を Ofsted が査察し，査察で得られたエビデンスをもとに TTA が予算配分を行う，というシステムの出現である。これによって，教員養成に関わる教育行政システムは高等教育行政一般から明確に分離され，すべての教員養成課程—大学のものであれ，学校におけるものであれ—は TTA が管轄することになった。"国による説明責任のある全国的なシステム"の確立である。その後，TTA や関連組織は改編が繰り返されてきたが，基準の設定と成果のチェック，現状を動かすテコとしての定員・予算配分，という仕組みは基本的に継続してきている。

③ **教員養成に関わる基準とそこにおける「省察」**

教員養成に関わるスタンダード的な文書が初めて作成されたのは前述のように1984年の CATE 設立時であり（Circular3/84），1988年教育改革法による初等・中等教育のナショナル・カリキュラム導入に対応する改訂が行われ（Circular24/89），その後1992年・93年にも改訂された（Circular9/92及び Circular 14/93）が，いずれにおいても「省察」は入っていなかった。

「省察」関連語（reflection family）がスタンダードに初めて表れるのは，CATE から TTA に代わった後の改訂（Circular10/97及び Circular4/98）—イングランドにおいて「スタンダード化され，観察可能な学習成果のセットとして明確に定義されたコンピテンシーの役に立つセットが，教師教育（より正確には教員養成）を覆いつくすようになった」（Hartley & Whitehead (eds.), 2006）と評される改訂—においてであった。その後，「省察」は，2007年のスタンダー

ド，第9章で言及された2012年のスタンダード，そして現在はコア・コンテン
ト・フレームワークにも書き込まれている。

　学校が教員養成課程の提供者（プロバイダー）として大学と並立する存在と
なり（①），教員養成課程の認定と査察，財政措置を結びつけたまさにNPM
型（第9章参照）行政システムが成立（②）した段階で，「省察」関連項目が教
員養成・資格の基準に（数は少ないものの）取り入れられて定着したのである。

（2）文脈の変化の中での「省察」

　このような新自由主義的「改革」の進展の中で，第1節で触れたオックス
フォード大学が開発したような学校ベースの教員養成は「健全な*教育学的*理由
から行われたものだったが，*政治的*理由から保守党政権に利用されてしまっ
た」（Hartley, 1998）と評される経過をたどることになる。

　1992年・93年にCATEから出されたCircularは技術主義的なコンピテン
シーに焦点化した基準であったが，学生の実習期間を延長するとともに大学教
員養成プログラムに地元学校との公式パートナーシップ協定を新たに要件づけ
た。ケンブリッジ大学グループの中心であったファーロングはその後の歴史を
ふりかえって次のように述べている。「大学セクター側は，学校の教師と協力
して『省察的実践家』のビジョンを維持し，それによって学生たちに単なる実
践的養成以上のものを提供できるかもしれないという希望をもっていたが，実
際にはこれを達成するのは難しかった。学生は，大学にいる人々の影響から離
れて，かなりの時間を学校で過ごした。学校に多くが渡るようになった（協定
に基づき大学は授業料収入の一部を学生監督費として学校に渡すことになった―引
用者注）ための資金減少，教育水準局（Ofsted）からの圧力の増大により，学
生に提供されるものは必然的により狭く実践的な養成形態になった。イングラ
ンドで教師教育プログラムに対する政府統制の可能性がもちこまれたのが1984
年（CATE設立―同）だとすると，1992年（Circular9/92及びOfstedの設立―同）
はそれが現実になった年である。どのようなものであれ大学の自律性のような
ものは跡形もなく蒸発してしまい，教師教育においても再確認はされていな

い」（Furlong, 2013）。大学の教員養成担当者が「省察的実践家」「省察的教師」のビジョンを託した学校ベースの教員養成が，いわば国によって簒奪されたような状況となり，「省察」がおかれる文脈に変化が生じたことがわかる。

　しかし同時に，こういった文脈の変化の中にありつつ，見落としてはならない教育研究者・大学教員養成担当者の取り組みがある。

　「はじめに」で触れた *Reflective Teaching Series* の監修者ポラードは英国最大規模の研究資金助成を受けた教育学習研究プログラム（Teaching and Learning Research Programme：TLRP, 2000年～2012年）の責任者でもあった。TLRP は「1990年代半ばに教育研究が小規模で，無関係で（研究が相互に関係づけられておらず，先行研究の成果の上に次の研究が実施されるという状況にない—引用者注），アクセスできず（特に現場教員や学生などにとって—同），質が低いと酷評されたことに端を発している」プログラムである（Pollard, 2007）。この「酷評」とは，イングランドにおいてエビデンスに基づく（evidence-based）教育政策が重視される契機となった1996年のハーグリーブスの講演（Hargreaves, 1996）であり，同講演では，教育研究が費用に見合う成果を出していないとも批判された。TLRP は，同講演の問題点指摘に対してエビデンスに基づいた政策研究で応答しようとしたものになる。

　ポラードによれば，テキスト *Reflective Teaching* の本質は「エビデンスに基づく専門的な知識」を収集し，整理し，説明することにあり，TLRP 運営委員会はテキスト *Reflective Teaching* やウェブサイトを通じて TLRP の成果が普及するのを望んでいたという（Pollard, 2010）。「省察的実践」を媒介として教育研究と教育現場を結びつけ，一方で教育実践を改善しつつ，同時に他方では，教育研究が現場の教育改善の成果を上げるのに有効であることを明らかにして教育研究への投資が意義をもつことを示す，という図式が読み取れる。

　その後も刊行が続いている *Reflective Teaching Series* では，学校現場にいながらにして教育研究の良質な蓄積にアクセスして実践できるよう，さまざまな工夫がほどこされている。「省察」と教育研究の成果とを形式的ではなくつなごうとする教育研究者による努力が，文脈の変化の中でも続けられている。

（3）2020年代初めの教師教育の状況

　では，二つの事例調査に入る前に，改めて，近年の状況を確認しておこう。

① 教員養成（大学卒業後）の過半は学校で

　イングランドでは，大学学部段階ではなく卒業後の養成が８割を占める。
（1）①で述べた動向の結果，大学卒業後の教員養成は大学と学校の両方で行
われている。図11.1は教員養成課程（大学卒業後）の受講開始者を養成ルート
別に示したものである。大学主導（Higher Education Institution-led）か学校主
導（School-led）かというくくりで見ると，2015年に多数派が大学から学校へと
逆転して今日に至っている。養成ルートはきわめて多様でかつ頻繁に改変され
るが，2022年の分類での学校主導の養成は SCITT，スクール・ダイレクト，
High Potential ITT（優秀な大卒者・転職者のための有給養成ルート。以前の分類
では Teach First），Postgraduate Teaching Apprenticeship であり，56％を占
める。受講生が給与を支給されるなど授業料を払わないタイプは全体の12％で
ある。

　スクール・ダイレクト（授業料タイプ25％，給与払いタイプ３％）は，政府が
今後のいっそうの拡大をめざすルートである。学校（グループの場合は中心とな
るリードスクール）が定員の配分を受け，認定教員養成プロバイダー（大学また

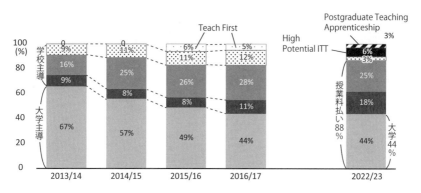

図11.1　学卒後教員養成課程　受講開始者数の養成ルート別比率

出典：各年度の Department for Education, Initial Teacher Traning（ITT）Census より作成

はSCITT）を選定し，学校－プロバイダー間で資金配分を含む契約を結ぶ。学校における養成という点でSCITTと似ているが，SCITTが課程認定を受けるのに対しスクールダイレクトでは学校自身が課程認定を受ける必要はない。

② 学校の変化と教員養成・研修

　教員養成の場が学校へと移行したという際，注意を払うべきは，学校の変貌である。かつて，イングランドの学校の多数は地方教育行政機関が管理する公費維持学校（maintained school）であった。しかし，2022年現在，初等学校の4割，中等学校の8割は，地方教育行政機関から離脱して政府から直接に補助金を受け，非営利団体であるアカデミー・トラストによって設立運営されるアカデミーという公設民営学校になっている。そして，単体としてのアカデミーが存在するだけではなく，複数のアカデミーがマルチ・アカデミー・トラスト（Multi-Academy Trust：MAT）の下で運営される形が広がっている。

　2010年代にアカデミー化と並行で進展したのがティーチング・スクールである。教育水準局（Ofsted）の査察成績の高い学校がティーチング・スクールとして指定され，ティーチング・スクール・アライアンス（Teaching School Alliance：TSA）というネットワークを形成して，学校での教員養成・研修や地域の他校への学校改善支援を行った。支援については，優秀な学校の取り組みがネットワーク内で共有されるというより支援サービスとして商品化され，学校間で契約を結んで購入する状況が生まれた。多くのMATがTSAとしても活動し，逆にTSAがMATをつくる例もあり，アカデミーとティーチング・スクールとは重なっていた（Greany & Higham, 2018）。2021年度以降はTSAにかわって87のティーチング・スクール・ハブが指定されて国の補助金を受け，特定の地域をカバーして域内の教員養成から研修までを扱っている。ここでもハブのセンターの所在地がMATになっている例が珍しくないなど，やはりアカデミー，特にMATと強く結びついている（第3節（1）参照）。

③ 教員養成・研修提供者の多様化

　2022年には四つの有力MAT（ハリス・フェデレーションなど）が運営主体となる全国教育研究所（National Institute of Teaching：NIoT）が教育省の資金に

よって設立され，教員養成・研修プログラムを提供している。また，2024年秋からの認定教員養成プロバイダーリストで法律上の認定名称を見ると，大学・SCITT・トラスト・MAT・個別の初等中等学校だけではなく有限責任会社Ltd も並んでいる。

「省察的実践家」が提起された時期には教員養成の独占的な提供者であった大学は，いまや多様なプロバイダーのうちの一種類となっている。多様なプロバイダーが提供する養成・研修プログラムは，すべて国の設定する枠組み（フレームワーク，ガイドライン，スタンダード等）の中にあり，教育水準局（Ofsted）による「品質管理」がなされている。プログラムは条件を満たせば奨学金や無償化の措置を受けることができるが，プロバイダーのサイトには受講料金を表示した各種プログラムが並ぶ状況になっている。　　　　　　　（高野和子）

第3節　実践の場における省察についての解釈とその背景
―中等学校訪問調査からの一つの現実として―

本節では，マルチ・アカデミー・トラスト（MAT）に属する中等アカデミー教員2名の省察に関する発言への考察によって，学校主導の教員養成に何が起こっているのかを，一つの現実として報告する。最初に，調査の概要，訪問したX中等アカデミーとその学校が属するMAT について述べる。次に，教師教育を担っている教員2名が省察をどのように捉えているのかを，その発言内容から提示し，その解釈の特徴とそうした特徴が生み出される背景について考察していく。

（1）調査の概要，X 中等アカデミーと Y 教育トラストについて

訪問調査の目的は，次の2点である。1点目は，学校主導の教員養成において，省察に関する実践がどのように行われているのかを当事者から聞き取ること，2点目は，「省察」概念が提唱されて久しい現在，なぜあらためて省察的実践に注目するのかを，大学教員と実践家（現職教員）から聞き取ることで

あった。

　X中等アカデミーには筆者を含めて4名の共同研究者（1名はオンラインにてインタビュー調査のみ参加）と通訳1名の計4名で，2023年3月上旬に訪問した。調査協力者は，この学校の教員2名（A教員，B教員）と，大学教員2名（大学教員C，大学教員D）の計4名である。インタビュー調査は全員が同席のもと，休憩を含めて約3時間にわたり行われたが，大学教員Cはオンラインにて1時間程度参加，B教員は1時間30分程度参加（途中参加・途中退席）であった。なお，X中等アカデミーは，11歳から16歳（7年生から12年生）までが在籍している。

　調査協力者A教員（30代・女性・着任2019年）は，この学校の副校長であると同時に博士課程にも在籍している。大学教員2名はA教員の修士課程，博士課程におけるそれぞれの指導教員であり，ある学術団体において省察的実践に関する研究グループの代表者である。B教員（推定40代・女性・着任2010年前後）はA教員と同様に副校長の1人であり（副校長は全4名），教育実習生（教員養成の受講生）と教職経験の浅い教員指導の責任者である。

　訪問したX中等アカデミーは，Y教育トラストというMATに属している。A教員によれば，このY教育トラストには，X中等アカデミーを含めて，五つの中等学校と16の初等学校が属しており，X中等アカデミーでは中等学校の教員養成SCITT（School-Centred Initial Teacher Training）を運営しているという。そのため「私たちは厳密にはTeaching Schoolと同じ組織に属している」とA教員は述べている。関連する教育機関の各HPによると，Y教育トラストにはZ Teaching Schoolに加えて教員養成を行うV Instituteという機関も含まれており，Z Teaching School（中等学校の教員養成）のHPによれば，パートナーシップとして，27の中等学校，九つの初等学校，九つの特別な支援・ニーズに対応する学校，九つのシックス・フォーム（Sixth Forms，主として大学への進学準備の学校）が掲載されている。また，A教員によれば，初等学校の教員養成は別個に行われており，連携のみの機関とY教育トラストに含まれている機関を限定し難く，Y教育トラストの全貌をつかみきれない。しかし

いずれにしても，このＹ教育トラストというＭＡＴ内で，子どもに対する教育を行うと同時に教員養成も行い，教育実習をトラストに属する初等・中等学校で実施することによって，教員養成を行いながら新規採用教員のリクルートも行うことができる構造になっている。Ａ教員によれば，英国では「何百校もある大規模なものから，二つだけのアカデミーをもつマルチアカデミートラスト」もあるという。そうした中では，Ｙ教育トラストは中規模の部類だということである。

　なおＡ教員よると，Ｘ中等アカデミー独自の早期導入プログラムには18名の教師が参加しているという。18名には正式に採用された教員も含まれており，教育実習生としては，Ｚ Teaching School からの教育実習生５名，Teach First１年目５名，２年目４名である。全教員が約75名ということから，このプログラムの参加者18名は，「スタッフの中でかなり大きな割合を占めている」とＡ教員は述べている。

　本節では，実践の場における省察の解釈を当事者の語りから明らかにすることを目的としている。そのため，訪問調査の目的１点目に特化し，調査協力者４名からＸ中等アカデミーの教員（Ａ教員・Ｂ教員）の発言のみを取り上げていく。聞き取り調査は協力者４名が同席のもと行われたため，他の発言からの影響の可能性を否定できないが，何度も同様のことを述べている点に注目し，その内容を示す。

（2）省察としてのインストラクショナル・コーチング

　Ｂ教員は副校長として学校全体の教育と学習を担当しており，教育実習生も含めて教員への学習プログラムとしてインストラクショナル・コーチングを設定し，自らコーチとしてコーチングを行っている。「コーチングとは，省察を促すことであり，私たちにとっては，それがコーチングであると定義しています。」とＢ教員は述べている。またＡ教員によれば，インストラクショナル・コーチングは，「それ自体，ある意味，問題解決のプロセス」であり，「プログラムとしてのインストラクショナル・コーチングは，教育現場で抱えていた問

題を解決するために生まれたもの」だという。B教員・A教員はインストラクショナル・コーチングについての具体とそのよさについて繰り返し述べており，B教員が述べていた要点は，次の3点に集約される。

　1点目は，コーチングとコーチはどのような役割かということである。インストラクショナル・コーチングでは，「コーチが専門家であることを前提」とすると同時に，「（コーチングを受ける）教師がそれ（ふさわしい答え）を知っていると仮定」し，「省察的な会話（reflective conversation）によって答えを引き出すのがインストラクショナルコーチの仕事」とB教員は説明する。また，コーチが行うフィードバックは「できるだけ早く上達するために必要なことは何なのか」を原則とするため，「最も効果的なアクションポイントでなければならない」とB教員は述べている。B教員が強調していたのは，「コーチが行うのは，自分の言っていることをモデル化すること」，「実際の教室にいるかのように立ち上がり」指導内容を「実行し，伝える」ということである。そうした点と同時にB教員は，新任教員として自身が受けた教師教育が「年に1回，1時間の観察」の後に改善すべき点を指摘され，その後の「1年間は教室で自分ひとりで考え，そして，翌年には，（中略）（指導者が）違う人になってしまう」「継続性がない」ものだったと批判する。そのうえでコーチングのよさについて，「より（コーチングを受ける側の）先生と一緒になって取り組むもの」「より定期的に，よりサポート的に行う」とも述べている。

　2点目は，教えることに必要な知識や技能を，「埋め込む（embed）」ということである。このコーチングの方法についても，「以前は『授業はどうだったと思いますか』」と問われるのみでなにも具体的に教えてもらえなかったという，B教員が受けた教師教育との比較から，現在，行っているコーチングが問題解決として機能するよさが次のように説明されている。「教師は教室で1分間に80の決断を下している」，ゆえに，「事前にそれを練習し」「それがすでに頭の中にある」「すでに習慣ができあがっている」状態にし，「生徒たちに最高のものを提供するために」「生徒を改善するために埋め込むべきものを埋め込む」必要があるとB教員は述べる。例えば，「オープンクエスチョンをやらな

ければと思いながら」もできない場合，「第二次世界大戦の原因は何だったの
か？」という質問に続く関連性のあるオープンクエスチョンを，「あたかもク
ラスに対して行うかのように」コーチングを受ける教師に行わせ，コーチは
「どのように行ったかフィードバック」するという。その際に，「自分たち
（コーチ）が見た証拠の一部」を伝え，「なぜ，それが大切なことだと思うの
か」と問いかけ，会話を通じてその教師の「省察（reflection）を引き出す」と
B教員は説明する。また，「もう一度，今度は声を出して，あるいはこれから
言うことを何でもいいから，やってみましょう」というように練習を積み重
ね，知識やスキルを埋め込んでいくという。

　3点目は，そうした力量形成のための方法として，スモールステップで，確
認しながら，確実に実践的な知識やスキルを習得させるということである。
「コーチングの考え方は，時間をかけて小さなステップを踏む」とB教員は述
べ，「1週間以内に達成できるのか？　それができないなら，（達成すべき課題
が）大きすぎるということ」「本当に小さなことで，毎週，あるいは2週間ご
とに行われる」ため，「これはできない」ということはないという。また，「質
問を改善しなさい」と言うことは意味がなく，「毎回の授業で三つのオープン
クエスチョンをしなさい」というように，「すぐにでもできる」ことへの助言
が大切だとB教員は述べる。そして重要であるのは，「（課題への達成が）『目
に見えるかどうか』。コーチングの理想的な期間である1週間後に，それがで
きたかどうかをコーチが見ることができること」であり，「それ（一つの課題）
を定着させてから，その教師が開発すべき次のことに移ろうという考え」と説
明されていた。

　このようなインストラクショナル・コーチングについてA教員は，「より良
くなるには二つのタイプがある」と述べ，その一つが「パフォーマンス的なタ
イプ」であり，もう一つが「持続的な内面的改善」だという。後者について
A教員は，B教員の挙げた例から，コーチが「三つの質問，オープンエンドの
質問について考えるようにと言った理由を理解し，自分の実践でこれを行い，
内面化し，自分のプロフェッショナルとしてのアイデンティティに取り込み，

重要なこととして捉える。そしてそれは，私の教え方を持続的に変化させることになる」とその意味を説明している。しかし同時に，「教師がどの程度まで学習し，それを自分で再現できるのかがわからなくなってしまう」点から，「長期的なプロフェッショナルとしての変化という点ではどうなのか」と，インストラクショナル・コーチングへの疑問も A 教員は呈している。

（3）インストラクショナル・コーチングの導入とその効果

　インストラクショナル・コーチングの導入に際して，そのコーチング・プログラムは，大学や Y 教育トラストから提供されたものではなく，「コーチング・トレーニングを提供」している「コーチング・コレクティブという（外部の）会社を利用」し，商品化されたプログラムを購入する形で，トレーニングとして受けたという。「パンデミックの最中だったので，実際にはオンライン」にて，「約80人にトレーニング」が提供され，「トレーニングを受けた後，それを学校に導入」したと B 教員は述べている。

　インストラクショナル・コーチングの導入について A 教員は，「私たちには解決したい文化的な問題があり，それをどのような形にしたいかを考え，組織としてどうすればよりよく協力できるかという観点から，インストラクショナル・コーチングを導入した」と述べている。A 教員の説明によれば，X 中等アカデミーがある地域は「非常に多様なコミュニティ」であり，「英国で最も多文化な都市の一つ」であるため，「約40％の子どもたちが家庭で英語を話さない」という。また，「生徒の両親の所得が一定額以下の場合」政府からの援助が受けられる割合が「平均的な学校では15％から20％と言われて」いるが，「ここでは50％という数字にかなり近づいている」「不利な立場にある生徒の数が不釣り合いなほど多くなっている」という。A 教員が着任当時（2019年），X 中等アカデミーは教育水準局（Ofsted）によって「特別措置校に格付け」されており，そうした地域性や教育困難という点から「スタッフの定着率も低」かったが，「今では，ご覧のように学校が完全に生まれ変わり，（中略）現在では『よい学校（good school）』と評価され，成績も徐々に向上しています。」と

A教員はX中等アカデミーの学校改善を述べている。

　このような学校改善の背景として，A教員は「私たちが学校内に作り出している文化」を挙げている。「私がここに来た当初は，誰かが教室に入ってきたら，『なぜここにいるんだ？』という恐怖感があったことでしょう。しかし，今は，『感謝する文化（appreciative culture）』のような要素があるように意図的に努力している」とA教員は述べる。「私たちが気をつけているのは，インストラクショナル・コーチングが正式なサポートプランにつながらないようにすること」（A教員），「コーチングを包括的なものとし，罰則的なものと見なさないようにすること」「理想的なのは，マネージャーはコーチにはならないこと（中略），利害の対立を避けることができるから」（B教員），と述べられており，「重要なことの一つは信頼」（B教員）だという。うまくいかない点を上司などに「言いふらしたりすること」はせず，「やり遂げ，素晴らしい成果を上げた」ことの共有によって，「3年前まで，教室に入れたがらなかった」文化から，「『もっと上手になりたいんです。コーチしてもらえますか？』『コーチをつけてほしい』と言われるまで」になったとB教員は述べている。

　またA教員は，「B先生がインストラクショナル・コーチングを通して行ったのは，必ずしも一緒に仕事をしたことがないような人たちが，一緒にトレーニングを受けることで，他の方法では起こらなかったような，探究心や省察的な探究心といった有益な会話が生まれること」と述べている。

（4）省察への解釈の特徴とその背景

　X中等アカデミーにおいて，教員養成を担っている教師教育者（A教員・B教員）の省察に関する解釈を，インストラクショナル・コーチングに関する発言を通じて提示してきた。本節のまとめとして本項では，その解釈の特徴2点を挙げ，背景について考察していく。

　特徴の1点目は，（教師）教育や省察という言葉ではなく，トレーニング，コーチングという言葉が多用され，教員養成やその力量形成が語られている点である。A教員においては，開かれた教室になったことや省察的な会話といっ

た，省察的な関係性に言及するような発言があった。しかし，省察としてのインストラクショナル・コーチングは，「目に見える」ものへの達成に向かう「問題解決」であり，新たな地平に向かうような視点や自己の価値観を問うような批判的な視点が含まれていないものであった。こうした解釈の一方，*Reflective Teaching Series*（本章はじめに・第2節・第4節参照）最新の2023版において省察は，「シンプルな省察ではなく，批判的な省察である」ことが明確に述べられている（Pollard & Daly, 2023, p.77）。さらに，批判的な省察実践の特徴の一端として，「批判的省察は，強力な社会正義のツール」という点や，デューイやザイクナーを引用しながら，信念によってエラーを起こす可能性があることから，「省察においては，自分自身を省察すること，そして，自分の前提，偏見，イデオロギーに挑戦すること」「なにが価値あるかを決める専門家として，人としての決定は考察されなければならない」といった，前提や価値観を批判的に問うことが教師としての省察である点が述べられている（Pollard & Daly, 2023, pp.78-83）。こうした省察についての考え方と比較すると，A教員・B教員においてトレーニング，コーチングという言葉が多用されているのは，意識的・無意識的にかかわらず，当事者が教師教育として実践していることについての正確な表現なのかもしれない。しかし，省察への解釈としては，X中等アカデミーにての教師教育者の解釈と，省察論議をリードしてきた大学の教師教育者のそれとはかなりの相違があることは確かである。

　特徴の2点目は，省察としてのインストラクショナル・コーチングについて，A教員・B教員ともによいものと評価しているが，その評価には異なりが見られる点である。A教員においてもB教員と同様にコーチングについて賛同しているが，「よりよくなるには二つのタイプがある」といった洞察，「長期的なプロフェッショナルとしての変化という点ではどうなのか」という批判的な検討が加えられている。

　このような特徴が生み出された背景として，次の2点を挙げる。1点目は，教員不足という英国が抱える背景である。A教員によれば，「特別措置校の場合，教育実習生（教員養成の受講生）をもつことが許されないため，採用が非

常に難しくなる」「キャリアステージの教員を新たに採用することもできず」ということから，生徒のテスト結果を向上させることによってOfstedによる評価を上げ，「特別措置校」からまず脱出しなくてはいけないという背景がある。また，よい評価を得ることができている現在も，難しい課題を抱えているX中等アカデミーであるため，「学校が教育実習生（教員養成の受講生）を大切にすることで，評判を上げ」「州内での評判が変わり，若い先生たちがお互いに話して，『あそこは本当によかったよ。私もそこで働きたい』」と考えてもらえるようになるための一つの方法が，教えるために必要なことを確実に習得できるコーチングである。A教員は，「スタッフに対する価値観，そして個人の成長をいかに大切にしているかということ」が肝要であり，「例えば求人があっても，外部には募集をかけず，X中等学校内で完結」させるという。そうしたリクルートのために「数学の先生は少ないので，必ず数学の先生を採用しようと思っている」「だから，できるだけ早く数学の先生と友達になれるよう，いつも努力している」とA先生は述べ，「SCITTと一緒に仕事をすることは，とてもポジティブなこと」「リクルートのためのよい方法」だとも述べている。

　このように，生徒の学力向上が学校評価の向上に直結し，学校への評価によって教師の採用が制限される。この背景が，学校主導の教師教育を長期的な力量形成ではなく，「目に見える」スキル，短期間で可能な力量形成へと希求させ，問題解決を目的とする省察に向かわせているのであろう。すなわち，評価システムが学校主導の教師教育やその省察の質を規定し，さらに，国による新任教師の評価基準ECF（Early Career Framework）の存在によっても教師の省察する力がそぎ落とされていることを，A教員は次のように指摘している。ECFの変更によって，「教室で日々行っていることの実践的なレベルでは，より強固で，より支援的になった」とA教員は評価する一方で，「教師が与えられているシステムに対する批判的なレベルは，（中略）意図的に取り除かれている」「教師が知識を得るための方法として，この考え方が唯一の考え方であるということが示されている」と指摘する。そして，「教師の採用や維持の危

機がある」ことから，「最近のニュースでは，政府が教職を非学位制の職業にすることを検討している」という点を A 教員は危惧している。一方，B 教員は，かつて新任教員期に受けた「放置」される経験も関連し，問題解決のための省察という解釈を内包したコーチングについて，短期間に「目に見える」力量形成であるがゆえに，高く評価する結果となっている。

　背景の 2 点目は，X 中等アカデミーが所属する Y 教育トラスト内での，同質の考えを有する教師同士のみの関わりによって，自己の属するコミュニティ（学校とトラスト）に同化し，新たな視点を取り込んでの新たな地平に向かうような省察に向かってはいかない構造になっている点である。A 教員は X 中等アカデミーが「マルチ・アカデミー・トラストの一員であること」を「利点」と捉えている。それは，Y 教育トラストに属する学校が参加する「課題改善フォーラム」が年に 3 ～ 4 回開催され，「省察的な空間 reflective space」において「それぞれの科目やグループで」「各学校がやっていることを共有」することができるからである。さらに，「トラスト内のシニア・リーダーのサポートを受け」ることができ，「どうしたらいいかわからないときは，指導を求めることができる人がいる」「もし誰かが何かに悩んでいたり，どうすればいいのかよくわからなかったりしたら，他の学校を見学に行けばいい」という点から，「このようなコミュニティがあることは，マルチ・アカデミー・トラストのシステムにとって大きなメリット」と A 教員は高く評価している。しかし，省察的な専門家コミュニティにおいては，異なる文化をまとった異質な他者との交流が重要である。X 中等アカデミーが所属する Y 教育トラスト内にての他者との関わりは，同じ地域の，固定化された教育機関同士における交流であり，閉ざされたコミュニティ内にての，同質の他者との関わりに限定されている。こうした閉ざされたコミュニティにおける教師教育の課題として，その学校に適した資質能力に焦点化された力量形成になることが指摘されている（盛藤，2020）。また，教師のアイデンティティや価値観は属する学校コミュニティとそのアカデミーに同化し，属するコミュニティを高く評価するが，その価値付けが Ofsted の評価であることが明らかにされている（Spicksley, 2021）。A 教

員も X 中等アカデミーについて「この学校が大好きです（I love this school）」と述べ，学校改善を果たしたことを誇りに思っているが，その価値づけの一つは Ofsted による評価である。コーチングや新任教師の評価基準 ECF について，批判的な検討を加える視点を有している A 教員ではあるが，そうした批判的な視点を共有し対話することを通じて，スキル面に焦点化するようなコーチングや省察を問い直すような他者との関わりの機会には，恵まれていない。

　しかし A 教員は，修士課程を経て博士課程に籍をおいている。彼女は修士課程に進んだ際の動機について，「大学ベースのトレーニングを受けたことで，その過程をとても楽しむことができたからです。教員養成の学術的な側面から，より多くのことを学ぶことができたのです。」と説明し，学問の場とのつながりの必要性を次のように述べている。

> 「資格（PGCE）取得後は，英国では修士課程を修了しない限り，大学レベルの教師研究などにはあまり関与できません。Twitter で共有されているものや，教師向けの本もたくさんあります。しかし，実際に知識を創造したり，自分が特に興味のあることを追求したりするという点では，資格を取ると消えてしまうようなものです。」

大学が関与しない（関与の度合いが低い）教員養成を行っている当事者 A 教員は，探究すること，何らかの形で大学という研究の場とのつながりが必要なことを認識しているのである。一つの学校の 1 人の教師教育者の例ではあるが，こうした矛盾するような現象が，学校主導の教員養成の場で現実として生起している。

（田中里佳）

第 4 節　イングランドにおける「批判的省察」とは
—ユニヴァーシティ・カレッジ・ロンドン教育学研究院大学教員へのインタビューを事例に—

（1）調査の概要・目的

　本調査は，日本において1980年代以降教師の専門性として理解され，養成段

階においてもその力量の開発が推進されている「省察」言説の日英比較を目的とし，2023年3月にイングランドの大学にて教員養成に携わる大学教員へ半構造化インタビューを行ったものである。

　インタビュー対象者はユニヴァーシティ・カレッジ・ロンドン教育学研究院（Institute of Education, University College London's Faculty of Education and Society）で教師教育に携わっているキャロライン・デイリー（Caroline Daly）教授である。彼女は学校現場で教師としてのキャリアをもち，上記大学にて現職となっている。デイリー氏の研究関心は教師教育における育成プログラムの開発や教師を目指す学生の学習過程，初任期教員の学習過程であり，それら研究成果は教師を目指す学生や初任期の教師へ還元されている（Davidson & Daly, 2019）。

（2）イングランドにおいて周縁化する大学の教師教育

　イングランドにおける「省察」概念をインタビュー調査から考察するにあたり，教員養成課程がどのような背景となっているかをおさえる必要がある。

　現在，イングランドにおいて教員養成の主なステージは大学学部段階ではなく学卒後の課程に置かれており，学校現場をベースとした教員養成が全体の半数以上を占める状況となっている。すでに本章第2節において説明されているが，このようなイングランドにおける学校主導の養成課程は90年代以降の保守派による教育学科及び教育学研究への批判による一連の改革によって推進されてきた。それら批判を通して，大学が実践的な課題に応えた養成課程を備えていないことが政策側と研究者側から議論されていたのである。

　大学の教師教育への批判によって実践的課題に応じたプログラムはどのような内容として提示されているのか。政策側より提示されている教員養成に係る基準より考察していきたい。

　ITT（Initial Teacher Training）コア・コンテント・フレームワークは，養成課程の学生が身につけるべき基準として2019年に教育省によって策定された。これは2016年に同じく教育省より「A framework of core content for initial teacher training（ITT）」として発出された基準の改訂版である。ITT コア・コンテント・フレームワークは養成課程を定めるカリキュラムではないが，教員養成を行う組織は大学・学校問わずこのフレームワークが定める 8 つの基準を網羅することが求められている。

　それぞれの基準において学ぶ内容と方法が箇条書きで示されており，例えば基準 2 の「良好な進歩の促進」では，学ぶ内容として「1．学習には，生徒の能力や理解の永続的な変化が伴う」，「2．事前知識は生徒の学習において重要な役割を果たす。いくつかの重要な事実を長期記憶に定着させることは，生徒がより複雑なアイデアを学ぶのに役立つ可能性がある」と掲げられ，学ぶ方法として「どの程度新しい情報を導入するかを計画する際に，生徒の予備知識をどのように考慮するかについて，明確で一貫性のある効果的な指導を受けること」，「教えている内容から注意が逸れ，気が散ることを減らすにはどうしたらよいか，専門家の同僚と話し合い，分析する（例えば，課題の複雑さを最小限におさえ，注意が内容に集中するようにする）」と提示されている。

　「省察」については，基準 8 において学ぶ内容として「2．経験豊富な同僚からのフィードバックや観察，専門的な議論，教育研究からの学習などに支えられた省察的な実践も，改善を後押しする可能性がある」と掲げられ，学ぶ方

ITT コア・コンテント・フレームワーク（Department for Education, 2019）

基準 1	高い期待の設定（Set high expectations）
基準 2	良好な進歩の促進（Promote good progress）
基準 3	教科とカリキュラムに関する十分な知識を示す （Demonstrate good subject and curriculum knowledge）
基準 4	十分に構成された授業を計画し教える （Plan and teach well structured lessons）
基準 5	指導の適応（Adapt teaching）
基準 6	評価を正確かつ生産的に利用する （Make accurate and productive use of assessment）
基準 7	行動を効果的に管理する（Manage behaviour effectively）
基準 8	より広範な専門家としての責任を果たす （Fulfil wider professional responsibilities）

法として「長所と短所を認識し，さらなる改善に向けた次の段階の特定」として使用されている。

　フレームワークにおける「省察」の用法は一貫しており，同文書の導入部において紹介されている「専門家の同僚との議論と分析」の定義では，「入手可能な最良の証拠を使用して，専門家の同僚に質問し，特定のアプローチが成功するか失敗するかを判断し，このアプローチが受講生（教育実習生）自身の実践にどのように統合されるかを省察する（reflecting）」と，「省察」はある実践やアプローチにおいて適用される機能主義的な概念であり，それによって必ず何かしら指導法の改善が見込まれるものとして理解されている。

　インタビュー調査において，これら政策が策定している ITT コア・コンテント・フレームワークが示す基準の及ぼしている影響をデイリー氏は次のように述べている。

　「これは，教員養成カリキュラムに不可欠な要素であり，網羅しなければならない内容，そして教員養成プログラムで参照しなければならないエビデンスベースを定めた枠組みです。非常に興味深いことに，教員養成のために盛り込まれるエビデンスの種類は，新科学的な（neo-scientific kinds of）エビデンスを中心としたもので，『こうやって教えなければならない。これが私たちが知っていることです』と提示されています。
　　例えば，政府のカリキュラムで最も問題になっているのは，子どもたちがどのように学ぶか，という分野です。というのも，政府の学習方法に関する根拠は，記憶，暗記としての学習，知識の再現といった認知習得理論に基づいているからです。（中略）そして，心の理論，子どもの発達，言語，概念の発達，思考と言語の重要な関係，学習の社会構成主義的側面などに関する研究が完全に欠落しています」

　すでに紹介した ITT コア・コンテント・フレームワークが示す基準によって明らかであるが，子どもの学習に関する手続きは脱文脈化されており，知識の習得と集積による学習者像が描かれている。これらは効果的な指導法のもとに解消された結果であると考えられるだろう。

政府主導の基準策定と教育学研究者との差異については，個人的な見解と留保したうえでデイリー氏は次のように指摘する。

　「私たち大学関係者のことを，スタンダードを向上させることに興味がない，あるいは子どもたちや若者たちが学校で良い成績を収める可能性を高めることに興味がない，なぜなら彼らは理論的過ぎるからだ，と風刺的に描いている人がいます」

　デイリー氏は個人的な見解として上記のアカデミックサイドの意見を表明しているが，これらの批判は90年代以降の保守派からの教育学研究批判を継承した見解であると考えられる。政策は学校教育における学習の効率性，そして養成課程における学習を即戦力として実践的な力量に還元することを志向しているのであり，大学での養成課程と教育学研究は現場でいかに役に立つかという機能主義的な理解によって期待されている。

（3）イングランドにおける「批判的省察」とは

　先述したとおり，教師の専門性を示す「省察」概念は ITT コア・コンテント・フレームワーク（基準8）によっても示されている。そこでの「省察」は，「長所と短所を認識し，さらなる改善に向けた次の段階の特定」として，自己の振り返りという用法で使用されている。デイリー氏は「省察」の誤った用法について「私が思うに，省察はしばしば非常に誤解されているか，教師教育においてあまりにも単純に使われ過ぎているのです」と指摘している。続けて，デイリー氏は「省察」の単純な使用の問題点について，自身のエピソードを交えて次のように語った。

　「省察の問題は，それによって私たちが非常に快適になったり，実際に自分のやっていることに対して非常に満足したりする可能性があるからです。
　時々，私がここで新任教師と一緒に仕事をするとき，教師としての学びを表す比喩として物を持ってくるように頼むと，多くの教師が小さな鏡を持っ

てきます。しかし，彼らの多くは鏡を持ってきてこう言います，『鏡を持って
きたのは，自分の行動を振り返ること，自分の行動を見ることの大切さ，そ
してそれが自分にとってとても重要であると私がどのように教えられてきた
かを表現したいからです。自分の成長を振り返るために，常に自分のやって
いることを見つめて，どうすればもっと良くできるだろうか，と考えます』。
　私は彼らとよく話し合いますが，これは実際には非常に問題があると思い
ます。なぜなら，鏡を見ることの問題は，自分が見ているものに完全に満足
できるかどうかということだからです。鏡を見て，次のように言えます。
『自分の実践にとても満足している。そして，自分がやったことが自分に反
映されている。何の問題も見当たらない』，『私の生徒たちはおそらく良い結
果を得ています。なぜ何かを変える必要があるのでしょうか？　ここではす
べてが順調です』と」

デイリー氏によると，今日「省察」と呼ばれる取り組みは，「非常に自己言
及的（very self-referential）」であり，教師や養成課程の学生が「省察」するこ
とによって得られるのは「すべて順調である（All is well）」という自己の言動
の合理化である。デイリー氏は政策的に策定され組み込まれている「省察」の
課題を「挑戦することなく何も変えることなく，現状，物事のありのまま，正
統性を再現するために使用される」点にあると捉えており，「省察」を「批判
的省察（critical reflection）」と区別して理解している。
　しかしながら，自己言及的な用法として単純化される「省察」と異なり，
「批判的省察」を行うことの難しさについては「肯定的，建設的，そして有益
でありながら，十分に挑戦的で破壊的で，深い問いを投げかけるような批判的
省察を行うのは，本当に本当に難しいことなのです」と語る。
　イングランドにおける「批判的省察」を探るための手がかりとして，2023年
に第6版が刊行された養成課程の学生及び現職教師向けのテキストである
Reflective Teaching in Secondary Schools を参考とする。この書籍は本章「は
じめに」で紹介されているように，イングランドにおいて20年以上にわたり刊
行されている教師教育のテキストシリーズの最新刊であり，デイリー氏は同書
の中心的な編者である。彼女は第6版が刊行された意義について次のように述

べている。

　「それが教育及び教師教育のための代替の独立したエビデンスベースを表し
　ており，それが私たちには切実に必要とされているからです。教師がどのよ
　うに成長するかを見る別の方法として，教師教育課程やメンター，学生教師
　が使えるものが必要なのです。それは批判的省察に基づいています。そし
　て，それは，これらの独立した方法で，しかし他の人たちと協力して，エビ
　デンスに取り組み，批判的に省察する実践者になることを中心にしていま
　す。(中略) これ（第6版のこと—引用者注）は政策環境について，そしてコ
　ア・コンテント・フレームワークについて言及していますが，フレームワー
　クの批判を提供しているわけではありません。すべてのプロバイダーはコ
　ア・コンテント・フレームワークを使用する必要があり，そうしないと政府
　の認定を受けられないため，これはあまり役に立ちません。
　　したがって，コア・コンテント・フレームワークを使用する必要がありま
　す。ですので，『(コア・コンテント・フレームワークの—引用者注) 代わりに
　これを使用する必要があります』とは言えません。しかし，『ここには別の
　ものもある。これは別の視点からのものです』と言うことはできます」

　これまでデイリー氏がたびたび強調してきたように，「省察」と「批判的省
察」には明確な差異があることが確認できる。彼女は両者の差異について，
「省察は教師が正しい教え方を身につけるのに役立つという前提で使われてい
ます。それは，教室の文脈ですべての証拠を検討して批判的に省察する実践者
であることとは大きく異なります」と語る。
　デイリー氏が編者として携わった当該文献において「批判的省察」の重要性
が記述される前に，省察的な実践が良いという前提に対する批判が指摘されて
いる。省察的な実践が良いという前提により，教師教育プログラムにおいて準
備されている「省察」の要件や関連性は狭いアプローチを採用することになる
(Pollard & Daly, 2023, p. 92) ため，自己言及的な行為として遂行される。
　この狭いアプローチを超える方法として，ひとつのみに固執することは推奨
しないと留保をつけつつも，「省察」の包括的なアプローチにスティーブン・
ブルックフィールド (Stephen D. Brookfield) の「前提狩り」(assumption hunting)

が紹介されている（Pollard & Daly, 2023, p. 93）。ブルックフィールドは，「批判的省察」を「私たちの教える前提の正確さと妥当性を確認し，チェックする持続的かつ意図的なプロセス」，「教師として自らの判断や行動の枠組みとなっている前提を狩ること」と説明する（Brookfield, 2017, p. 3, p. 21）。

　ブルックフィールドは，「前提（assumption）」を「私たちの行動の指針となる，世界とその中での私たちの立場についての当然の信念のこと」としたうえで，①パラダイム的前提，②規範的前提，③因果関係についての前提，の三つのタイプに分類する。

　パラダイム的前提は，「世界を基本的なカテゴリーに秩序づけるために使っている構造化された前提」であり，それは指摘されたとしても認識することができないものである。

　規範的前提は，ある特定の状況において起こるべきだと考えられている前提である。例としては，「すべての教育は批判的思考によって推進されるべきである」，「教室は民主主義の類型とならなければならない」等である。

　因果関係についての前提は，「世界のさまざまな部分がどのように機能するか，また，それらを変化させることができる条件についての前提」である。例としては，「椅子の列を円形に並べ替えることで，生徒が歓迎する学習環境をつくることができる」等である。

　ブルックフィールドは，これらの前提を検証するために，①生徒のまなざし，②同僚の認識，③個人的な経験，④理論と研究，という四つの異なるレンズを提示している。

　生徒のまなざしは，それを通して自分の言動が生徒に与える影響を意識すること。同僚の認識は，同僚に仕事を見てもらうことや批判的な議論をすることで，通常潜在化している実践の側面に気づくことができること。個人的な経験は，学習者としての経験が，学習能力を妨げたり高めたりする教室の力学の種類を知る重要な手がかりとなること。理論と研究は，「理論的な研究文献は慣れ親しんだ状況だけでなく，新しく複雑な状況に対しても思いもよらない示唆に富んだ解釈を与えてくれること」である。

ブルックフィールドにより提示された「批判的省察」は誰にでも実践可能な楽観的な方法ではなく，組織変革や学校文化などの条件と関係を必要とするものであり，必ずしも個人によって遂行されるものではない（Brookfield, 2017, pp. 256-257）。

　ブルックフィールドが「批判的省察」を個人による遂行ではないとしているのと同様に，デイリー氏も次のように述べ，「省察」を教師による個人レベルの課題として認識していない。

　「私が思うに，省察の問題点は一人の人間，つまり専門家が自分の実践を振り返るだけでは，あまりうまくいかないということです。省察には，その人とその人が行ったことの関係を破壊する（disrupt）何かが必要なのです。つまり，自律性あるいは自律した専門家というのは，挑戦的な考え方だと私は思っています。というのも，私たちは誰かが省察し，変えるべきことを思いつかなかったり，あるいはかなり風変わりで，奇抜で，特異で，奇妙なことを展開したりすることを受け入れるからです。
　それは対話がベースとなっていると思います。対話は，コラボレーションであり，破壊（disruption）させ，疑問を投げかけ，勇気を与えてくれる別の視点をもたらすものです。では，どうすれば違うことができるのでしょうか。もちろん，それは常に困難を伴います。なぜなら，破壊させたり，疑問を投げかけたりしようとするとすぐに，誰が会話をしているのかという力関係や上下関係を意識しなければならないし，対話は常にある種の文脈の中にあり，人々が何を言いやすいと感じるか，何を言いづらいと感じるか，何がその人のアイデンティティに関して恥ずかしいことなのかに影響を与えるということを意識しなければならないからなのです。
　したがって，批判的省察に取り組むとき，これは教師のアイデンティティの形成，それら効力感や有効性と相互作用し始めるのです」

　自らの教職アイデンティティへの変容を迫るものとして理解される「批判的省察」は，抑圧された対話構造の中では起こりえない。一方，この問題は同僚との関係や学校文化というような環境によって解決するという単純な決定論でもない。「批判的省察」は，主体が前提としているパラダイムや規範，因果関

係について潜在的な権力構造を問い直すことが求められるものであり，それらはブルックフィールドが提示している四つのレンズを媒介とするものである。

したがって，「批判的省察」はある実践を単位とした短期的なプロセスとして理解することはできない（Brookfield, 2017, p. 7）。同時に，この場面での「省察」はうまくいった・いかなかった，というような評価によって累積される経験でもない。「批判的省察」は断続的なプロセスとして理解されるものであり，関係と対象を媒介とした主体の闘争的な自己内対話として成立するものである。

（4）考察　「省察」概念における主体

イングランドの大学において教師教育に携わる大学教員のデイリー氏へのインタビュー調査，そして彼女が携わった書籍に示されている内容を検討してきた。そこでは「省察」と「批判的省察」が明確な差異をもって論じられていることが明らかとなっている。

「省察」は，鏡の比喩のように自己言及的なものとして単純化され，政策的に推進されているものとして理解されており，「批判的省察」は自己がもつ「前提」の破壊を通じた認識の再構成として理解されている。教師の専門性を説明する概念として表象された「省察」は，同時に脱文脈化されていった。それにより，「省察」は機能主義的に理解されるようになり，誰であれどの文脈であれ「省察」すれば必ず成果が得られるという予定調和となったのである。

「批判的省察」において特徴的なのは，デイリー氏が繰り返し使っていた「破壊（disruption）」という言葉である。関係の「破壊」をめぐる交渉は，措定された主体においては成立しない。自らがもつ「前提」についての理解を中断すること，そして他者や対象を媒介に自己を変革していくことが求められるのである。したがって，主体の変容としての「批判的省察」は個別の教師によって遂行されるものとして説明されない。異質な他者との対話やそれを通じた権力構造への照射により，自己が当たり前だと認識している「前提」を問う契機が求められるのである。

このような「批判的省察」における主体像は，デイリー氏が鏡の比喩のエピソードで語った「省察」における主体像と異なる様相を呈している。鏡の比喩として語られた「省察」は，絶対的な主体を前提としている。つまり，ある主体によって遂行された「省察」は必ず何かしらの成果を得ることができるという理解として定位しているのである。一方，「批判的省察」における主体像は，「省察」において静態的に措定されて理解されているものではなく動態的に理解され，自己と他者，そして世界との意味交渉を通じて自らをも問い直していく再帰的な関係によって説明されるのである。

　これまでで確認してきたように，政策的に推進された「省察」は自らの長所と短所を確認して改善策を講じるものであり，主体の変容には関心がない。ここに，「省察」概念における一つの重要な課題が示されていると考えられる。「省察」が教師にとって重要な力量であると政策的に推進されることによる「省察」概念の脱文脈化は，「批判的省察」の中核に位置づく主体がもつ「前提」の捉え直しを捨象する。なぜならば，「前提」の捉え直しはそれぞれ教師が置かれている個別具体的な状況を問題とするものであり，捉え直しの対象を一般化するものではないからである。

　これら問題の位相は，教師教育政策として「省察」を推進することと，アカデミックに議論される「省察」の差異として捉えられる。重要なのは，「省察」概念が両者それぞれの構造の中で定位することにより，その内実が変容する点にある。

　イングランドにおいて，「省察」概念は政策的には指導法の改善など実践的課題へ解消されるが，アカデミックサイドでは「批判的省察」として主体の変容を迫るものとして議論されていた。実践的課題を解決する方途としての「省察」を超え，実践する主体の変容がいかに教師教育において重要なのか，その抵抗の論理を見出していくためにも構造的差異による「省察」概念の受容を問題としていく必要がある。教師教育における「省察」概念は，概念自体がその文脈の中でどのように語られているのかを常に捉え直す必要がある再帰的な概念として検討していかなければならない。

（栗原　峻）

おわりに

　イングランドにおける「省察的教師」は，「専門職化 (1972-84)」の時期に，大学の教員養成担当者が主導する形で，大学と学校とのパートナーシップ形成の実践を裏打ちとして提唱された。教師教育における「省察」は，大学教員養成批判への対抗言説的性格を帯びて造出された側面ももつのである。その後，1984年以降に NPM 型の教師教育行政システムが成立する中で，「省察」が国のスタンダードに組み込まれ，機能主義的理解が進行する。並行して，教員養成の学校へのシフトと1980年代までは教員養成の唯一の提供者であった大学がいまや多様な提供者のうちの一種類となっているという養成提供者の多様化の中で，養成段階での「省察」は大学教員養成教育との結びつきを縮減されていく。

　本章の事例からは，困難な状況の複雑な広がりの中で「省察」というものが「非常に自己言及的（very self-referential）」になっている状況があること，と同時に，それとは異なる「批判的省察（critical reflection）」を掲げてコア・コンテント・フレームワークが体現するものとは「別のもの」があることを示そうとする努力が続けられていることがわかる。その努力は，デイリー氏の語りが示すように，あるべき「省察」を単に理念として示すようなものではなく，自身の大学教師教育者としての実践として具現化され，その実践の中で思索が深められてきたものである。また，アカデミーで熱心に取り組みつつ，大学を「実際に知識を創造したり，自分が特に興味のあることを追求したりする」場と表現する教師の言葉には，大学が他の養成提供者ではなしえない独自の存在意義—教師自身が知の蓄積に接近してそこから学び，さらに知の蓄積そのものを更新していく経験を重ねることができる場—を持ちうることが示されている。

　大学教員養成批判が政策として実現され始めた時期に，大学の教員養成担当者たちがまとめた改革提案の中に次のような一節がある。「教えるということ（teaching）は，一連の技術的な作業にも，単純な教科知識の伝達にも還元でき

るものではない；教師はロボットではないし，学習者は機械ではない。教える
ということは，探求，選択，決断，創造的思考，価値判断を伴う複雑でダイナ
ミックなプロセスである。教えるというプロセスの主要な要素—評価，研究，
実験—は，教師の質にとっての付加価値的な特徴ではない；これら（評価，研
究，実験—引用者注）は，教えることについての能力（competence）のまさしく
基盤をなすものであり，それがつまり省察性である。」(Hextall et al., 1991, p.86)
　第4節で示されたように，デイリー氏の「批判的省察」の議論も，政策的に
推進されている「省察」に対する子どもの学習論のレベルからの根源的かつ批
判的な検討を基礎にもっている。
　「省察」が文脈から切り離されて機能主義的に扱われ，それが教育のいとな
みの単純化・貧困化に結びついていくことに危機感をもたねばならない実態が
広がっている。が，むしろそうであるからこそ，「省察」議論を深めることに
は，教師の資質能力論・教師教育論の範囲を超えて，教育そのものの在り方を
問い返し，教師の仕事の行い方や学校という場の在り方について「別の」方向
を提示することへと迫っていく力と可能性があるのではないだろうか。

（高野和子）

【引用・参考文献】

盛藤　陽子（2020）「イギリスの学校／プロバイダー主導による教員養成に対する研究上の
　　認識—SCITT（School-centred Initial Teacher Training）の位置づけはどう変化したか
　　—」『日英教育研究フォーラム』Vol. 24, pp.81-87。
Benton, P. (1990). *The Oxford internship scheme: integration + partnership in initial
　　teacher education.* Calouste Gulbenkian Foundation.
Brookfield, S. (2017). *Becoming a Critically Reflective Teacher* (2nd ed). Jossey-Bass.
Davidson, J. and Daly, C, (eds.) (2019). *Learning to Teach English in the Secondary
　　School* (5th ed). Routledge.
Department for Education (2019). *ITT Core Content Framework.*
Department of Education and Science (DES) (1972). *Teacher Education and Training,*
　　HMSO.
Furlong, J. (1988). *Initial teacher training and the role of the school.* Open University
　　Press.
Furlong, J., Barton, L., Miles, S., Whiting, C. and Whitty, G. (2000). *Teacher education in*

transition: Reforming professionalism?. Open University Press.

Furlong, J. (2001). Reforming teacher education, re-forming teachers: accountability, professionalism and competence. in R. Phillips & J. Furlong, J. (eds.) (2001). *Education, Reform and the State: Twenty-five years of politics, policy and practice*. Routledge.

Furlong, J. (2013). *Education-An Anatomy of the Discipline*, Routledge.

Greany, T. & Higham, R. (2018). *Hierarchy, Markets and Networks : Analysing the 'self-improving school-led system' agenda in England and the implications for schools*. UCL Institute of Education Press.

Hargreaves, D. H. (1996). Teaching as a research-based profession: possibilities and prospects (The Teacher training Agency Lecture 1996) in Hammersley, M. (ed.). *Educational research and evidence-based practice*. SAGE.

Hartley, D. (1998). Repeat prescription: the National Curriculum for initial teacher training, *British Journal of Educational Studies*, 46(1). pp.68-83.

Hartley, D. & Whitehead, M. (eds.) (2006) *Curriculum and Change (Teacher Education: Major Themes in Education, Vol.III)*. Routledge.

Hextall, I., Lawn, M., Menter, I., Sidgwick, S. & Walker, S. (1991). Imaginative Projects - Arguments for a new teacher education, *Evaluation and Research in Education*, 5, 1&2, 79-95.

Menter, I., Hulme, M., Elliot, D. & Lewin, J. (2010) *Literature Review on Teacher Education in the 21st Century*, The Scottish Government

Menter, I., Mutton, T. & Burn, K. (2019). Learning to Teach in England: Reviewing Policy and Research Trends. in Tatto, M. T. & Menter, I. (eds.), *Knowledge, Policy and Practice in Teacher Education: A Cross National Study*. Bloomsbury.

Pollard, A. & Tann, S. (1987). *Reflective teaching in the primary school : a handbook for the classroom*. Cassell.

Pollard, A. (2007). The UK's Teaching and Learning Research Programme: findings and significance, *British Educational Research Journal*, 33(5), 639-646

Pollard, A./ ESCalate (2010). Reflective Teaching: the past, present and future of a textbook, *ESCalate News*, Spring 2010, 25 March.

Pollard, A. & Wyse, D, eds. (2023). *Reflective Teaching in Primary Schools* (6th ed). Bloomsbury.

Pollard, A. & Daly, C, eds. (2023). *Reflective Teaching in Secondary Schools* (6th ed). Bloomsbury.

Spicksley, K. (2021). Early career primary teachers' discursive negotiations of academization, *British Journal of Sociology of Education*, Vol.43, No.2, pp.216-236.

おわりに

　本研究は，現在，教師教育の研究と実践の両領域において広範に浸透してきている「省察」の理念と活動が，次第に「権威性」を帯びた自明な「前提的枠組み」のごとく見なされがちとなり，それ自体は問い直されることなく「非省察性」さえも帯びつつあるという実態を分析し，その実態が孕む研究上及び実践上の歪みなどの不可視化といった問題について論究を試みてきた。

　本研究の成果として編集した本書の内容は，4年間の共同研究において組織された三つの研究グループ（第一：教師教育における「省察」分析のための基礎的理論的研究グループ，第二：日本国内の教員養成教育における「省察」の生成と展開の実態調査研究グループ，第三：海外（特に英米）の教師教育における「省察」に関わる動向の実態調査研究グループ）の研究活動とその成果に即して構成し論述したものである。

　第Ⅰ部の四つの章においては，教師教育領域における「省察」の受容と展開・普及の動向とその特徴を理論的・制度的・研究的な面から動向を分析してきた。そのことによって，本書の主題である「『省察』を問い直す」研究作業に取り組む共通の前提的・基礎的認識形成を図ることを目的としたからであった。

　理論的分析を行った第1，2章においては，「行為の中の省察」論や「省察的実践者」論に象徴されるD. ショーンの考え方が，知識の産出の主要な場を研究室ではなく実践現場へと移動させ，科学者（科学）と実践者（実践）との関係も垂直的ではなく水平的なものへと変化させることを，すなわち専門職に関するパラダイムの転換，新しい「省察的実践パラダイム」の提起を意味しているものであること，しかし思考を重視し熟慮のうえで行為を決める思考駆動型の実践を重視するJ. デューイと比較するならば，直観から始める行為駆動型の実践を重視するD. ショーンの「省察的実践者」論の導入と普及には，彼

の「省察」論が優れた専門職の省察的実践を踏まえたものであるがゆえに，教員養成段階に持ち込もうとするときにはその質を危うくしかねないこと，さらに彼の「省察」論においては対人関係の省察や組織に対する省察の言及が少ないという点からもその質を危うくしかねないことという諸特徴を指摘してきた。

　これらの諸特徴は，「省察」ないし「省察的」概念が日本の教師教育研究に浸透していく過程で新たな問題点をも生み出してきている。すなわち，「省察」は教員養成研究において，本来「大学における養成」へと高度化する鍵概念として捉え直されるべきものであるが，現状では実務家養成と専門職養成の両方向に向かう傾向を併せ持たされることによってその意味が不鮮明になっている状況を，また養成教育において「省察」が自己目的化されるようになるとともに状況変革と切り離され，単に個人の取り組みの「反省」ツールに堕してしまいかねない状況を，さらには「省察」行為が単なる思いつきの試行に流れる傾向を生み出すことによって結果的に教師の成長の姿を狭めてしまいかねない状況を，それぞれもたらしてきているのではないかと指摘してきた。

　制度的分析を行った第3章においては，国の教師教育政策に大きな影響を与えてきている文科省有識者会議等及び中教審の2000年代以降の文書や答申のなかに，「理論と実践の融合」や「理論と実践の往還」といった表現を使って実践的指導力の育成につなげていこうとの意図を読み取ることができると指摘してきた。その一方で，教員養成機関の組織としての日本教育大学協会の取り組みからは，「省察」という用語自体を盛んに使用し，学部段階における学校現場への参加（体験）と大学での研究（省察）を往還させるモデル・コア・カリキュラムを打ち出し，行政主導の質統制に対するアンチテーゼとして「省察」概念を積極的に発信していったことを指摘してきた。

　くわえて教職大学院の発足と日本教育大学協会が中心となり組織された認証評価機関とその評価基準の中に「理論と実践の往還」に関わって「省察（省察力）」が打ち出されたことが，教職大学院のみならず学部段階も含めての教員養成の研究と実践に大きな影響と普及の実態を生み出していく主要な要因と

なっていったことを指摘してきた。

　研究活動の実態調査面から分析を行った第4章においては,「省察」を主題とする教科教育研究の蓄積が,主に2000年以降から目立ち始めているが,D. ショーンの研究の広がりや教育政策の展開などを背景として,2007年に急増し,以後多くの研究論文が発表されてきたことを指摘してきた。今回の考察は保健体育科と社会科の研究領域にとどまっていたが,それぞれの受容過程において次第に教科固有の「省察」が提唱され始めていく傾向にあった。同時に,「省察」の受容・展開の様式においても,リフレクションシートの開発と分析が多く,そこにおいては「省察」の視点も提起されていたが,そのことが逆に,「省察」を単にあらかじめ明示されている視点に即した「振り返り」活動に過ぎなくしてしまう,さらには「省察」を教師が自己を「支配＝管理」する技術にしてしまいかねない,という問題点も指摘してきた。

　続く第Ⅱ部の第5章から第7章では,そのようななか,大学における教員養成に実際に携わっている大学教員を対象とした調査から,「省察」概念がどのように受けとめられ,いかなる形で実践化されており,どのような困難や葛藤が生まれているかを見いだすことを試みた。また,第8章では,「理論と実践の往還」に重きを置いて制度化された教職大学院の大学院生を対象とした質問紙調査の結果から,学ぶ側の「省察」概念の捉え方にはどのような特徴があるのか,「省察」の経験がどのように語られるのかについて考察を行った。

　教員養成に携わる11名の大学教員を対象とした調査から,「省察」概念との出会いと捉え方には,D. ショーンやJ. デューイなどの知見が一定の権威性を帯びた参照枠組みにされている事例もあるが,各大学教員の専門分野における研究や実践の中で重視されてきたこととの関係でその意味内容が構築・受容されており,多様であることを確認した。各大学教員はそれぞれの置かれた状況の中で,自身の専門性におけるこだわりをもとに,さまざまな困難や葛藤を抱え試行錯誤しながら,省察の実践化と追究を行っているという主体的な側面があることを第5章ならびに第7章では明らかにした。

　そこで実感されているさまざまな困難や葛藤の内実について,第6章では具

体的な事例を通して詳細な考察を行った。その結果，そもそも省察を成立させることは容易ではなく，他者との省察的な関係性の形成や適切な場と機会の設定が必要であることを確認した。そのような必要条件を踏まえることなくカリキュラムや学生指導の一環として省察が位置づけられているため，学習者に省察を強いるような状況が生じており，大学教員の間にはそのことに対する問題意識や危機感が認識されていることを確認した。そこからは，実践志向の強化という動きの下で省察が前面に押し出され，学問の府としての大学に本来的に備わっていたはずの省察的な関係性が削がれ，学問知に基づいて省察を喚起する機会は減退している状況がうかがわれる。「振り返り」を行うことのみが目的化されて，それを学生に要求することを大学教員が強いられている実態の問題性を指摘した。

第7章では，そのように実践志向が強固に進み，PDCAサイクルや目標達成的な文脈での省察へと大学の学びが変質していく中で，各大学・学部が「大学における」教員養成に独自の省察文化を学生とともにいかに構築するかに関する理論的研究と実践的開発を発展させる必要があることを提起した。それは，学問の自由を原則とする場において「学問をする」「研究をする」ということが，教師教育にとって他に代替不可能ないかなる意味を持ち得るかを問うことであり，教師の専門性と大学の自治，自律性の関係を問うことでもある。

それら今後の理論的研究と実践的開発の発展にとって，第8章で報告した教職大学院院生の「省察」概念の捉え方に見いだされた特徴は，重要な示唆をもたらしている。第一に，学習者の側に学びとられているものの調査研究をベースにそれらの議論がなされる重要性である。今回の調査からは，捉えられている省察イメージの内実の傾向と，実際の教職経験の有無が省察概念の理解を左右している可能性が見いだされた。そのような学習者の側の具体的な実態が把握されて初めて，各大学での自律的な実践の開発は可能となる。第二に，現職教員院生の省察による気づきは行為レベルにとどまらず，その行為を規定する自身の視点や価値観にまで至っており，相対的に深いレベルでの「省察」が経験されていたが，それはなぜかを問う必要性である。なぜなら，大学教員を対

象とした調査においては，省察概念について必ずしもそのように明確には学生に説明していない事例が少なくなかったからである。具体的にどのような機会がそのような経験をもたらしているのかを明らかにすることで，省察概念のある特定の側面の受容プロセスを具体的に描き出すことが可能になるからである。

第Ⅲ部では，「省察」をめぐる海外での動向について，日本に先んじて「省察」が広まるとともにそこから生じる問題が自覚されて「省察」概念の検討が進んだ欧米，特に米国とイングランドを対象にして検討し，日本の「省察」を問い直す手がかりを得ようとしている。

第9章の検討からは，教師の省察概念を，教室の中の実践や教師教育に関わるものとしてのみ考えるのではなく，新自由主義的政策の台頭の中でのニューパブリックマネジメント（NPM）型改革の進行との関連で捉えることの必要性が浮き彫りにされる。そして，日本の省察論議に対して，省察論議を教師個々の専門性・資質能力の議論から一度引き離して専門職としての在り方を問う議論に定位し，さらに，その専門職性を規定する社会・経済政策の文脈に位置づけるべきという提起がなされている。

第10章・第11章がそれぞれ対象とする米国・イングランドでは，ともに，省察の広まりは，大学の伝統的な教員養成への批判が強まった時期においてであった。批判の中で大学の側が再構築を託して省察を打ち出したというイングランドで特に明らかな経過は，日本において教育行政主導の質統制動向に対するいわばアンチテーゼとして日本教育大学協会が「体験−省察の往還」を核としたカリキュラムを発信した動き（第3章）と共通するだろう。

ただし，米国・イングランドともに，批判は，大学による教員養成の「実質的な独占」状態の切り崩しとして展開され，米国では代替的な教員資格取得ルートの拡充，イングランドでは学校ベースの教員養成の主流化が進む。その結果，教員養成に関与する主体は多様でその相互関係は複雑となり，企業化・民営化も進行してきている。省察概念は，米国・イングランドを含む各国の教職スタンダードに，教師個人の能力・成果を重視する行為遂行的（performative）

な立場に親和的な形で位置づけられており（第9章），省察の「他律化」「技術化」「矮小化」「個人化」は大学と切り離された教員養成でいっそう顕著となる。これに対して，大学の教員養成の現場からは，「社会正義」志向の教師教育プログラムの開発・実践（第10章）や批判的省察の重要性の書籍による発信（第11章）がなされている。いずれも，スタッフや歴史的蓄積など豊富なリソースを有する研究大学の事例であるという限定つきではあるが，（「大学における教員養成」原則は辛くももちこたえてはいるものの）「大学における」養成そのものが過度な実践重視で現場に近づいていく傾向がある日本とは異なっている。

　米国では，社会正義志向の教員養成という形で大学の役割が組織化されることが，大学そのもののミッションの再定義へとつながっていっている。イングランドでは，教師の「省察」議論は，教師の仕事である教育という行為の捉え方と深く結びついたものであった。日本における「省察」議論は，教員養成における議論であるにとどまらず，大学で教員養成を行っていることの意味，大学が教員養成で果たすべき役割の問いを通して，大学という組織そのものの社会的存在意義を改めて問い，明らかにし，発信していくことへとつながりうるし，そのようにつなげ発展させることが現在の大学をとりまく議論への教員養成というフィールドからの貢献になるだろう。

　本書を締めるにあたって，今後の研究課題についても記しておきたい。

　本書冒頭の「はじめに」及び第3章において論及しておいたように，今日，「省察」をめぐる状況は，また新たな展開を見せ始めようとしている。それは，中教審答申（2022）において，教職大学院のみならず，学部段階の養成教育においても，「理論と実践を往還させた省察力による学びの実現」が謳われ，教職課程諸科目において実務的・実践的内容を増加させ，教育実習以外のさまざまな学校体験活動も導入・増加させ，そしてそれらの指導を担う教職課程担当教員として実務家教員を増加させるなどが提起されたことによっていっそう拍車がかけられているからである。

　こうした新たな展開状況が，教師教育領域の理念・目的，組織・スタッフ，

教育課程・方法などの点で，今後どのような具体的姿を生み出していくことに
なるのか。なによりもまず第一に，新たな展開状況に対応して，「省察」に関
わっての，第Ⅰ部において行ってきた理論的・制度的・研究的な面からの動向
分析と第Ⅲ部で行ってきた海外動向との比較研究分析を発展的に継続していく
ことであり，同時に第Ⅱ部で行ってきた実態調査分析の対象を教職大学院のみ
ならず学部段階にまで拡充して取り組んでいくことである。いうまでもなく学
部段階での「省察」に関わる取り組みは，教職大学院の場合よりも活動形態や
そこに込められた狙い・目的の点でいっそう多様であるが，そうした多様性を
大事にしながら意味づけていく実態調査分析作業が今後必要である。

　第二は，「省察」に関わる取り組みの成否は，養成段階（大学）や現職段階
（学校現場）においてそれを担う教師教育者（Professional Teacher Educator）の
専門的力量に因るところが大きい。本書冒頭「はじめに」及び第3章において
も論及しておいたように，今後政策的には「教師養成に係わる理論と実践の往
還を重視した人材育成の好循環」と称される状況の実現のために，学部段階で
の教職課程を担うスタッフを含む組織体制の在り方を変えようとしている。そ
れゆえに，「省察」に関わる取り組み（とりわけ教育実習や学校現場体験活動）
を担い導く教師教育者の在り方と専門的力量の有り様，そうした人材の育成に
関する内容・方法や組織・条件整備についての研究が必要である。一見遠回り
のようではあるが，その研究が「省察」に関わる取り組みの質を高めていくう
えで極めて重要である。修士課程が教職大学院へと改組され教師教育者の輩出
過程が急激に変化しつつある今日，これらの課題の緊急性は高まっている。

　第三は，他の対人援助職，とりわけ D. ショーン理論の導入と「省察」の取
り組みが進む看護師教育領域との研究的・実践的交流，そのことを通しての教
師教育領域での研究的・実践的な新たな視野の開拓である。学校教員の養成教
育と比べて，看護師の養成教育における（病院）実習はその期間の長さととも
に「省察」の取り組みも充実している。早い学年段階から長期にわたり医療現
場における観察・体験が行われ，実習には大学から実習指導担当教員が学生た
ちに同行し，病院側の実習指導担当者と協力して指導に当たる。毎日の実習活

動終了後には，学生カンファレンスと呼ばれる，その日の体験の「省察」が学生と実習指導教員及び担当者によって集団で行われる。もちろん看護師養成と学校教員養成とは養成教育に関する理念・目的・内容・方法や，それを担う大学側のスタッフ構成など組織の違いも大きく，単純な比較と評価はできないが，それでも相互の研究的・実践的な蓄積を交流することの意義と価値は大きいと思われる。第Ⅰ部・第Ⅱ部の研究からは，日本の教師が大人として，市民として扱われていない傾向が浮かびあがったが，他の対人援助職教育との研究的・実践的交流は教員養成・教員研修のいずれの段階においても，教師教育を「大人の学び」の文脈に位置づけることにつながるであろう。

　私たちの今回の共同研究は本書刊行をもって一応のピリオドを打つことになるが，上述しておいた今後の課題については本研究同人それぞれによる新たな個人／共同の研究がすでに始動している。その研究の途上において，再び多くの方々との交流を得て，さらに新たな研究成果を報告できることを願って本書を閉じることにしたい。

2023年11月3日　日本国憲法公布77年

研究同人一同

索　引

研究同人一覧

山﨑 準二　学習院大学文学部教授　＊
教育方法学分野を専攻とし，教育の方法・課程・評価に関する研究に関心をもってきたほか，ライフコース・アプローチに基づく教師の発達と力量形成に関する研究をライフワークの一つにしてきている。その成果としては，『教師のライフコース研究』創風社・2002年，『教師の発達と力量形成』創風社・2012年，『教師と教師教育の変容と展望』創風社・2023年の３部作など。

三品 陽平　愛知県立芸術大学准教授
教師教育学を主な専攻分野として，D. Schön の省察的実践や J. Dewey の探究の理論に基づき教員養成や現職教育などについて研究している。主な研究業績として，『省察的実践は教育組織を変革するか』ミネルヴァ書房・2017年，「学生組織の非協働的なコミュニケーション・パターンの分析：協働の学びに向けて」『日本教師教育学会年報』第24号・2015年など。

長谷川 哲也　岐阜大学教育学部准教授
教育社会学及び教師教育学を主な専攻分野として，教員養成や現職教育での学びや育ち，生涯学習や図書館利用の格差などについて，計量的な手法を用いて研究している。主な研究業績として，「教師教育者の資質能力および役割に関する実証的研究」『日本教育大学協会年報』第42集・2024年（共著），「だれが図書館を利用するのか」『教育学研究』第90巻第3号・2023年（共著）など。

村井 大介　静岡大学教育学部准教授
社会科教育学及び教育社会学を主な専攻分野として，現代社会の諸課題を教材化する教師のライフストーリーや社会科の教員養成，生活科の成立展開過程などを研究している。主な研究業績として，「ライフストーリーにみる社会科教師の力量形成」『社会科教育論叢』第51集・2021年，「カリキュラム史上の出来事を教師は如何に捉えているか」『教育社会学研究』第95集・2014年など。

浜田 博文　筑波大学人間系教授　＊
学校経営学及び教師教育学を主な専攻分野として，学校改善と教員の養成・研修，校長の役割とリーダーシップなどを研究している。主な研究業績として，『学校ガバナンス改革と危機に立つ「教職の専門性」』学文社・2020年（編著），『学校を変える新しい力』小学館・2012年（編著），『「学校の自律性」と校長の新たな役割』一藝社・2007年など。

髙谷 哲也　鹿児島大学教育学部准教授
教師教育学及び学校経営学を主な専攻分野として，実際の教育現場をフィールドとし，教師の力量発揮と成長を支え促す要件について研究している。主な研究業績として，「教員評価の実態と今日的問題の特質」『日本教師教育学会年報』第17号・2008年，「校内研修の改革過程における教員の参加感の内実に関する一考察」『鹿児島大学教育学部研究紀要』第68巻・2017年など。

山内 絵美理　東海大学ティーチングクオリフィケーションセンター助教
教育方法学及び教師教育を主な専攻分野として，教員養成や現職段階における学習について研究している。主な研究業績は，「教職科目の授業内におけるディスカッションを通じた教職志望学生間の相互作用」『教育方法学研究』第45巻・2019年，「対話型校内研修への改革が教師の成長実感と研修認識にもたらす変化に関する一考察」『鹿児島大学教育学部研究紀要』第70巻・2019年など。

田中 里佳　三重大学教育学部教授
教育方法学及び教師教育学を主な専攻分野として，授業デザインや成人学習論を用いた教師
の力量形成を研究している。主な研究業績として，『教師の実践的知識の発達：変容的学習
として分析する』学文社・2019年，「日本における教師の『省察』概念の定着と教師の学習
概念の提起：1990年から1998年における論述を中心とした検討」『立教大学教育学科研究年
報』64号・2021年など。

菊地原 守　名古屋大学大学院博士後期課程
教師教育学を主な専攻分野として，国内外における非正規雇用教員の労働実態や増加要因，
及び教師の働き方改革などを研究している。主な研究業績として，「常勤講師の教職に対す
る満足度を規定する要因」『日本教師教育学会年報』第32号・2023年，「『忙しくない』を考
える」『現代思想』第51巻第4号・2023年（共著）など。

高野 和子　明治大学文学部教授　＊
教育行政学及び教師教育学を主な専攻分野として，教師教育の政策と制度について日英を照
らし合わせて研究してきた。主な研究業績として，「教員養成の軌跡と見通し─日英比較の
視点─」日英教育学会『日英教育研究フォーラム』第27号・2023年，「イギリスにおける教
員養成の『質保証』システム─戦後改革からの40年間─」『明治大学人文科学研究所紀要』
第77冊・2015年など。

朝倉 雅史　筑波大学人間系助教
教師教育学を主な専攻分野とし，教科指導や学校経営などに関わる教員の職能発達過程を経
験と認識に着目して研究している。主な研究業績として「学校経営の分権化・自律化におけ
る校長のリーダーシップ発揮の実態とその支援条件：校長の課題認識の差異に着目して」『日
本教育経営学会紀要』第65号・2023年（共著），『探求 保健体育教師の今と未来20講』大修
館書店・2023年（共編著）など。

髙野 貴大　茨城大学大学院教育学研究科助教
学校経営学及び教師教育研究を主な専攻分野として，「社会正義」志向の教師の省察とそれ
を支え促す制度・行政・組織的条件について研究している。主な研究業績として，『現代ア
メリカ教員養成改革における社会正義と省察』学文社・2023年，「現代の教職理論における
「省察（reflection）」概念の批判的考察」『日本教師教育学会年報』第27号・2018年など。

栗原 崚　学習院大学文学部助教
教育方法学，教師教育学を主な専攻分野とし，学習論やヴィゴツキー理論，教員養成の歴史
などを研究している。主な業績として，「大学における教員養成と目的養成 教育刷新委員会
第五特別委員会の議論を手がかりに」学習院大学『人文』20号・2022年，「発達の最近接領
域における社会的次元について」『学習院大学教育学・教育実践論叢』第5号・2019年など。

（執筆順，＊印は編者，所属は執筆時）

「省察」を問い直す―教員養成の理論と実践の検討―

2024 年 3 月 10 日　第 1 版第 1 刷発行

編　者　　山﨑準二
　　　　　高野和子
　　　　　浜田博文

発行者　田 中 千 津 子　〒153-0064　東京都目黒区下目黒3‐6‐1
　　　　　　　　　　　　電話　03（3715）1501 ㈹
発行所　株式 学 文 社　FAX　03（3715）2012
　　　　会社　　　　　　https://www.gakubunsha.com

© J. Yamazaki, K. Takano and H. Hamada 2024

印刷　亜細亜印刷

乱丁・落丁の場合は本社でお取替えします。
定価はカバーに表示。

ISBN 978-4-7620-3322-3